*Gute Götter, wie viele Menschen hält ein einziger Bauch auf Trab!*

Seneca, römischer Philosoph und Dichter

(Wandinschrift im Westfälischen Römermuseum Haltern)

Rainer A. Krewerth (Hg.)

# Münsterländer Allerlei

*Essen und Trinken
seit der Römerzeit*

Aschendorff Münster

# Inhalt

Rainer A. Krewerth
*Leben wie Gott in Frankreich*
Von karger Germanenkost zu lukullischen Genüssen  7

Rudolf Aßkamp
*Wie die Römer satt geworden...*
Speis' und Trank der Eroberer vor 2000 Jahren  13

Aus der Literatur
*»Breifresser hat man uns genannt«*
Vom Mittelalter bis zum Friedensschluss 1648  17

Carin Gentner
*Speisen nur vom Allerfeinsten*
Die Spitzengesandten lebten wie gekrönte Häupter  22

Eckard Wagner
*Barock auf der Bettkante...*
... oder Von Tafelfreuden auf Schloss Clemenswerth  36

Rainer A. Krewerth
*Schlaun und die rote Knubbelnase*
Wie Wein und Cognac einen Menschen prägen können  50

Wilhelm Elling
*Stockfisch, Struwen, Sauerkohl*
Essen und Trinken vom Mittelalter bis in unsere Zeit  53

Heinz Jakobs
*Und immer dieses Sauerkraut*
Es war ein ärmliches Leben damals auf dem Lande  63

Abbé Baston
*»Eine kümmerliche Nahrung«*
Coesfeld um 1800 – Aufzeichnungen eines Emigranten  65

*O alte Kneipenherrlichkeit*  70

Rainer A. Krewerth
*Bei der Herrschaft kochen lernen*
Für Oma hat sich das Lehrgeld bestens ausgezahlt  82

Elisabeth Isernhinke
*Bosen, Buschen, Knabbeln, Backs*
Vor 100 Jahren auf einem münsterländischen Bauernhof   88

Günther Drescher
*So war das damals im Osten*
Erinnerungen an Tafelfreuden aus versunkener Zeit   97

*Bon appétit – Kompositionen auf Menükarten*   104

Sissi Fürstin zu Bentheim-Tecklenburg
Gustava Gräfin von Hohenthal-Püchau
*Kaiserköche am fürstlichen Hof*
Liebevolle Küchenplauderei aus einer kleinen Residenz   116

Heinrich Peuckmann
*Möppkenbrot und Rübenkraut*
Fleisch zum Mittagessen oder Der Bergarbeitertisch   134

Rainer A. Krewerth
*Pommes, Pampe, Schranke*   138

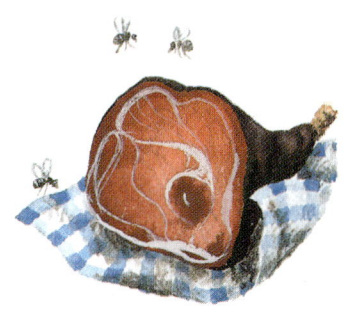

Rolf Westheider
*Ein Fettfleck auf der Landkarte*
Wie man am Rande des Münsterlandes die Sau rausließ   144

Rainer A. Krewerth
*Westfälisches Schlachtfest...*
oder Wie das ein Münsterländer in Bayern anstellt   150

Gisbert Strotdrees
*Aus einer Hand und in aller Frische*
Wo es alles Gute gibt, was der Mensch so gerne isst   156

Rainer A. Krewerth
*Mein Tante-Tresken-Laden*   165

*Münsterländische Köche bitten zu Tisch*   168

*Hausfrauenküche*   183

*Bier und Korn*   189

Ottilie Baranowski
*Rillenglaser of Fraulü-Logik*   203

*Zum Einband*

Die Malerin des Titelbildes, Anne Möller-Mußenbrock, hat vor der Fachwerkkulisse eines münsterländischen Gasthauses eine illustre Gesellschaft zur Tafel gebeten. Annette von Droste-Hülshoff ist offenbar ein wenig pikiert, dass der Tolle Bomberg zu handfest mit ihr flirtet, und die Amme der Droste, Maria Katharina Plettendorf, scheint von solchem Treiben auch nicht sonderlich erbaut. Der Friedensreiter, der 1648 den Westfälischen Frieden verkündete, lechzt erschöpft nach einem frischen Bier. Professor Landois, Gründer des Zoologischen Gartens in Münster, unterhält sich angeregt mit einem römischen Krieger, der gerade einmal Rast macht von den Schlachten in Germanien. Die Nonne – im weithin katholischen Münsterland darf sie nicht fehlen – blickt verzückt auf den Bauern, der die Suppenterrine bringt. Und Johann Conrad Schlaun lehnt sich genüsslich trinkend zurück. In diesem Buch wird erklärt, warum der große Baumeister des Barock so eine dicke rote Knubbelnase hatte.

Der Schinken auf der Tafel deutet auf die Rückseite des Buches hin: Da tummeln sich Schweine als Spender einer köstlichen Gaumenfreude im »Vaterland des Schinkens«, natürlich unter Eichen, deren Früchte einst nahrhafte Mast boten. Und alle anderen Viecher warten nur darauf, dass sie erlegt, gemolken, geschlachtet, gefangen werden, damit der menschliche Magen sich fülle. Vom Rathaus in Münster oder vom »Bauerndom« in Freckenhorst lässt sich solch Szenario prächtig überblicken.

Anne Möller-Mußenbrock hat auch die köstlichen, über die ersten Seiten und das ganze Buch verstreuten Miniaturen gemalt.

Rainer A. Krewerth

# *Leben wie Gott in Frankreich*
## Von karger Germanenkost zu lukullischen Genüssen

Kaiser Maximilian I., der von 1493 bis 1519 regierte, hatte gut reden, »Leben wie Gott in Frankreich« wollte er, und in der Tat erheiratete der Habsburger schon mit 18 Jahren ausgedehnte burgundische Besitzungen.
Leben wie Gott in Frankreich – davon konnten die armen Münsterländer jahrhundertelang nur träumen. Sie darbten in einem kargen Land; traubenstrotzende Weinberge waren ihnen fremd, mediterrane Genüsse kannten sie meist nur vom Hörensagen, und der schlemmende römische Feldherr Lucullus war ihnen Hekuba – wenn sie überhaupt seinen Namen kannten.
Nein, bis in unser Jahrhundert galt zumindest für die Unter- und weithin die Mittelschicht, was schon der Geschichtsschreiber Tacitus, auch er ein Römer, über die alten Germanen schrieb: »Ohne feine Zubereitung, ohne Gewürze vertreiben sie den Hunger.« Beim Trinken allerdings kannten sie kein Maß: »Tag und Nacht durchzuzechen, ist für niemanden eine Schande.«
Barbaren also, die da in finsteren Wäldern hausten, fern jeglicher urbanen Kultur, wie sie im Süden gepflegt wurde. Frei nach dem Griechen Sokrates: »Schlechte Leute leben nur, um zu essen (und zu trinken); die guten aber essen (und trinken), um zu leben.«
So war das in Westfalen und im Münsterland. Kübel voller Spott und Häme gossen insbesondere Franzosen und Italiener über unsere Vorfahren aus, denen sie wortreich und so flinkzüngig wie bildgewaltig das vollständige Abhandensein von Geschmacksnerven und genießender Zunge an den Latz knallten, wobei von Latz, also schützender Serviette, ohnehin keine Rede sein konnte. Noch im ausgehenden 16. Jahrhundert wird selbst an adligen Tafeln wie etwa auf der Lüdinghauser Burg des Drosten zu Vischering kaum Besteck benutzt, als Esswerkzeug dienen vorwiegend die Finger beider Hände. So jedenfalls lassen, wo es keine konkreten Quellen gibt, zeitgenössische Überlieferungen vermuten. Rund 50 Jahre später, bei den Verhandlungen zum Westfälischen Frieden in Münster und Osnabrück, treiben annä-

*Kaiser Maximilian I. (Gemälde von Albrecht Dürer) wusste, was das hieß – Leben wie Gott in Frankreich. Er hatte schließlich Maria von Burgund und damit ein reiches Erbe geheiratet. Nach deren frühem Tod jedoch war es nicht mehr ganz so weit her mit dem »Leben wie Gott in Frankreich«: Maximilian musste 1482 das Artois, die Picardie und die Franche-Comté abgeben.*

*Der westfälische Maler Ludger tom Ring (1522–1584) malte als Erster in der deutschen Kunstgeschichte ein groß angelegtes Küchenstück. Derart reich ausgestattete Küchen hat er gewiss in münsterländischen Adelshäusern gesehen. Bei aller Üppigkeit hochwertiger Nahrungsmittel, bei aller Kostbarkeit der Ausstattung – sehr hygienisch kann es nicht zugegangen sein. Hund, Hahn, Kaninchen und Vögel tummeln sich wie selbstverständlich in der Küche. Gekocht wird am offenen Herdfeuer; eiserne Küchenherde, so genannte Kochmaschinen, wird es erst Jahrhunderte später geben. Einen besonderen Akzent – charakteristisch für die Malerei tom Rings und anderer Künstler seiner Zeit – setzt die Darstellung eines biblischen Themas in diesem penibel gemalten*

hernd 150 Gesandte und ihr vielköpfiges Gefolge zwar erheblichen Aufwand, wie in diesem Buch belegt wird; der Franzose d'Avaux beschäftigt, hilfreiches Fußvolk nicht gerechnet, 40 Spezialisten für die Zubereitung opulenter Speisenfolgen. Doch auch die hochmögenden Herren Diplomaten führen viele ihrer lukullischen Kostbarkeiten buchstäblich von der Hand in den Mund.

Der Adel des Münsterlandes speist zwar um 1600, wie wir wissen, schon recht genießerisch, isst Reis aus Asien und würzt mit hellem Zimt aus Westindien oder Muskat aus tropischen Ländern. Dem gemeinen Volk aber bleiben derlei Spezereien noch lange vorenthalten; selbst Pfeffer und Salz sind arg teure und deshalb rare Würzmittel, mit denen man sparsam umgeht. Gemeinsam sind denen oben – Adligen, der klerikalen Elite und vermögenden Kaufleuten – und den armen Schluckern in Stadt und Land – denen unten eben – nur die Esswerkzeuge, zehn Finger pro Person und bestenfalls Messer, um die Speisen zu zerteilen.

Im Jahr 1644 reist der päpstliche Nuntius Fabio Chigi, ein Toskaner aus Siena, der 1655 als Alexander VII. selbst Papst werden wird, zum Friedenskongress nach Münster. In Lüdinghausen findet er eine garstige Unterkunft, der Arme, und muss sich, der verwöhnte Südländer, mit einem Abend-

brot begnügen, das bestenfalls den Hunger stillt, dem Gaumen indes keineswegs schmeichelt.
Tags darauf landet er in einer verräucherten Hütte, irgendwo zwischen Lüdinghausen und Münster. Dort serviert man ihm, grausliche Vorstellung, »schimmelige Schwarzbrotscheiben – die Westfalen nennen dieses Brot Pumpernickel...« Für den aristokratischen Kirchenmann ist solche Kost »ein scheußlicher Fraß, den ich selbst Bauern und Bettlern nicht anbieten würde.«
Der feine Herr Chigi, der übrigens das untilgbare Klischee vom Münsterland als der »Heimat des Regens« in seine lateinischen Gedichte gepresst hat, entdeckt in der Stadt des rabulistischen Friedensschachers – neben himmelhoch aufragenden Kirchtürmen, die ihn von berufswegen erfreuen – dampfend-übelriechende Misthaufen allerwärts, stinkenden Kloakendreck in Straßen und Gassen und münsterische Menschen, tragende Kühe, streng duftende Ziegenböcke und nasenquälend verdauende Schweine unter einem Dach.
Ein garstiges Land? Immerhin hat es etwas zu bieten, dieses Münsterland, das selbst hochkultivierten, verwöhnten Menschen ein genießerisches Schnalzen entlockt. Es wächst aus natürlicher Mast in Eichenwäldern heran. Die Rede ist vom Besten des Schweins, vom borstigen Doppelhinterteil, das sich so gern an Stallpfosten scheuert. Vom würzigen Knochenschinken sprechen wir – wir aus Heinrich Heines »Vaterland der Schinken«. Selbst Fabio Chigi rühmt von Münster aus den Rauchfang über offenem Herd, »wo der Schinken hängt und mit seinem Duft lockt.«
Nein, da hat er nicht die Nase gerümpft, der Nuntius, da hat er penibel hingeschnuppert, sein feinen Genüssen stets offenes Riechorgan gen Himmel gerichtet und wohl kaum vermutet, dass dermaleinst in der Heimat des Regens selbst in noblen Gourmet-Tempeln zum fein geschnittenen Knochenschinken Pumpernickel gereicht werden sollte.
Ein scheußlicher Fraß, Eure Heiligkeit? Wir können Ihnen nur wünschen, denn wir haben Ihnen Ihre Attacken verziehen, dass Sie auf der päpstlichen Himmelswolke Knochenschinken mit Pumpernickel als göttliches Manna serviert bekommen.
Vernichtende Urteile über unser Land und seine Speisen haben wir genug gelesen und gehört; noch vor einem Vierteljahrhundert musste ich mir in Bayern fast täglich anhören, wir Preiß'n, also auch wir Münsterländer, fräßen Schweinefutter: Grünkohl (gern auch als Hennenfoder, also Hühnergrünzeug bezeichnet), Stielmus und Dicke Bohnen.

*Küchenstück: Der Betrachter des Bildes blickt (oben rechts) durch eine Türe in einen Raum, in dem Jesus Wasser in Wein verwandelt. Wir erinnern uns an die Hochzeit in Kana. Das Gemälde Ludger tom Rings ist nur auf einem schwarzweißen Foto erhalten. In den Verwüstungen des Zweiten Weltkriegs ging das Original im Kaiser-Friedrich-Museum in Berlin verloren.*

*Fabio Chigi, Gesandter des Papstes Innozenz X. beim Friedenkrongress, wird 1655 selbst zum Papst gewählt und nennt sich Alexander VII.*

*Grünkohl, Stielmus, dicke Bohnen, westfälischen Knochenschinken – all diese Herrlichkeiten gibt's – in bester Qualität – auf dem Markt am Dom in Münster. Die Malerin Annegert Fuchshuber hat diesem farbenprächtigen Markt in dem Kinderbuch »Türmer Tons und die Geister von Lamberti« ein Denkmal gesetzt.*

Merkwürdig nur, dass unter diesen Bayern nicht wenige waren, die sich in mein Haus auf dem Lande stahlen, um – ja was denn: Grünkohl, Stielmus und Dicke Bohnen (alles hatte ich selbst angebaut) nach sorgfältiger westfälischer Zubereitung in Massen zu vertilgen und anschließend, zur Besänftigung revoltierender Mägen, nach einem, zwei, drei ehrlichen Körnchen zu verlangen. Selten nur wurde auch ein gutes, von meiner Frau und mir aus Münster importiertes Altbier verschmäht.

Nein, ich bin es satt, in die Ecke kulinarischer Verteufelungen gestellt zu werden. Dieses Buch über das »Münsterländer Allerlei« musste gemacht werden. Spätestens seit

1963, als auf der Avenue Franklin Roosevelt in Paris das Restaurant »La Westphalie« sich etablierte, sehr wohl ästimiert von hauptstädtischen Franzosen und dem Rest der Welt, nur ein paar Steinwürfe entfernt von den Champs Elysées, mit westfälischer Speisenkarte und entsprechendem Interieur –, spätestens seit jener Zeit war mir klar, dass wir unsere Kochbücher nicht mehr verstecken müssen, zumal ich – in mediterranen Ländern! – alsbald entdeckte, dass auch dort nur mit Wasser gekocht wird und lustlose Köche in aller Welt jeden Brei verderben.

Schließlich kamen mit den Gastarbeitern aus Süd und Südost Produkte ins Land (und mit ihnen Rezepte), von denen unsere Großmütter nicht einmal hatten träumen können. Gnocchi al Gorgonzola oder Tiramisu, Scallopine di vitello al limone oder Branzino al cartoccio con maionese – so lesen wir auf der Speisekarte bei unserem Italiener. Und natürlich wissen wir seit mehr als 25 Jahren, wer sich hinter dem Namen Paul Bocuse verbirgt.

Längst können wir auch im Münsterland leben wie Gott in Frankreich. Begabte, gut ausgebildete Köche haben sich jenseits des Rheins und der Alpen umgeschaut und neue Ideen an den heimischen Herd gebracht. Ihr Verdienst ist es, dass längst nicht mehr »ohne feine Zubereitung, ohne Gewürze« gespeist, längst nicht mehr nur der Hunger vertrieben wird. Und Kochbücher gibt es, dass einem bei der Lektüre schon das Wasser im Munde zusammenläuft.

Dieses »Münsterländer Allerlei« musste zubereitet werden – ein Streifzug durch fast 2000 Jahre, auf dem die Autoren in viele Töpfe gucken, in den Römertopf von Haltern ebenso wie in die stahlglänzenden, blitzblanken Tiegel heutiger Küchenzauberer, in verräucherte Wirtshaus- und Bauernstuben vergangener Jahrhunderte so neugierig wie in die

*Schinken und Korn, Stuten und Pumpernickel, dazu trockene Dauerwurst gehören untrennbar zusammen, wenn im Münsterland traditionell getafelt wird. Neue Zeiten haben das Thema Pumpernickel auf ihre Weise variiert, zum Beispiel durch Pumpernickeleis mit Preiselbeeren. Für acht Portionen sieht das so aus: 50 g leicht trockenen Pumpernickel und 50 g dunkle Blockschokolade fein reiben. 3 Eier trennen, die Eigelb mit 4 EL Vanillezucker schaumig rühren, die Eiweiß steif schlagen. 250 g Sahne steif schlagen. Eischnee unter die Eigelb ziehen, dann die Sahne und Pumpernickel mit Schokolade unterheben. Im Tiefkühlfach mindestens 3 Stunden fest werden lassen, anschließend portionieren und mit Preiselbeeren servieren.*

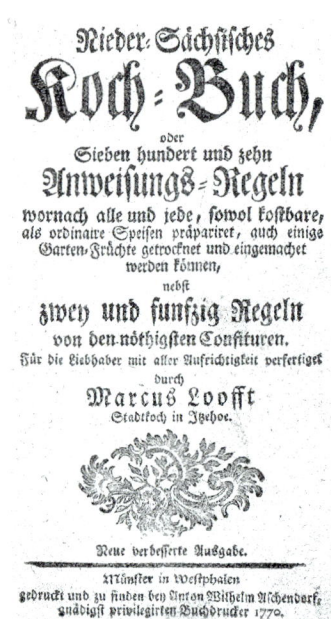

geräumigen Koch-Kabinette des Adels, in Speisenkarten des kaiserzeitlichen Bürgertums wie in die Weinkarten von heute, deren beste im Münsterland 750 Kreszenzen von Ehrfurcht gebietender Kostbarkeit bereithält.

Nein, Papst Alexander, vormals Nuntius Fabio Chigi, hier gibt es keinen garstigen Fraß mehr. Nein, Herr Tacitus, hier werden Sie bei Tisch nicht mehr das Fürchten lernen. Sollten Sie beide, der Papst auf der Himmelswolke und der Geschichtsschreiber aus der heidnischen Unterwelt, jemals wieder in unser diesseitiges Leben treten wollen, so kehren Sie getrost ein in Häuser, die – der Heide aus Rom mag nicht erschrecken, der alte Papst sich freuen – zum Exempel »Im Engel« heißen und sich längst nicht mehr scheuen, auch verwöhnten Zungen zu schmeicheln, deren Besitzer europäischen Königshäusern angehören.

Herzlich willkommen also im lukullischen Diesseits unserer Tage! Der heißölige Gestank verbrauchten Frittenfetts möge Sie nicht belästigen und, Gott und Götter bewahren Sie, in das feine Gewebe Ihrer Gewänder eindringen. Bedenken Sie bitte, dass wir Münsterländer genau wie alle anderen Europäer zunächst Pommes rotweiß schlucken mussten – einen Import wie von anderen Sternen –, um nach 2000 Jahren endlich dem Gaumenkitzel frönen zu können, den Sie uns seinerzeit leider nicht bescheinigen konnten.

Mag sein, dass Ihnen – in unserer heutigen Zubereitung – sogar Reibeplätzchen aus Kartoffeln schmecken, serviert mit Pumpernickel, Schmand und Schinkenstreifen, ein wenig Lachs womöglich, oder dass Ihnen – raffiniert verfeinert, wir haben dazugelernt – Schweinefutter, Hennenfoder munden wie, zum Exempel, Grünkohl und Stielmus.

An Sie, Herr Tacitus, den ich als seriösen gallisch-römischen Historiker zu schätzen gelernt habe, richte ich eine dringliche Bitte: Lesen Sie gründlich, kosten Sie genießerisch und bringen Sie Ihre Geschichtsschreibung auf den neuesten Stand! Wir sind gespannt auf Ihr Urteil.

*Salve – und guten Appetit!*

*Titelblatt und Frontispiz eines Kochbuches, »gedruckt und zu finden bey Anton Wilhelm Aschendorf, gnädigst privilegirten Buchdrucker 1770«.*

Rudolf Aßkamp

# *Wie die Römer satt geworden...*
## Speis' und Trank der Eroberer vor 2000 Jahren

Gute Verpflegung und funktionierendes Nachschubwesen waren Grundvoraussetzungen für die stete Einsatzbereitschaft der römischen Truppen überall im Römischen Reich. Lebensmittel wurden von der Truppenverwaltung gegen Abzug vom Sold zur Verfügung gestellt; da es aber wohl keine regulären Truppenküchen gab, mussten zumindest die einfachen Legionäre ihr Essen selbst zubereiten. Zur Herstellung von Brot wurde Weizenkorn ausgegeben, das von den Angehörigen eines *Contuberniums* (Haus- und Tischgenossenschaft) auf der mitgeführten Handmühle geschrotet und anschließend gebacken wurde; die Zuteilung von Gerste galt damals als Strafe. Die Grundnahrung der Soldaten bestand ferner aus einem Brei mit Weizen (*puls*), dem Speck und Gemüse beigegeben werden konnten. Mit importierten Gewürzen wie Pfeffer, aber auch mit Soßen wie z.B. der berühmten Fischsoße (*garum*) wurde der Geschmack verfeinert. In Kochtöpfen und auf großen Backplatten wurden diese Gerichte über offenem Feuer oder in Backöfen zubereitet, die vor allem bei den Marschlagern einfach in den Erdboden eingetieft waren. Sie bestanden aus einer Bedienungsgrube, die über einen Schürhaken mit dem unterirdisch angelegten, wohl kuppelförmig überwölbten Brennraum verbunden war.

Die Reste von Lebensmitteln und Gewürzen, die in den Brunnen in Oberaden (Westfalen) gefunden wurden, können einen Einblick in die Speisegewohnheiten der dort stationierten Truppen geben. Linsen, Pferdebohnen, Lein und Äpfel gehörten zu den einheimischen Gewächsen, während Oliven, Feigen, Mandeln, Weintrauben, Koriander und Pfeffer von weither importiert werden mussten.

Die römischen Legionäre waren keine Vegetarier; große Mengen von Knochen, die in den Römerlagern gefunden wurden, zeigen, dass dort bevorzugt Fleisch von Rindern, Schafen, Ziegen, Kühen und von Wild gegessen wurde. Getrunken wurde neben Wasser, Bier und Wein auch *posca*, ein Mischgetränk aus Wasser und saurem Wein oder Essig. In Oberaden wurden mehrere Brunnen ausgegraben, bei

*Ein Modell des römischen Hauptlagers in Haltern. Während der Germanienkriege, die von 12 v.Chr. bis 16 n.Chr. andauerten, unterhielten die Eindringlinge aus dem Süden auch in Westfalen ihre Stützpunkte. Das Westfälische Römermuseum in Haltern dokumentiert vorzüglich die Zeit vor und nach der legendären Varusschlacht.*

*Oben:*
Vier Grabungsarbeiter mit einem römischen Weinfass, das in Oberaden als Brunnenverschalung gedient hatte. Das Bild entstand etwa 1910.

*Mitte links:*
In Oberaden südlich der Lippe entdeckte man 1905 ein römisches Legionslager. Aus den Brunnen wurden Pflanzen- bzw. Früchtereste geborgen. Sie zeigen, dass die Eindringlinge aus dem Süden über Nahrungsmittel verfügten, die den Germanen fremd waren, darunter Oliven, Weinrebe, Koriander, Pfeffer und Feigen.

*Mitte rechts:*
Feine Lebensart aus Italien – ein Becher aus Feinkeramik, der in Haltern ans Licht kam. Sein Hersteller, so sagt die Inschrift, hieß Acastus.

Ein »Halterner Kochtopf« – unter Archäologen berühmt. 1982 wurde er geborgen.

*Abenteuerlich-romantisierende Vorstellungen hatte das 19. Jahrhundert vom Kampf der Germanen gegen die Römer.*

Als Getränk dient ein Saft aus Gerste oder Weizen, der durch Gärung eine gewisse Ähnlichkeit mit Wein erhält; die Anwohner von Rhein und Donau kaufen auch Wein. Die Kost ist einfach: wildes Obst, frisches Wildbret oder geronnene Milch. Ohne feine Zubereitung, ohne Gewürze vertreiben sie den Hunger. Dem Durst gegenüber herrscht nicht dieselbe Mäßigung. Wollte man ihnen, ihrer Trunksucht nachgebend, verschaffen, so viel sie wollen, so könnte man sie leichter durch ihr Laster als mit Waffen besiegen...

Gleich nach dem Schlafe, den sie häufig bis in den lichten Tag hinein ausdehnen, waschen sie sich, öfters warm, da bei ihnen die meiste Zeit Winter ist. Nach dem Waschen speisen sie; jeder hat einen Sitz für sich und einen eigenen Tisch. Dann gehen sie in Waffen an ihre Geschäfte und nicht minder oft zu Gelagen. Tag und Nacht durchzuzechen ist für niemanden eine Schande.

*Tacitus, römischer Geschichtsschreiber, über die Germanen*

*Ein Holzfässchen aus Oberaden – welche Art von Proviant mag es aufgenommen haben?*

*Eine bronzene Kasserolle aus Haltern. In solch noblen Töpfen kochten vor 2000 Jahren die Eroberer ihre Mahlzeiten.*

*So stellten sich phantasiereiche Künstler vor 100 Jahren einen »altgermanischen Edelhof« vor.*

Die zumeist bäuerlich wirtschaftenden Germanen lebten in kleineren weilerartigen Siedlungen oder auf Einzelhöfen. Sie waren stammesmäßig gebunden, und über jeden einzelnen Stamm herrschte eine Adelsgesellschaft.
Wichtig war die nahe Lage zum Wasser (Flüsse, Bäche oder auch Teiche), aber auch zu Waldungen. Und zwar wegen der Waldweide des Viehs. So waren wegen der Eichelmast der Schweine unbedingt Eichenhaine notwendig. Die bei der Schafhaltung anfallende Wolle wurde mit Hilfe von Spindeln (erhalten sind die tönernen Spinnwirtel) versponnen. Die Rinder wurden in der kalten Jahreszeit im Stallteil des Wohnhauses gehalten. Das geerntete Getreide (Weizenarten, Gerste und Hafer) wurde in Speichern verschiedener Art verwahrt, so auch in großen, luftdurchlässigen Tongefäßen. Auf einfachen steinernen Handmühlen wurde das Getreide zu Mehl vermahlen.
*Ausstellungskatalog »2000 Jahre Römer in Westfalen«, Münster 1989*

denen durch leere Fässer die Verschalung der Brunnenwände gebildet worden war. Die erhalten gebliebene Namensinschrift eines GALLUS auf einer Fassdaube sowie runde Spundlöcher zeigen, dass in ihnen zuvor Wein aus Südfrankreich enthalten war. In den Fässern, die eine rechteckige Öffnung aufwiesen, waren offenbar feste Stoffe – vielleicht Getreide – transportiert worden.
Wein, Öl und Soßen wurden in Amphoren (Tongefäßen) geliefert. Zahlreiche Reste dieser Transportbehälter, die aus Italien, Südfrankreich, Spanien und von den griechischen Inseln stammen, wurden in den westfälischen Römerlagern gefunden. Sie bezeugen zusammen mit den exotischen Gewürzen und anderen Importgütern den weltweiten Handel der Römer und den gut organisierten Nachschub bis in die entferntesten Garnisonsorte Germaniens.
Während organische Reste von Nahrungsmitteln – mit Ausnahme von Tierknochen und Muscheln – nur sehr selten und oft nur in winzigen Partikeln erhalten geblieben sind, stellen die Überreste der Transportgefäße, vor allem aber Scherben von Ess-, Trink- und Kochgeschirr, an den meisten römischen Grabungsorten den Hauptanteil des Fundmaterials. Dazu gehören handgeformte Töpfe wie z. B. der so genannte »Halterner Kochtopf«, Schüsseln, Töpfe, Krüge und Becher, die z. T. in den Lagern selbst produziert wurden, wie auch feinere Gefäße aus Glas und Bronze sowie das Tafelgeschirr »Terra sigillata«.

*Dr. phil. Rudolf Aßkamp ist Leiter des Westfälischen Römermuseums in Haltern.*

Aus der Literatur

# »Breifresser hat man uns genannt«
## Vom Mittelalter bis zum Friedensschluss im Jahre 1648

Brei aus minderen Getreidearten – heute möchte man Pampe sagen –, schlecht gewürzte Speisen, bescheidene Lebenshaltung bestimmten noch Jahrhunderte nach der Römerzeit das kärgliche Leben der Unterschichten im Münsterland, der Westfalen überhaupt. Doch es gibt, vom sehr späten Mittelalter ab, auch erfreuliche Lichtblicke. Sollen literarische Quellen sprechen.

Beginnen wir mit Werner Rolevinck, dem münsterländischen Mönch, der in seinem Buch »Zum Lobe Westfalens«, erschienen 1474, über die Auswanderer aus seiner Heimat u.a. schreibt: Einer »war nach der Stadt Metz entkommen. Dort nahm ihn jemand für einige Tage gegen entsprechende Vergütung als Hausdiener an. Er hatte nichts Besonderes zu tun. Der Herr gab dem einfältigen und harmlosen Manne seine Anordnungen, und dieser tat alles, was ihm aufgetragen war, ja noch mehr als das und zwar besser, als man verlangt hatte.

Als man ihn nun zum Essen rief und zu den gewöhnlichen Speisen auch noch Wein und Weißbrot vorsetzte, wurde der Mann verlegen und wagte nicht, etwas anzurühren. Schließlich fragte er, ob man Scherz mit ihm treiben wolle, oder ob das Ernst sei? Erst als die Familie ihn aufforderte, griff er zu wie die Übrigen und erklärte hoch und heilig, ein solches Essen habe er in seinem ganzen Leben noch nicht bekommen.

Am Abend wurde ihm nochmals aufgetischt, und dann sollte er seinen Lohn bekommen. Wer nun das Gesicht unsere biederen Hausdieners gesehen hätte, würde herzlich gelacht haben. Er konnte sich vor Staunen gar nicht fassen, dass man ihm für sein bisschen Arbeit nicht nur Wein und reichliches Essen, sondern auch noch obendrein Geld geben wollte.

Und was geschah in der Nacht? Der Hausherr konnte nicht schlafen, er hatte Sorge, ein anderer könne ihm diesen prächtigen Tollpatsch wegschnappen. Dieser wiederum bangte, seine schöne Stelle zu verlieren. So sehnten beide den Tagesanbruch herbei.

*Äußerst einfach ging es zu in den Küchen der Bauern und der niederen Stände. Hier kochten »Breiesser«, wie der Holländer Lipsius im 16. Jahrhundert schrieb, »Halbwilde« nämlich, die zusammen mit dem Vieh ihre kargen Mahlzeiten einnähmen.*

*Der päpstliche Gesandte Fabio Chigi reist (siehe Seite 9) zu den Verhandlungen über den später so genannten Westfälischen Frieden nach Münster. Deftige Worte findet er über die Lebensart der Münsterländer. Immerhin lobt er den Schinken und gibt uns ein Zeugnis über die hier zu Lande viel gerühmten Dicken oder Großen Bohnen (»Graute Baunen«).*

*Das Schwein, noch lange nach dem Zweiten Weltkrieg auch in städtischen Haushalten gemästet, trug wesentlich zur Ernährung der Bevölkerung bei. Die Abbildung zeigt in stilisierter Form ein »Schlachtfest im alten Münster«, anzuschauen auf der münsterischen Domuhr.*

Als man sich längst ganz aneinander gewöhnt hatte, fragte man ihn schließlich: ›Hans, möchtest du wieder in deine Heimat zurückkehren?‹ Er erwiderte: ›Ich denke nicht daran! Dort muss ich als höriger Mann wie ein Sklave Dienste tun, bekomme nur Schimpfworte zu hören und kann Schwarzbrot essen mit Gerstengrütze. Ich möchte gern hier bleiben!‹
Wahrlich, mein Volk, du verdienst die Hochachtung der ganzen Welt; denn du hast es verstanden, deine Söhne so zu erziehen, dass alle Länder sie gebrauchen können. O du herrliche Tugend geduldiger Ausdauer, du lehrst die Menschen, auch für die geringsten Dinge Gott zu danken!«

Im 16. Jahrhundert reist ein Gelehrter, der Holländer Justus Lipsius, ins Westfälische. Er berichtet einem Freund, gewissermaßen müsse er in der Wildnis leben – bei Skythen nämlich, nach damaligem Begriff iranischen Nomaden, und bei halbwilden Breiessern, die zusammen mit ihrem Vieh die Mahlzeiten einnähmen.

Maria Kahle, eine sauerländische Poetin, die im Dritten Reich als Trommlerin für nationalsozialistisches Gedankengut hervortrat, kam 1891 in Wesel zur Welt und starb 1975 in Olsberg (Sauerland). 1957 hatte sie das Bundesverdienstkreuz erhalten. In humorigen Versen gibt sie dem Holländer Lipsius eine deutliche Antwort auf seinen Bericht über die halbwilden Breiesser.

*Kam mal einer aus fremdem Land,
Breiesser hat er uns genannt,
wusste wohl nichts von den guten Dingen,
die in Westfalen im Rauchfang hingen.
Ging an den Gaben des Landes vorbei,
schrieb seine Worte mit zähem Brei,
Haferbrei, Roggenbrei, einerlei!*

*Aber der Gast, den wir gerne sehn,
wird nicht verdrießlich vom Tische aufstehn:
Wurst und Sülze und rosigen Schinken
Sieht aus gefüllten Schüsseln er winken,
ist wohl auch frische Kröse dabei –
nennst du das Brei? Nun, es sei!
Wurstebrei, Götterbrei, einerlei!*

*Spar dir zum Schlemmermahle ein Eck,
heut' gibt es Große Bohnen mit Speck!
Pumpernickel und Dickmilch schließen*

das westfälische Festgenießen.
Dickemilch? Stippmilch? Ein saurer Brei.
Doch der Westfale sagt: Juchhei!
Zimt und Zucker dran, einerlei!

Will dir im Winter die Hausfrau wohl,
kocht sie Mettwurst mit grünem Kohl.
Bratkartoffeln und Reibpfannkuchen
kannst du abends dann noch versuchen.
Reibeplätzchen? Ja, das ist Brei;
nimm etwas Himbeermus dabei,
Apfelbrei, Pflaumenbrei, einerlei!

Aber nun musst du auch noch entdecken,
wie die Krengel und Waffeln schmecken,
dicht mit gläsernem Zucker bestreut,
wie das die Sauerländer freut.
Waffeln? Aus Mehl und Milch ein Brei,
aber goldglänzend von Fett und Ei,
Butterbrei, Eierbrei, einerlei!

Und dann kommt zu des Jahres Schluss
Weihnacht mit Spekulatius,
Honig träuft aus den Bienenwaben,
Kinder und Alte im Kuchen zu laben.
Eierkuchen Silvester bringt
und beim Glühwein das Jahr verklingt.
Neues Jahr, schenke uns wieder Brei,
Wurstebrei, Eierbrei, einerlei!

1964 zitiert Josef Bergenthal den Kölner Wirtschaftshistoriker Bruno Kuske und schreibt in dem Buch »Zu Tisch in Westfalen«: »Der Westfale hat vom Schwein wohl den besten Teil erwählt und zu Ehren gebracht, doch der Schinken ist es nicht allein, wie Bruno Kuske festgestellt hat: ›In der Zurichtung und Ausnützung des Tieres kannte das westfälische Mittelalter schon fast alle modernen Formen, den hervorragenden Schinken voran, Speck, Rauch- und Pökelfleisch, Sülzen, Leber- und Mettwürste, Rippchen, Füßchen, Spanferkel usf. Auch hierin bewährte sich schon längst die Virtuosität der westfälischen Küche beim Fleisch‹.
Dass Eisbein mit Sauerkraut zu den westfälischen Standardgerichten zählt, braucht nicht bewiesen zu werden. Dieses respektable Gericht ist weithin in ganz Deutschland bekannt und beliebt. Auch Berlin reklamiert es als ori-

*Ein »westfälischer Himmel« über dem Herdfeuer – mit Schinken, Würsten und Rosenkränzen, also Mettwürsten. Die nahrhaften Produkte vom Schwein gewannen im Rauch ihre vielgerühmte Würze.*

*Zu kräftigen Mahlzeiten – alle Kochbücher sagen es – gehören ein »Klaorer«, also ein Korn, und ein würziges Bier.*

*So liebt man es im Münsterland bis heute: Dicke oder Große Bohnen mit Speck. Es ist ein mächtiges Gericht, das in manchen Restaurants auf verfeinerte, zeitgemäße Art heute noch geboten wird.*

Jau, de schönste Tied von'n Summer
Is de Grautebaunentied –
In de Grautebaunentied,
Buk, dann wär no maol so wied!

\*

Doch, die schönste Zeit im Sommer
Ist die Große-Bohnen-Zeit –
In der Große-Bohnen-Zeit,
Bauch, ach werd' noch mal so weit!

\*

In der Gegend von Unna soll es früher geheißen haben: »Blagen, zieht die Hemden aus, heute gibt's Große Bohnen.«

ginal Berliner Spezialität. Es mag schwer auszumachen sein, welche Landschaft es zuerst auf den Tisch gebracht hat. Darüber soll man nicht streiten. Interessanter ist die Frage, wo es am besten und originellsten zubereitet wird. Dabei lassen sich beträchtliche Unterschiede feststellen. Die westfälische Art der Zubereitung braucht die Konkurrenz nicht zu fürchten.«

Der im ersten Kapitel erwähnte Römer Fabio Chigi, 1655 als Papst Alexander VII. zu höchsten Ehren aufgestiegen, gibt den hier zu Lande seit Urzeiten kultivierten Dicken oder Großen Bohnen die Ehre:

*Nichts siehst mehr du als Bohnen, die hier in bedeutender Menge*
*Baut der westfälische Bürger sowie auch der ländliche Bauer.*
*Endlos dehnt sich die Saat!*

Was Fabio Chigi nur als Reiseskizze bietet, haben Einheimische zunächst mit Mund und Magen gewissermaßen verinnerlicht und dann in blumigen Worten veräußerlicht. Etwa um 1810 soll ein Klagelied entstanden sein, das hier mit drei Strophen wiedergegeben sei:

*Hiobskunde geht durch ganz Westfalen,*
*Man vernimmt's erschreckt in jedem Haus,*
*Es ist einfach gar nicht auszumalen:*
*Unsere Dicke Bohnen bleiben aus.*

*Auf der Tafel prangt bei Hoch und Nieder*
*Um die Zeit Westfalens Leibgericht,*

*Eisbein mit Sauerkraut, ein kalorienreiches Gericht, das vielerorts in Deutschland gereicht wurde und wird. Wo es seine eigentliche Heimat hat, ist – zumindest zwischen Westfalen und Berlin – bis heute umstritten.*

*Etwa dreimal in der Woche kehrt es wieder,
Ohne Dicke Bohnen geht es nicht.*

*Und nun bleibt in diesem Unglücksjahre
Uns das Beste alles Guten aus;
Sie, die edelste und schönste Ware,
Unsere Dicke Bohnen fraß die Laus.*

Ganz anderes Geschütz als Dicke Bohnen oder Eisbein mit Sauerkraut fährt 1669 der münsterische Fürstbischof Christoph Bernhard von Galen auf. Er will zur Gründung einer Universität mit vier Fakultäten ein fünf Tage währendes Fest gestalten, das – man glaubt sich in lukullische Gefilde versetzt – folgende tierische Rohprodukte zur Grundlage haben soll: »20 Kälber, 20 Hirsche, 30 Rehe, 15 Wildschweine, 150 Hasen, 500 Rebhühner, 75 große Puter, 150 kleine Puter, 200 Kapaune, 250 Tauben, 500 Wachteln, 500 große Karpfen, 1000 Schleien, Rheinlachse, Krebse und Meerkrebse.«

*Eine münsterländische Bauernrunde, wie sie gern volkstümelnd dargestellt wurde. Zinn- und Tongeschirr und vor allem Rosenkränze, also Mettwürste, durften nicht fehlen – der Holzschnitt von Hans Pape zeigt es.*

Zu diesem himmlisch-barocken Festgelage müssen natürlich auch Getränke kommen. Aus seinem Macht- und Einflussbereich nennt Galen: »Märzenbier aus Sassenberg, Bier aus Paderborn, Hamm, Wolbeck und Minden.« Die Weine allerdings, die da getrunken werden sollen, wachsen nicht im Münsterland, nicht in Westfalen heran. Sie müssen, wie der Lachs, vom Rhein und aus anderen begünstigten Regionen kommen.

Obschon – Lachs bzw. Salm gab es auch in der Ems. Aber das ist ein späteres Kapitel.

Carin Gentner

# Speisen nur vom Allerfeinsten
## Die Spitzengesandten in Münster lebten wie gekrönte Häupter

Das Rathaus zu Münster, in dessen Friedenssaal 1648 der Vertrag über das Ende des Dreißigjährigen Krieges geschlossen wurde. Spanien und die Niederlande hatten sich endlich geeinigt. Während das Volk in Ost und West, Süd und Nord an Hunger, Pest und Ausbeutung durch marodierende Truppen und Vergewaltigung litt, ließen die Gesandten der Friedensverhandlungen es sich in Münster und Osnabrück recht wohl ergehen.

Münster blieb im Dreißigjährigen Krieg zwar nicht von Hunger und Entbehrungen, aber dank seiner starken Befestigung doch von Besetzungen und Zerstörungen verschont, während das Umland zum Teil erheblich vom Kriegsgeschehen betroffen war. Die Unversehrtheit war ein Grund dafür, die einst bedeutende Hansestadt, zugleich Bischofssitz, mit ihren zahlreichen Domkurien, Stiften, Klöstern, Adelshöfen, Bürger- und Gildehäusern schon 1636 zum Ort der geplanten und von allen beteiligten Kriegsmächten gewünschten Friedensverhandlungen auszuersehen.

Bevor Münster zusammen mit Osnabrück im Dezember 1641 durch den Präliminarvertrag von Hamburg zur Tagungsstadt ernannt wurde, schrieb Kaiser Ferdinand im September des Jahres an die Bürgermeister und den Rat der Stadt Münster: »... und damit auf erfolgende Zusammenkunfft so vieler Pottschafter und Gesandten an notwendiger Vorsehung kein Mangel erscheine, so haben wir euch gleichfalß dessen hiermit avisieren wollen und versehen unß gegen euch allergnedist, ihr werdet in Zeiten allsolche Anstalt machen, damit nit allein an notwendiger Unterkunfft und Lebensmitteln kein Mangel erscheine, sondern auch einem Jeden nach Standtsgebür mit geziemender Ehrerbietung begegnet werde.«

Eine schwere Aufgabe, vor die sich Münster gestellt sah – nicht nur standesgemäße Wohnungen und Häuser für die zu erwartenden rund 150 Gesandten, einige mit beachtlichem Gefolge, bereitzustellen, sondern auch für eine angemessene Beköstigung zu sorgen. Gerade was diese betrifft, war mit höchsten Ansprüchen zu rechnen; Krieg und Mangel waren für viele Standespersonen kein Grund, ihren luxuriösen Lebensstil einzuschränken. Als sich dann 1643 die Gesandtschaften der fremden Mächte und der Reichsstände auf Münsters für die neuen Zwecke je nach Rang mit mehr oder weniger Prachtentfaltung um- und ausgebauten Höfe und Häuser verteilt hatten, entwickelte sich unter anderem auch ein reges Festleben mit üppigen Mählern.

22

Vor allem die beiden Bürgermeister der Stadt durften bei keinem fehlen. 1647 wurden sie in einem Zeitraum von zehn Monaten nahezu zwanzigmal offiziell zu Tisch gebeten, zum Teil zusammen mit den Deputierten des Rates. Der Rat dagegen beschloss nach reiflichen Überlegungen Anfang 1644, selbst keine großen Essen auszurichten. Er revanchierte sich mit spendablen Gastgeschenken und kostspieligen »Verehrungen« wie vergoldeten Pokalen, Fässern mit Wein, feisten Ochsen und edlen Fischen, aber auch mit Reitpferden oder dem begehrten Hafer für die Gesandtenpferde. Sonst beschränkte sich der Rat auf Empfänge, bei denen Bier oder Wein mit dem damals üblichen Konfekt gereicht wurden.

In Münster und Osnabrück waren 16 europäische Staaten und 140 Reichsstände vertreten, wenn auch nicht alle durch einen eigenen Bevollmächtigten; manche Botschaften waren gleichzeitig von mehreren Interessenten delegiert. Zwischen den beiden Kongressstädten gab es einen regen Austausch. Bedeutendere Mächte hatten hier wie dort Niederlassungen. In Münster waren die größten Gesandtschaften

*Der taubstumme Maler Wolfgang Heimbach, gestorben 1678, stand in Kopenhagen in Diensten des dänischen Königs Friedrich III. Heimbach, der als Hofmaler des Fürstbischofs Christoph Bernhard von Galen u.a. auch in Münster, Coesfeld und Dülmen gemalt hat, liefert hier eine Vorstellung, wie die Küche gehobener Kreise zur Zeit des Friedensschlusses von Münster ausgesehen haben mag.*

*In der münsterischen Ratskammer wird am 15. Mai 1648 der niederländisch-spanische Teilfriede geschlossen. Gerard Ter Borch hat die 75 beteiligten Personen fotografisch exakt wiedergegeben.*

die der Spanier und Franzosen, die mehrere gleichberechtigte Vertreter mit eigener Suite und eigenen Haushalten hatten, weiter die der Niederländer im Krameramtshaus und die Residenz des Bischofs von Osnabrück, Franz Wilhelm von Wartenberg. Letzterer hatte sich in einer Domherrenkurie mit beeindruckender Prachtentfaltung ausgestattet, wie ein Inventar von 1646 bezeugt.

Sie alle führten eine große Küche mit bis zu 40 Arbeitskräften. Im Haus des französischen Gesandten d'Aveaux gab es beispielsweise neben dem Hilfspersonal 12 Köche, 2 Kuchenbäcker, 3 Bäcker, 8 Getränke- und 8 Obstdiener, 6 Einkäufer und 1 Silberwart. Wartenberg beschäftigte in seiner Küche 1 Bereiter, 2 Weinschenke, 1 Silberdiener, 2 Bäcker, 3 Köche, 2 Bratenwender, 2 Küchenjungen, 2 Handlanger, 1 Diener des Silberdieners, 2 Spülfrauen. Sie standen für zehn Tische zu Diensten. Bei großen Gesellschaften engagierte der Bischof zusätzlich einen münsterischen Stadtkoch. Die Köche und Bäcker der Gesandten waren zum Teil gut ausgebildete Fachkräfte: Der kaiserliche Gesandte Trautmannsdorff verfügte über einen Koch und einen Bäcker vom kaiserlichen Hof, und selbst in der kleineren bayerischen Vertretung arbeitete ein am spanischen Hof ausgebildeter Koch.

Dementsprechend aufwändig war auch die Tischkultur. Mit edlen Wandbehängen vom Gobelin bis zur Ledertapete ausgestattete Tafelzimmer gaben den passenden Rahmen für einen prächtig gedeckten Tisch: ausgesprochene Esszimmer oder -säle, nur zum Einnehmen des Mahles bestimmt, kannte man allerdings noch nicht. Neben Tischtüchern, Mundtüchern und Handtüchern gehörte zur gewöhnlichen Ausstattung das bei allen Gesandtschaften im Grundbestand gleiche Tafelsilber, bestehend aus Schüsseln, Tellern, Bechern, Leuchtern, Konfektschalen, Messern, Löffeln, Vorlegegabeln, Salzstreuern und Lavoirs zum Waschen, denn man aß noch vieles unmittelbar mit den Händen. Die Teile waren meist individuell und nicht in Serie gestaltet, jedoch unterschieden sie sich bei den einzelnen Botschaften je nach Rang in Anzahl und Kostbarkeit deutlich. Der auf Repräsentation bedachte Wartenberg hatte zum Beispiel 12 große und 12 kleine vergoldete Becher, 67 Schüsseln und ebensoviele Silberteller in seinem Bestand, der bayerische Gesandte Haslang dagegen besaß nur 40 Silberteller, während der brandenburgische Gesandte Wittgenstein wiederum allein in seinem münstrischen Quartier 36 Silberteller hatte.
Im Ausgabenbudget fast jeder Gesandtschaft stellten die

*Ludger tom Ring d.J. (1522–1584) malt um 1570 dieses Küchenstück mit der Hochzeit von Kana (oben rechts). Die Zutaten zur Zubereitung eines üppigen Mahls sind reichlich aufgehäuft – in der münsterischen Küche des 16. Jahrhunderts. Es ist ungewiss, ob der Maler das Bild allein schuf oder ob es auch seinem Umkreis zuzurechnen ist.*

*Gar nicht ärmlich stellt sich diese westfälische Küche dar, um 1600 von Ludger tom Ring d.J. (1522–1584) oder seinem Umkreis gemalt. Schon die große Zahl der Töpfe, Tiegel und anderen Behältnisse deutet auf eine reiche Küchenführung hin. Die Speisen werden am Herdfeuer zubereitet. Frei umherlaufende Tiere wie Hunde, Katze oder Kaninchen und eingegattertes Federvieh lassen vermuten, dass es um die Hygiene nicht sehr gut bestellt war.*

Aufwendungen für die Ernährung den weitaus größten Kostenfaktor dar, nämlich um 50 Prozent. Das gilt auch für die kleineren Vertretungen meist reichsständischer Provenienz mit 20 bis 40 Personen und eigener Küche. Um solche Kosten zu sparen, ließen sich einige reichsständische Botschaften mit kleinem Gefolge von Einheimischen beköstigen. Denn nicht nur die Nahrungsmittel waren teuer, vor allem war es die Küchenführung, angefangen bei der Besorgung der Lebensmittel über die Kosten für Brennmaterial – ein ständig benutzter Küchenherd brauchte im Winter etwa das neunfache von einem Heizofen – und Personal bis hin zu Einrichtungsgegenständen, die, mitgebracht, Transportkosten verursachten, sonst aber in Münster erworben werden mussten. Um Ausgaben zu sparen, gaben selbst große Gesandtschaften wie die französische oder spanische, aber auch kleinere wie die kurbayerische einem Teil ihrer Bediensteten Kostgeld. Damit konnten sich diese als Einzelpersonen in den Garküchen ernähren, wie sie die Stadt Münster während der Kongresszeit für jedermann zugänglich eingerichtet hatte.

Die Ansprüche der Gesandten waren, wie gesagt, hoch. Ein ihnen angemessenes Gericht setzte nicht nur gute, sondern auch ausgefallene und teure Lebensmittel voraus. Der Rat der Stadt Münster bemühte sich gegen manche Widrigkeiten mit einigem Erfolg um eine geregelte Einfuhr, setzte Fleischpreise fest, überwachte den Verkauf von Viktualien und richtete mehr Verkaufsstände für Fisch, Käse, Butter und Eier ein als üblich. Münsterische Kaufleute versorgten die Fremden mit Fleisch und Brot, aber auch mit den beliebten teuren Gewürzen und mit Wein. Die Gesandtschaften beschäftigten darüber hinaus gegen ein festes Gehalt kundige Einkäufer aus Münster, die aus dem Umland frische Lebensmittel bezogen.

Einige Botschafter konnten sich auch aus eigenen, nahe gelegenen Territorien bedienen. Manche hatten Vorsorge getroffen und größere Mengen lagerungsfähiger Lebensmittel wie geräucherte Fische, Käse und Speck von zu Hause mitgebracht, die gemäß einer Anordnung für den Eigenbedarf unterwegs nicht verzollt werden mussten. Allerdings hatte der französische Gesandte Servien so viel Bordeaux-Wein eingepackt, dass bei seiner Durchreise durch die Generalstaaten bei den Zöllnern der Verdacht aufkam, er wolle damit handeln. Manche hatten unterwegs besondere Leckereien wie Lachs und Zitrusfrüchte eingekauft. Teilweise versorgten sich die Gesandschaften in Münster auch selbst durch Tierhaltung und Gartenbau; Ställe und Gärten hatte man zusammen mit einer Wohnung angemietet. Außerdem wurden von einheimischen Adligen und Fürsten gern erlesene und teure Lebensmittel als Geschenke an die Gesandten verteilt, meist Wild und edle Fische.

Während bei der Bevölkerung Münsters, natürlich auch hier sozial unterschiedlich, Getreideprodukte in Form von Brei und Brot einen wesentlichen Anteil der Ernährung ausmachten, war bei den Mahlzeiten der Gesandten ähnlich wie bei anderen Angehörigen der Oberschicht eindeutig das Fleisch bestimmend. Nur für Getränke wurde mehr angelegt. Auch bei den mittelgroßen und kleineren Vertretungen gab man beim Einkauf von Frischfleisch etwa ein Viertel der Gesamtkosten für Lebensmittel aus. Einen Teil erwarb man als Schlachtvieh, den anderen als schon zerteilte Fleischsorten von den Metzgern Münsters.

Dabei wurde eindeutig Rind- und Kalbfleisch dem Schweinefleisch vorgezogen. Hammelfleisch war am teuersten. Natürlich genoss man außerdem so nah an der Quelle den über Westfalens Grenzen hinaus gerühmten Schinken, ge-

> Wenn dreihundert Gäste, die ich nicht kenne,
> du, Fabullus, einlädst und dich wunderst,
> klagst und schiltst, weil dem Mahle fern ich bleibe,
> wisse, dass ich nicht gern alleine speise.
>
> *Martial, römischer Dichter, 40 n.Chr.*

räucherten Speck und schon bereitete Würste. Als besonderer Leckerbissen galt Wild, bei kleineren Gesandtschaften gab es meist nur Niederwild wie Hasen und Wildenten, bei den großen mit eigenen Jägern und Jagdrevieren auch die edleren Sorten wie Wildschwein und Hirsch. Beim Geflügel bevorzugte man Hühner, die teilweise selbst gezogen wurden, außerdem Truthähne, Gänse und Enten.

Zwar gibt es eine ausführliche Untersuchung über die Ausgaben der Gesandtschaften in Münster von 1643 bis 1649, die Ernährungskosten und Einkäufe von Nahrungsmitteln detailliert aufschlüsselt, so dass man in etwa weiß, was und wie viel verzehrt wurde. Doch über die Zubereitung der Speisen aus den erworbenen Rohprodukten war bislang wenig bekannt. Man konnte lediglich auf gedruckt Kochbücher großer Hofköche vom Ende des 16. Jahrhunderts zurückgreifen, wie auf das des Kurfürstlich-Mainzischen Mundkochs Marx Rumpolt von 1581 oder für Norddeutschland auf das des Fürstlich-Braunschweigischen Mundkochs Franz de Rontzier von 1598. Diese dokumentieren eine Küche der höchsten Ansprüche, wie sie vielleicht teilweise noch für die festlichen Banketts der großen spanischen oder französischen Gesandtschaften zutraf, aber in der Mitte des 17. Jahrhunderts sicher nicht mehr ganz zeitgemäß war.

Erst kürzlich sind zwei umfangreiche handschriftliche Kochbücher aus Adelsbesitz aufgetaucht, die nun eine genauere Kenntnis der Nahrungsbereitung dieser Gesellschaftsklasse geben. Eines stammt aus Schloss Hovestadt an der Lippe, auf der Grenze zum Münsterland gelegen (Handschrift vor und um 1675), das andere gehörte der Gattin des kurbayerischen Prinzipalgesandten beim Friedenskongress in Münster, Georg Christoph von Haslang (Handschrift um 1640).

Maria Catharina Freifrau von Haslang (1611–1679) entstammte der angesehenen sauerländischen Adelsfamilie von Fürstenberg, aus der mehrere bedeutende Persönlichkeiten kamen, unter ihnen ihr Bruder Ferdinand, später Fürstbischof von Paderborn und Münster. 1635 heiratete Maria Catharina den kurbayerischen Kämmerer von Haslang (1602–1684). Dessen 1634 zerstörter und von ihm in den folgenden Jahren wieder aufgebauter Stammsitz Hohenkammer liegt in der Nähe von München. Wohl um sich mit der dort üblichen adligen Kochkunst vertraut zu machen, ließ Maria Catharina dieses Kochbuch von verschiedenen süddeutschen Schreibern fertigen; im Anfangsteil und zum Schluss trug sie einige Rezepte selbst ein.

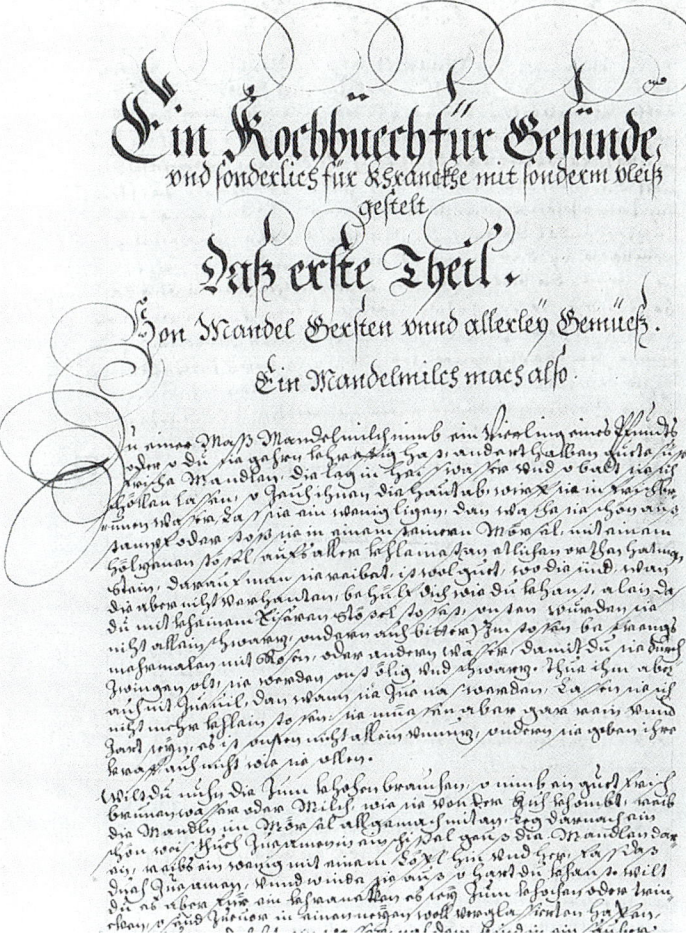

*Um 1640 entsteht ein »Kochbüech für Gesunde und sonderlich für Khrancke...« der Gesandtengattin Maria Catharina von Haslang.*

*Georg Christoph Freiherr von Haslang zu Hohenkammer und Giebing (1602–1684) ist als Hofmarschall des Kurfürsten Maximilians I. kurbayerischer Gesandter beim Friedenskongress in Münster.
Unten: Catharina von Haslang geb. von Fürstenberg*

Im Februar 1645 kam sie mit ihrem Mann nach Münster. Die kurbayerische Gesandtschaft war zunächst im Stadthof des Klosters Gravenhorst am Krummen Timpen untergebracht, ab Dezember im Hof des Freiherrn von Ketteler zu Assen am Breul. Aus erhaltenen Abrechnungen und Briefen weiß man gut über die Haushaltung der bayerischen Gesandtschaft Bescheid. Die Küche führte ein tüchtiger Koch, der – wie schon erwähnt – sein Handwerk am spanischen Hof erlernt hatte. Er bereitete in der Regel für 17 herrschaftliche Personen eine abwechslungsreiche und durchaus als üppig zu bezeichnende Kost. Vom bayerischen Landesherrn Kurfürst Maximilian wurde sie wiederholt als zu aufwändig kritisiert; von diesen Kosten könne man schon fast einen Hofstaat ernähren, reagierte er verärgert auf die monatlichen Abrechnungen.

Über die Zubereitung der in diesen Abrechnungen belegten Lebens- und Genussmittel informiert nun das »Kochbüech für Gesünde und sonderlich für Khrancke mit sonderm vleiß gestelt« aus dem Besitz der Gesandtengattin. Ein Beispiel für das Anrichten des bevorzugten Hühnerfleisches:

### Ein ungerische Suppen über Hüener

*Man sol die hüener zerthaillen, und in einer fleischsuppen zuesezen, darnach ein saurn apfl, ein zwiflhäupl, und ein semelschmollen in wein gewaickht, durcheinanderhackhen, und alles in schmalz resten, darzue thun ein gehackhten gesurten lemony, das hüendl in ein wein legen, und das gehackht darzue thun, daran giessen halb wein und halb ründtsuppen, muscatblüe, pfeffer, saffran und zuckher, und also süeden lassen, wan mans anricht mit zimet besträen.*

Es fällt auf, welch wichtige Rolle bei dieser verfeinerten Küche die Gewürze spielen, die für die breite Masse der einfacheren Bevölkerung nicht zur Verfügung standen. Für Zutaten wie Safran, Muskat, Zimt, Nelken, Mandeln, Rosinen, andere getrocknete und gezuckerte Früchte, Zucker, Salz, Weinessig, Bieressig und Olivenöl gab man im Haushalt von Haslang über zehn Prozent der zur Verfügung stehenden Summe aus, mehr als bei anderen reichsständischen Gesandtschaften in Münster.

Die Ausgaben für Fisch lagen nicht wesentlich höher, die verzehrten Mengen stiegen jedoch in Fastenzeiten. Allerdings gab es auch hier ähnlich wie beim Fleisch eine große Auswahl. In den Abrechnungen Haslangs erscheinen Hecht, Lachs, Prüggen (Neunaugen), Bachfisch (wohl Gründlinge), Blatteis (Scholle), Salm, Karpfen, Aal, Schleie, Hering, Stockfisch, auch Austern und Krebse. Dementsprechend zahlreich sind die Kochanweisungen bei Maria Catharina von Haslang. Die Fische werden teils recht einfach angerichtet, wahrscheinlich für den Alltagsgebrauch, teils mit viel Raffinement zu kunstvollen Pasteten verarbeitet. In einem mittelalterlich anmutenden Rezept werden 100 Krebse aufwändig und mit kostbaren Zutaten als Tafelgericht zur Pastete bereitet. Andererseits sind nahezu »modern« anmutende Fischrezepte verzeichnet, Hinweise auf eine Kochkunst im Wandel, weg von einer gekünstelten, überwürzten Manier zu einer dem verarbeiteten Grundprodukt entsprechenderen Art.

Nicht nur Hechte und Aale gab es in Massen, sondern auch der Salm oder Lachs, der heute ein Leckerbissen für wohlhabende Feinschmecker ist, und der Stör, der oft 3 m lange Riese unserer Flußfische, waren bei uns ständige Gäste. Jeder Rheinenser kennt den Randelbach, der bei der dritten Schleuse in die Ems mündet. Randel ist der alte Name für den Lachs, und das nach ihm benannte Bächlein war ein beliebter Laichplatz dieses willkommenen Gastes aus der Nordsee, dessen Taufpate er geworden ist.

*Franz Kolck in »Rheine im Wandel der Zeiten«, 1963, über den Fischreichtum der Ems in früherer Zeit. Heute soll es, so wie im Rhein, auch in der Ems wieder Lachse geben. Als alltägliches Nahrungsmittel aber wird er schon seit Jahrzehnten nicht mehr gefangen. Der Ausschnitt aus einer Bildpostkarte von Rheine zeigt eine Lachstreppe, über die die Fische flussaufwärts »stiegen«.*

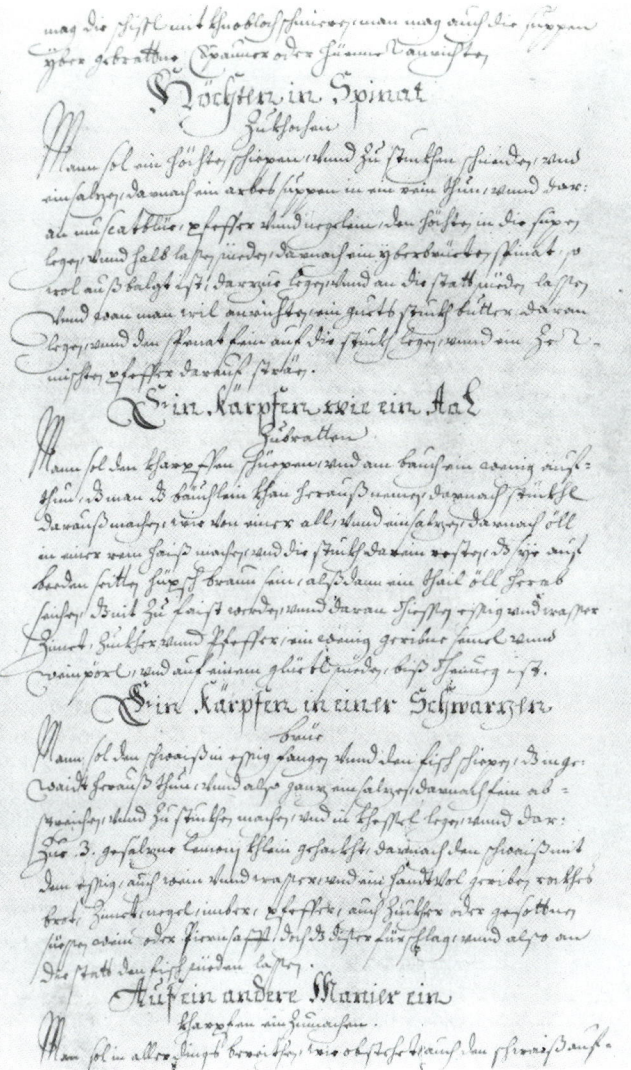

Fischrezepte im Kochbuch der Maria Catharina von Haslang (um 1649), Zeugnis einer damals recht kultivierten Kochkunst. Die Autorin entstammte der sauerländischen Familie von Fürstenberg.

## Höchten in Spinat zukhochen

Man sol ein höchten schiepen, und zu stuckhen schneiden, und einsalzen, darnach ein arbes suppen in ein wein thun, und daran muscatblüe, pfeffer und negelein, den höchten in die supen legen, und halb lassen süeden, darnach ein yberbrüeten spinat, so wol außbalgt ist, darzu legen, und an die statt süeden lassen und wan man will anrichten, ein guets stuckh butter daran legen, und den spenat fein auf die stuckh legen und ein zermischten pfeffer darauf sträen.

Für Milchprodukte, wie frische gesalzene Butter und Käse – überwiegend Holländer- und Ziegenkäse, aber auch Parmesankäse –, außerdem für Eier gab man wie beim Fisch 11,7 Prozent aus, für Brot, Getreide und Mehl 8,4 Prozent, für Gemüse und Obst, die man meist in eigenen Gärten sehr preiswert selbst zog, nur 4,9 Prozent, Zahlen, die auch für andere Botschaften in etwa zutreffen. Die pflanzliche Kost war natürlich von den Angeboten der Jahreszeiten abhängig, immer standen Salate, getrocknete Erbsen und Petersilie auf dem Speiseplan. Im Sommer ließ sich eine reichere Auswahl an Gemüsen und Obst, darunter edle Früchte wie Zitronen und Limonen, verfügen. Im Winter gab es vor allem Kohl, Pastinaken und Erdäpfel, also Kartoffeln, letztere damals noch eine seltene Delikatesse, die vor allem von den Niederländern im Garten gezogen und gerade erst in Westfalen bekannt wurde. Das zweite erwähnte, auf dem Schloss Hovestadt verfasste Küchen- und Gartenbuch gibt schon Anweisungen für die Aufzucht von Kartoffeln und nennt ein Rezept für die Zubereitung:

### *Erdtapffelen und Artoffelen zu kochen*

*Siedet die erdtapfelen und artoffelen in waßer biß das felchen darab gehet, ziehet dieses davon und siedet frisch waßer auff, laßet sie darein gahr werden, alstan kurtzet ein wenig das waßer oder die brühe, machet sie zu mitt wein, eßig, butter, pfeffer und saltz.*

Solche Zeugnisse adliger Alltagskultur dieser Zeit sind vor allem für Westfalen außerordentlich selten. Beide Kochbücher zeigen aber, dass es – abgesehen von erkennbaren regionalen Eigenheiten, die vor allem vom Angebot der Landschaft bestimmt waren – bei der Zubereitungsqualität keine großen Unterschiede zwischen Süd- und Norddeutschland gab. Viel deutlicher hob sich diese adlige Küche von der bäuerlichen ab, die allgemein wesentlich einfacher war, mehr vom Angebot des Jahres und der Gegend geprägt. Das gilt selbst bei Gemüse und Obst. Zitronen oder Limonen wurden in den Gewächshäusern des Adels gezogen und beim sich zunehmend an Essgewohnheiten des Adels orientierenden reicheren Bürgertum.
Die weitaus höchsten Ausgaben entstanden für Getränke, in manchen Gesandschaften zwischen 20 und 30 Prozent für Wein und um die zehn Prozent für Bier. Obgleich er-

*Pastetenrezepte im Kochbuch der Maria Catharina von Haslang (um 1640), fein säuberlich handgeschrieben.*

giebige Weinanbaugebiete weit von Münster entfernt lagen, tranken wohlhabende Stadtbürger und der Adel des Münsterlandes im 17. Jahrhundert größere Mengen Wein, der in der Regel über Händler aus Köln bezogen wurde. Auch die deutschen Gesandten bevorzugten Rhein- und Moselweine. Stammten sie aus dieser Gegend oder führte sie ihr Reiseweg vorbei, so brachten sie bis zu 3 500 Liter mit in die Kongressstädte Münster und Osnabrück.
In kleineren Mengen genossen die Deutschen allerdings auch französischen und spanischen Wein. Die Franzosen mit ihren ungleich größeren Haushaltungen in Münster ließen allein 1644 zwei Transporte von je 16 300 Litern Bordeaux

aus ihrem Heimatland anliefern. Selbst verteuert durch diese Transportwege war der Wein immer noch billiger, als wenn sie ihn beim Händler in Münster gekauft hätten. Haslang bezahlte im Juli 1645 für 10 Liter Mosel 1,4 Reichstaler, während das münstersche Bier pro 10 Liter für 0,2 Reichstaler zu haben war.

Da man so gut wie keine anderen Getränke zu sich nahm – schon das Frühstück begann mit Wein oder Bier – und Gesandte wie Untergebene strenge Anrechte auf bestimmte Mengen Wein und/oder Bier hatten, mussten große Mengen dieser Getränke in den Haushaltungen vorgehalten werden. Am Tisch des Gesandten Haslang gab es neben Frühstücks- und Schlaftrunk von über 1 Liter für die Männer noch 1 Liter, für die Frauen ½ Liter Wein, und selbst die Kinder bekamen einen kleinen Anteil. Ähnlich viel wurde zusätzlich an Bier getrunken.

> Hast du geschnittenen Lauch von Tarent gegessen, der heftig duftet, halte dann beim Küssen geschlossen den Mund!
> *Martial, 40 n.Chr.*

Lebten die Friedensgesandten mit üppigen Frühstücks-, Mittags- und Abendmahlzeiten schon alltags nicht schlecht, so waren die häufig ausgerichteten Bankette mit ihren exquisiten Gerichten durchaus lukullische Glanzlichter. Solche Mähler liefen nach festen Regeln ab. Schon die Sitzordnung war streng durch den gesellschaftlichen Rang der Gäste vorgegeben. Eine Schar von Bedienern, darunter hochrangige Adlige wie der »Vorschneider«, der kunstvoll das Tranchieren besorgte, trug in feierlichem Zug die Speisen in gedeckten Schüsseln auf. Dazu gab es die beliebten »Schauessen«, kunstvoll aus Viktualien geschaffene Bildwerke. Darüber hinaus zierten nicht verzehrbare »Schaugerichte« die Tafel, skulpturale Gebilde aus Wachs, Stoff, Stroh, Holz und ähnlichem, häufig Anspielungen auf aktuelle Anlässe. An den Wänden waren Kredenzen aufgebaut, die auf ihrer untersten Stufe zum Bereitstellen von Getränken dienten, in der oberen Zone wertvolle Prunkgerätschaften darboten. Musik und Tanz gehörten wie selbstverständlich zum Mahl, alle Sinne sollten angesprochen werden.

Zum letzten Gang wurde das beliebte Konfekt gereicht, vielfach hübsch geformte Leckereien aus Tragant, Zucker, Gewürzen, Mandeln oder feinem Teig und gezuckertes Obst. Meist wurden es in Apotheken bereitet, in Münster unter anderem in der von Werner Werneking. Beschaffung und Verwaltung war Aufgabe des Gesandtschafts-Apothekers. Kleine Gebäcke aus Marzipan oder Tragant wurden auch in den Haushalten selbst angerichtet.

Im Kochbuch der Maria Catharina von Haslang sind viele solche Rezepte überliefert, teilweise mit aufwändiger An-

leitung. Ein von ihr selbst eingetragenes, einfacheres sei hier zum Schluss wiedergegeben:

### Dragant brot zu machen

*Nim ein schönen dragant weig ihn iber nacht in rosen oder zimeit waser ein zer dreib ihn fein klein nim dan schonen geseiten zucker dar an das es ein feiner dicker deig wirt wi ein semel deig vermis dan semel oder weicken wi ihrs haben wilt eines zwergen finger dick undt leigs of obleit las in einer torten pfan fein gemach bachen bis das an den orten ein wenig gelfeliet wirt so ist es genuch undt seget das ihr die oblet wider dar fon brenget so siget es wi ein anders brot.*

*Die Herzogin von Longueville, Anne-Geneviève de Bourbon-Condé, hält sich von Juli 1646 bis März 1647 am Kongressort Münster auf. Sie ist wegen ihrer hohen Stellung und ihrer Schönheit ein Mittelpunkt des gesellschaftlichen Lebens.*

Leider wurde in Münster keines dieser Bankette im Bild festgehalten. Dafür sind Darstellungen des Friedensmahls von 1649 in Nürnberg sowohl im Gemälde wie in Kupferstich und Radierung, überliefert. Diese Bilder geben eine Vorstellung davon, wie die Gesandten in Münster getafelt haben mögen. Die Verhandlungsjahre vor dem Friedensschluss zählen sicher zu den kulinarischen Höhepunkten in Münsters im Übrigen nicht sehr spektakulärer Gastronomiegeschichte. Die Bevölkerung der Stadt selbst merkte bis auf einzelne – wie die Bürgermeister und die Deputierten des Rates – allerdings nichts davon. Nur einmal durften sie auch ein wenig daran teilhaben. Am Tag der öffentlichen Verkündigung des spanisch-niederländischen Vertrages am 16. Mai 1648 spendierten die Spanier einen Freitrunk aus einem Weinbrunnen, und die Niederländer stellten ein »Mannecken Pis« auf, aus dem Traubensaft floss.

*Literatur (Auswahl):*
*Franz Bosbach, Die Kosten des Westfälischen Friedenskongresses. Münster 1984. – A. Pieper, Leben und Treiben in Münster am Friedenskongreß. In: F. Philippi, Der Westfälische Friede. Münster 1898, S. 127–152. – Ernst Hövel (Hrsg.), Pax Optima Rerum. Beiträge zur Geschichte des Westfälischen Friedens 1648. Münster 1948. – Karl Georg Kaster/Gerd Steinwascher (Hrsg.), ... zu einem stets währenden Gedächtnis. Die Friedenssäle in Münster und Osnabrück und ihre Gesandtenporträts. Osnabrücker Kulturdenkmäler, Bd. 8. Bramsche 1996. – Helmut Lahrkamp u.a. (Bearb.), Fürstenbergische Geschichte, Bd. 3, Die Geschichte des Geschlechts von Fürstenberg im 17. Jahrhundert. Münster 1971. – Helmut Lahrkamp, Dreißigjähriger Krieg – Westfälischer Frieden. Eine Darstellung der Jahre 1618–1648 mit 326 Bildern und Dokumenten, 3. Aufl. Münster 1999.*

Eckard Wagner

# *Barock auf der Bettkante...*
## ... oder Von Tafelfreuden auf Schloss Clemenswerth

Eigentlich kann es an diesem bedeutenden Tag niemand anders gewesen sein als Christian Langen, kurfürstlicher Fuhrmann zu Clemenswerth und dieses schon in der zweiten Generation, war doch bereits sein Vater Johann Herm Langen aus Sögel in der gleichen Stellung gewesen und hatte für den Kurfürsten Clemens August Wagenladungen von Jadgzeug und Fourage gefahren – lange bevor der Schlossbau von Clemenswerth im Niederstift Münster, im nördlichsten Zipfel Alt-Westfalens, überhaupt begonnen hatte. Sohn Christian – die Hauptfigur unserer kleinen Vorgeschichte – war nach 1739 verantwortlich für die beiden schweren Rheinländer, falbfarbene Kaltblüter mit zotteligen Pelzkragen auf den Hufkronen. Mit ihnen hatte er das Bauholz aus dem Meppener Papenbusch und Zehntausende von ostfriesischen Backsteinen vom Emshafen Lathen zur großen Schlossbaustelle in Sögel gefahren, und das viele Monate und Jahr für Jahr. Er war dabei mehrmals pro Tag unterwegs gewesen, hatte bis zu 13 Stunden auf dem Bock gesessen und vor sich die behäbigen Kruppen dieses ehrlichen und verlässlichen Pferdeschlages auf- und niederwippen gesehen.

Nie war Christian Langen so etwas widerfahren wie einem der anderen Lohnfuhrmänner in Schlossdiensten, dem hinter Meppen die Pferde durchgegangen waren. Der Wagenbaum war zerbrochen und die Fracht in den Dreck gefallen. Ausgerechnet den für den Clemenswerther Rundsaal bestimmten vergoldeten Tisch aus Paris mit der lebhaft gemusterten Marmordecke hatte es damals erwischt, im Dezember 1739, und der kurfürstliche Hofbildbauer Johann Christoph Manskirch hatte in Münster den Schaden über viele Wochen reparieren müssen.

Bei allem, was es für Clemenswerth zu fahren galt, war größte Umsicht geboten. Und die hatte Christian Langen immer gezeigt. Deshalb war ihm heuer – man schrieb das Jahr 1751 –, eine besondere Fracht aufs Schloss zu holen vom Kurfürsten höchstpersönlich anvertraut. Der Schlossbaumeister Johann Conrad Schlaun und die Hof-

Clemens August aus dem Haus der Wittelsbacher. Der Kurfürst und Fürstbischof, Herrscher auch über Münster, ließ im 18. Jahrhundert sein Jagdschloss Clemenswerth errichten.

*Schloss Clemenswerth auf dem einstmals münsterischen, heute emsländischen Hümmling – ein nordwestdeutsches Kleinod in europäischer Vollendung. Die Vogelperspektive gibt einen Eindruck, den der Kurfüst und sein Architekt niemals hatten.*

*Eine der vielen Kostbarkeiten auf Clemenswerth, spätbarocke Prachtmalerei: der Kurfürst mit seiner Meute auf der Hirschjagd.*

kammerräte Vagedes und Ede aus Münster hatten wohlwollend zugestimmt. »Der Christian bringt alles sicher ein!« – so werden sie hinter seinem Rücken gesagt haben, als er aufbrach und mit ihm drei weitere Fuhrmänner, die unter seinem Kommando standen.

## Der beschwerliche Weg eines Fürstenservices

Was da zwischen den Seitenleitern über den Radachsen in großen, mit Stroh ausgestopften Bretterverschlägen gestapelt war und durch so manchen katzenkopfgroßen Stein im

Mahlsand des Weges hin- und hergeschaukelt wurde, obwohl Christian Langen so vorsichtig wie irgend möglich den Konvoi der vier Wagen gen Sögel dirigierte, war in der Tat Gold wert und zählte außerdem zum Herzblut des Kurfürsten und Fürstbischofs u.a. von Münster. Es sollte die optische Krönung der Herbstjagd des Jahres 1751 auf dem Jagdschloss Clemenswerth darstellen. Erlauchter Damenbesuch hatte sich angesagt: Maria Anna Carolina Herzogin in Bayern, die Witwe seines so früh verstorbenen Bruders Ferdinand Maria Innozenz – und in ihrem Gefolge andere Schönheiten. Da sollte die Clemenswerther Hofhaltung »gute Figur« machen!

Lange Zeit zuvor war über die Frankfurter Kaufleute Johann Christoph Göltz und Johann Felician Clarus, die früher bereits die vielen Glasspiegel für den Zentralpavillon und für die Gästepavillons in Clemenswerth geliefert hatten, an die für beste Ware bekannte Straßburger Fayencenmanufaktur des Paul Anton Hannong der kurkölnische Auftrag für ein Fürstenservice ergangen, das nun, zur Jahresmitte 1751 fertig gestellt, per Schiffsfracht über den Rhein nach Wesel und von dort über Borken, Ahaus und Rheine nach Clemenswerth unterwegs war. Damit das Service zur Herbstjagd auch pünktlich an seinem Zielort eintraf, waren laut allerhöchster Spann-Ordre »zu überbringung des porcellainen Service acht pferdt mit nöthigem geschirr zum vorspann« an jeder Relais- und Poststation »ohnweigerlich herbey zu schaffen«, wie der Befehl der mit dem Transport betrauten Beamten lautete.

## Topfmarkt unter Fürstenaugen

Nachdem Christian Langens Mission beendet war und die vier Fuhrwerke auf dem Clemenswerther Schlossplatz hintereinander aufgefahren waren, haben wir uns das für eine Jagdanlage ungewöhnliche Bild eines bunten Topfmarktes vorzustellen, bei dem die Geschirre aus Stroh und Wickelpapieren an das Tageslicht ihres fürderhin endgültigen Standortes kamen, zunächst aber die Neugier kurfürstlicher Blicke zu befriedigen hatten. Da stapelten sich 180 große Teller und Platten, reihten sich Tafelaufsätze, Saucieren, Gewürzmenagen, Butterdosen, Lampettkannen und Lavoir-Schalen, kleine und große, flache und tiefe, runde und ovale Schüsseln, alle bemalt mit schönen bunten Blumen aus Europas Gärten und Parks.

*Das Treppenhaus im Hauptpavillon von Schloss Clemenswerth, eine der ungewöhnlichsten Raumschöpfungen des großen Baumeisters Johann Conrad Schlaun.*

Das Staunen und Raunen der Umstehenden galt den vielen »Boudovillien« – wie der münstersche Schlossinventar-Schreiber später schrieb –, es galt den barocken »Pots-à-oilles«, den mit muschelförmigen Deckeln versehenen Rokokoterrinen, deren Spitzenstücke in augentäuschender Gestalt von Hof- und Wildgeflügel und anderem Getier daherkamen, in der naturalistischen Form und Bemalung von Gänsen, Enten, Tauben, Fasanen, Schnepfen und Rebhühnern, als großer Keilerkopf, als Trut- und Auerhahn, sogar als Schildkröten – oder in der Form von Gemüse- und Obstsorten: als elsässische Kohlköpfe, Spargelbündel, Artischocken, als Weintrauben, Äpfel, Birnen und Quitten, als Apfelsinen und Zitronen.

Als der Schlossverwalter Jürgen Behnes Bilanz gezogen und gesehen hatte, dass alles unversehrt angekommen war (was dem Christian Langen ein dickes Lob eintrug!), waren sage und schreibe 599 Geschirrteile in Verwahrung zu nehmen, zu sortieren und zu stapeln. Die große Geschirrkammer im Pavillon »Paderborn« vor der großen Schlossküche erwies sich bald als zu klein, so dass nicht unwesentliche Bestände des Services in der so genannten Silberkammer im rückwärtigen Anbau, im Abstich des Pavillons »Clemens August«, Bleibe finden mussten – in Nachbarschaft zu den 200 Tellern und Schüsseln aus Zinn und den 57 Terrinen aus nämlichem Material. Offensichtlich hatten der Kurfürst aus dem Haus Wittelsbach und seine Jagdgäste bis dahin recht bürgerlich von zinnernen Geschirren speisen müssen – was nach Ankunft des »Clemenswerther Jagdservices« aus der Straßburger Fayencenmanufaktur nun wohl den niederen Chargen im Jagddienst, den Livrierten und Jagdeleven, vorbehalten blieb.

*Daraus muss es wohl schmecken: eine Suppenterrine.*

Mit dem heute kaum vorstellbaren, die Geschirrkammern sprengenden Umfang des »Clemenswerther Jagdservices« deutet sich eigentlich schon an, wie barocke Tafelfreuden in diesem Schlosse in Szene gesetzt wurden – auf alle Fälle aber nicht so, wie wir uns eine elegante fürstliche Tafel vorstellen, und demzufolge waren Aufgaben, Anforderungen und Leistungen der Clemenswerther Schlossküche mit überlieferten Beispielen aus fürstlichem Hofleben nicht vergleichbar. Zwar hatten Johann Conrad Schlaun und die ihm beigeordneten Baumeister und Innenarchitekten Michel Léveilly und Franz Joseph Roth mit dem Zentralpavillon und der Schlosskapelle Gebäude und Raumensembles von höchster Kunstfertigkeit in ihrer Zeit geschaffen, doch war alles andere an Baulichkeiten der Funktionalität dieses Jagdsternschlosses untergeordnet worden. Alleiniger Sinn des fürstlichen Aufenthalts und seiner Gäste war das »Divertissement«, die höfische Zerstreuung in der Jagd, der Einklang von Mensch, Hund und Pferd in herbstlich gestimmter Natur, die es während einer mehrere Wochen dauernden Clemenswerther Jagdsaison wenigstens alle drei Tage zu genießen galt. Der Sinn der diesem höfischen Treiben dienenden Architektur lag bereits in Schlauns Titel für Clemenswerth, der es eine »retour de chasse« genannt hatte, einen wohnlichen Aufenthaltsort nach den und zwischen den Jagden – ganz auch im Sinne der ersten fürstlichen Zielsetzung, in der der Kurfürst den Schlossbau auf dem Hümmling zu »seiner bequemlichen Wohnung« zu errichten gedacht hatte.

*Fremde Frucht auf dem entlegenen Hümmling: eine Melonenterrine.*

## Ein Platz zu bequemer Wohnung?

Wie wir uns aber dieses »bequemliche Wohnen«, das tägliche Leben nach der Rückkehr aus jagdlichen Wildbahnen in der barocken »Nobelherberge« vorzustellen haben, widerlegt dann doch alle unsere Vorstellungen vom pompösen höfischen Leben. Wenn man die Grundrisse der Pavillons mit den klangvollen Namen der clemens-augusteischen Bischofssitze, die Anzahl und Größe ihrer Salons und Kabinette in Betracht zieht, für die jeweils nur eine Schlafstelle vorgesehen war, weil – wie an großen europäischen Höfen nach der spanischen oder französischen Hofetikette üblich – selbst die Ehegatten damals in getrennten Räumen, also »lit à part«, wie es die oft zitierte Lieselotte von der Pfalz noch in fortgeschrittenem Alter beklagte, nächtigten, so war die barocke Jagdanlage nach ihren baulichen Grenzen allenfalls für 40 bis 45 Gäste ausgelegt. In den sieben, mit der Schlosskapelle acht, in einem Kranz den Zentralpavillon umstehenden »Kavaliersgebäuden« befanden sich je sechs geräumige Salons und kleinere Kabinette, in denen, dem Schlossinventar von 1761 zufolge, nur jeweils eine große »Bettlahde mit maderaste« stand. Vorzustellen haben wir uns die Größe heutiger französischer Betten »mit cartunen behang« also mit Betthimmel, oder ohne.

Unter solchen Vorgaben sieht man das Bild der »bequemlichen Wohnung« für jeden der barocken Jagdgäste einem gewissen Wahrheitsgehalt zugeführt, wäre da nicht der

*Seefahrt auf dem Jagdschloss Clemenswerth: eine Gewürzmenage in Schiffsform.*

*In der Schlossküche, die heute zum Museum gehört, wurde zubereitet, was die Jagd erbracht oder was aufwändig von auswärts auf den einsamen Hümmling geschafft worden war.*

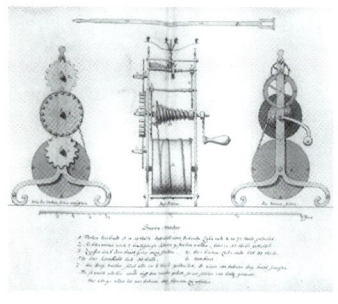

*Entwurf eines Bratenwenders von Johann Conrad Schlaun für die Schlossküche in Clemenswerth.*

stets über Gegebenheiten und Grenzen hinaus planende, von der Absolutheit seines Tun überzeugte Kurfürst selbst gewesen, der, die Clemenswerther Raumverhältnisse völlig ignorierend, bereits für die Sommerjagd 1741 – einige der Pavillons waren noch im Bau – über 200 Gäste aus dem westfälischen und rheinischen Adel und aus der europäischen Diplomatie auf den damals noch münsterschen Hümmling einlud und, irgendwann auf seine Regiefehler hingewiesen, dazu aufforderte, man möge doch zu zweit oder zu dritt in die Betten steigen.

Der Brief des französischen Gesandten Augustin Blondel an sein Außenministerium am Pariser Quai d'Orsay bestätigt nur, dass auch die Jagdsaison 1744 das Clemenswerther Jagdlager aus allen Nähten Platzen ließ: Er selbst fand wenig standesgemäße Bleibe in einem der Sögeler Bauernhäuser. Seinem Leibkutscher blieb nicht anderes übrig, als in der Reisechaise zu nächtigen, – was eben zu der wenig vorteilhaften, maßlos übertriebenen Ortsbeschreibung führte, dass Sögel nur »aus 18 armseligen Strohhütten, schlimmer als die erbärmlichsten in Frankreich« bestände. Ansonsten fand der französische Diplomat Schloss Clemenswerth dem berühmten Marly-le-roy, dem Jagdschloss Ludwigs XIV. nördlich von Paris, fast ebenbürtig.

Offensichtlich hatte der Kurfürst Clemens August sein Leben lang den beschaulichen Clemenswerther Architekturproportionen und Raumverhältnissen Gewalt angetan und versucht, bei seinen Parforcejagden im »emsländischen Quartier« mit den großen Hofjagden etwa rund um die sächsische Moritzburg bei Dresden oder das von Wien aus schnell zu erreichende Jagdrevier von Laxenburg zu konkurrieren – ganz zu schweigen von den Jagdfesten seines kurfürstlichen Bruders Carl Albrecht in und um München, die zu übertreffen ihm manche finanzielle Überanstrengung wert war. Beweist doch der Umfang des Clemenswerther Jagdservice für ca. 150 bis 200 zu Tisch gebetene Gäste, dass auch die Jagd des Jahres 1751 ein weiteres Mal kurfürstlich und damit allzu großzügig geplant worden war.

## Die Küchen-Suite des praktischen Architekten

Wie unter diesen, stets alle baulichen Vorgaben einer barocken Hofküche überfordernden Verhältnissen eine angemessene Versorgung funktionierte, Küchen-, Bäckerei- und Konditoreivorgänge organisiert und koordiniert wurden, entzieht sich weitgehend unseren Kenntnissen. Dabei waren eigentlich alle Baulichkeiten für eine reibungslos funktionierende »Oeconomie« von dem stets praktisch denkenden, durch die Organisation und Lösung militärischer Probleme bestens geschulte Baumeister Johann Conrad Schlaun eingerichtet. Hinter dem Pavillon »Paderborn« war 1739–41 ein langer Anbau mit zwei großen, hochüberwölbten Küchenräumen geschaffen, in denen alle Wände »gepliestert und geweißet« waren, und zwischen beiden mit ihren Herdblöcken, Rauchabzügen und Schornsteinen die Hofbäckerei installiert. Zum Schlaunschen Gesamtkunstwerk gehört auch, dass für den Raum der Wildbretküche von ihm ein Federbratenwender entworfen wurde, von dem die Zeichnung erhalten geblieben ist. Im Grunde genommen war es ein Grillautomat über offenem Feuer mit mechanischem Antrieb und gleichzeitiger Zeitprogrammierung.

Das Kellergewölbe unter dem Pavillon »Osnabrück« wurde mit starken schmiedeeisernen Haken versehen, an denen das Wildbret abhängen konnte – länger als heute üblich und deshalb mit strengerem »haut gout« versehen. Aus dieser barocken Tiefkühltruhe wurde das Wild, das von den

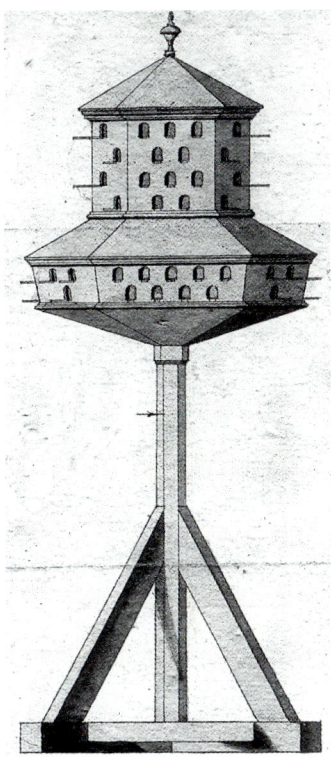

*Entwurf eines Taubenhauses von Johann Conrad Schlaun.*

Meutehunden während der Parforcejagd nicht eben zimperlich behandelt und oft verbissen worden war und deshalb den Augen der Jagdgäste kaum wohlgefällig erscheinen konnte, durch einen unterirdischen Gang in die Schlossküche, in den Zerlegeraum und die Wildbretküche getragen.

Alles in allem war eine wohl durchdachte Küchen-Suite zu vielfacher Nutzung entstanden. Schlaun wusste eben auch damals schon, was kurfürstliche Köche wünschten, ganz gleich, ob sie aus Bonn oder aus Münster stammten. Doch gab es bald etwas zu korrigieren, was auch neuzeitliche Gastronomie-Verordnungen gern einfordern, dass nämlich Bäckerei und Backwarenherstellung, Fleischhauerei und Bräterei nicht in enger Abfolge und sozusagen dicht nebeneinander existieren sollten. Schlaun wusste Rat und Abhilfe, indem der Pavillon »Münster« – in der letzten Ausbauphase der Schlossanlage 1741 begonnen und 1744 beendet – einen gewaltigen Backkeller erhielt, die Bäckerei also in eigenen Räumlichkeiten stattfand.

Westfälischer Tradition folgend, in der die Küchen und Vorratsräume auf Wasserburgen und Schlössern sehr häufig ins Kellergeschoss oder Souterrain verlegt wurden, bildet der große Backofen in der rückwärtigen Schildwand des Gewölbes dennoch eine Besonderheit, indem er aus zwei nebeneinander liegenden Tonnengewölben besteht. Westfälischer Pumpernickel und Münsterländer Bauernbrot kamen also – wegen ihrer unterschiedlichen Garzeiten getrennt – aus benachbarten Steinöfen. Es war schon eine große Anzahl an Broten, die für die häufig aus allen Fugen platzende Jagdgesellschaft herbeizuschaffen war, und in Ermangelung einer ausreichenden Versorgung aus dem Dorfe Sögel hatten der Kurfürst und Schlaun auf Selbstversorgung, auf Autarkie, der gesamten Schlossanlage gesetzt. Und auch bei Zuckerbackwerk wie »Petits fours« und anderen kleinen Leckereien war man unabhängig und brauchte nichts aus den Städten der Ämter Meppen, Haselünne und Aschendorf oder gar aus Osnabrück und Münster kommen zu lassen, sondern ward mit Spezereien aus der eigenen Konditorei im Anbau des Pavillons »Hildesheim« bestens versorgt.

### Wein, Bier und Wasser – und dies alles reichlich

Der Keller hatte es auch ansonsten in sich. Das Weinlager hatte man dem Keller unter dem Zentralpavillon anvertraut. Im nördlichen der vier Kreuzarme, in dem ein Chronogramm den Grundstein aus dem Jahr 1737 markiert, lag in eichenen Fässern und steinernen Kavernen, was in alten, von Jahr zu Jahr staubiger werdenden Flaschen zu gaumenverwöhnender Fülle heranreifte – sicherlich roter Burgunder und Wein aus dem fernen Bordeaux, auch jene weniger anspruchsvollen Gewächse aus deutschen Landen, die, »ein bisschen kantig im Abgang«, zum täglichen Haustrunk, etwa des rotweinverliebten Schlossarchitekten oder der Kapuziner im nahen Kloster, gezählt wurden. Auch edle Brände aus Cognac waren am Lager, wie alte Flaschenfunde – sogar aus der Sickergrube des kurfürstlichen Pavillons geborgen – beweisen.

Schlauns Grundrisse zum Pavillon »Coellen« erwähnen den Bierkeller, in dem importierte Fassbiere, aber wohl auch zum schnellen Verzehr vorgesehene Dünnbiere nach einheimischen Braurezepten lagerten. Leider wissen wir bis heute nicht, inwieweit klösterliche Braukunst der Kapuziner die Vorratshaltung des kurfürstlichen Bierkellers begünstigte. Wasser gab es genug, denn jeder Pavillon verfügte über eine durch einen eigenen Brunnen gespeiste Pumpe in den rückwärtigen Kammern der Dienerschaft. Ob damit bereits die Grundlage für die Zubereitung der damals hoch in Mode stehenden Getränke Kaffee, Tee und Schokolade gewährleistet war, ist ungewiss, andernfalls waren solcherlei Köstlichkeiten in langen Wegen aus der Schlossküche zu ordern und abzuholen.

## *Reiche Ernte aus Clemenswerther Gärten*

Was die Selbstversorgung mit Gemüse und Obst betraf, muss endlich auf den Klostergarten Seiner Durchlaucht »geliebten Capuciner Patres« verwiesen werden. Clemens Augusts wohl doch nicht ganz uneigennützige Erwähnung desselben in der wortreichen Stiftungsurkunde des Klosters 1743 zielte nämlich darauf ab, aus der von den Benediktinern entliehenen Ordensregel »Ora et labora« kräftig Nutzen zu ziehen. Nach Schlauns Konzept und des münsterschen Hofgärtners Baron Umsetzung entstanden zwei Gärten hinter der Schlosskapelle und dem Kloster. Im »Küchelgarten« gediehen nach barocker Gartenmanier in Reih und Glied verschiedene Kohlsorten, Mohrrüben, Kohlrabi, Porree und Zwiebel bis hin zu den Gewürzen »au gout de jour«, den damals beliebten Kräutern Anis und

Basilienkraut, Fenchel, Galgant, Estragon und Koriander bis zum vielverwendeten Ysop.

Besonderes Gewicht hat die kurfürstliche Küche ohne Zweifel auf die Versorgung mit Baumobst gelegt; anders lässt sich die Anlage des großen Obstgartens unterhalb der Gloriette, dem verschwiegenen zierlichen Gartenhaus, am Ende des Klostergartens nicht erklären. Schlaun und Baron ließen eng bei eng über 180, bald Früchte tragende Bäume pflanzen – Äpfel, Birnen und Kirschen mit den klangvollen, heute leider weitgehend unbekannten Namen *Cavilla rouge* und *Cavilla d'Ete*, *Pommes de Cardinal*, *Pommes de Jerusalem*; schwarze, weiße und rote spanische Kirschen, dann die *Magdalenenbirne*, dazu *Poir des Vin*, *Poir d'Anjou* und die heute noch bekannte *Bergamotte-Birne*, darunter auch jene *Cuisse de Madame*, von der wir nicht wissen, welche Dame von Welt mit ihren wohl geformten Schenkeln der gewiss köstlich schmeckenden Birne ihren Namen gab.

*Aus dem Clemenswerther Service: eine Kohlkopfterrine.*

Die 1744 bei seinem Besuch in Hamburg eingeleiteten Bemühungen, auch Südfrüchte – Ananas, Mango und Banane – in dem durch die großen Taxushecken windgeschützten und stets sonnendurchwärmten Garten hinter dem Kloster anpflanzen zu lassen, mussten der Kurfürst und mit ihm sein stets bemühter Architekt zur wenig Erfolg zeitigenden Episode verkommen lassen, denn ein Orangeriebau, ein Gewächshaus, stand außerhalb aller Planungen für das nur zeitweilig genutzte Jagdschloss. Was für Hamburgs Senatorengärten wegen des dortigen rauen Klimas Jahr für Jahr an exotischen Pflanzen durch beflissene Reeder und Kapitäne herbeigeschafft wurde, blieb dem Schloss im Emsland versagt.

## Was des Hümmlings Wildbahn zu bieten hatte

Doch zurück von den sicherlich köstlichen Beilagen und vitaminreichen Magenschließern zu dem eigentlichen, das die Clemenswerther Köche als ihre Herausforderung ansehen mussten. Den Hauptgang eines jeden Diners auf einem Jagdschloss wie Clemenswerth lieferte natürlich die kurfürstliche Wildbahn des Hümmlings. Und man denkt, dass die Gäste täglich und dann auch reichlich davon werden genossen haben. Dabei hatten allerdings diejenigen, die für den täglichen Speisezettel verantwortlich waren, ihre liebe Not mit der Heranschaffung der erforderlichen Mengen.

Da während einer Parforcejagd bei gut laufender, d.h. hungriger Hundemeute am Ende eines Tages nur ein Rothirsch, allenfalls zwei »gefangen« waren, mag man sich Gedanken machen, wie tief die Sorgenfalten des Küchenmeisters ob der erforderlichen Tagesrationen an Fleisch gewesen sein mögen. Weil die maximal zwei Dutzend Rothirsche, die während einer Clemenswerther Jagdsaison »par force« gefangen wurden, nie ausgereicht hätten, lieferten kurfürstliche Jäger aus den Dörfern ringsum mit Prämien honorierte Abschüsse an Rehen, Hasen und der langen Reihe des Flugwildes vom Fasan bis zum Birkhahn an die Schlossküche ab, zugleich unterstützt von reitenden Boten, denen fürstbischöfliches Jagdpersonal aus dem Osnabrückischen ihre Abschüsse und Fänge zur angemessenen Fleischversorgung der Clemenswerther Jagdgesellschaft anvertraut hatte.

Was Wildenten und Tauben, dazu Hechte, Karpfen, Schleie und Brassen auf dem Speisezettel betraf, so lieferten die Bassins, die Schlossteiche im Osten des Parks, mit ihrer Enten-Koje sowie das bis 1746 funktionstüchtige Schlaunsche Taubenhaus Selbstgezogenes und Selbsterzeugtes zur bereichernden Abwechslung der Tafel.

*Martialisch, aber benutzbar: eine Saukopfterrine.*

## Clemenswerther Leckerbissen allein für den Fürsten

Während Clemens August, von seiner Prunkbarke auf den Bassins und Kanälen den Enten-Püsterich in die Luft haltend, oft selbst den Vogel abschoss, wurden im fernen Osnabrücker Schloss andere Vögel für den Kurfürsten gefangen gehalten und feist gemacht. Gemeint ist Clemens Augusts Vorliebe für Ortolanen, Vögel aus der Familie der Ammern, die, den westlichen Teutoburger Wald als Rastplatz nutzend, von dem *Cacciatore delli ortolani*, dem eigens angestellten Vogelfänger Carlo Alberghetti, gefangen und gemästet wurden. Obristjägermeister von Hammerstein lieferte viele Male zu jeder Jagdsaison Ortolanen an die Clemenswerther Hofhaltung, da Clemens August auf die nur ihm kredenzten Leckerbissen, denen »kraftspendende und gesundheitsfördernde Wirkung« zugeschrieben wurde, nicht verzichten wollte. Insgesamt sollen 11 920 Ortolanen für Clemens Augusts kulinarische Marotte ihr Leben gelassen haben.

Offen bleibt die Frage nach dem von den Gästen über so manche Grenzen Mitgebrachten, wo sie doch bei wiederholter Einladung auf Schloss im Emsland um dessen Fourage-Engpässe wussten und mit Rauchschinken und westfälischen Mettendchen aus den dortigen Speisekammern zeitweilig ihre knurrenden Mägen besänftigen mussten.

## Das »Kapitäns-Dinner« zu Clemenswerth

Natürlich wusste der Kurfürst von all den Schwierigkeiten einer ständig überlasteten Hofhaltung am Ende eines aufregenden, abwechslungsreichen Jagdtages nichts! Vielmehr genoss er die Ergebnisse des von Sorgen und Ängsten, Flüchen, Verwünschungen und Stoßgebeten, von Stress, Hektik und ständigem Improvisieren begleiteten Küchen-Arbeitstages und ließ sich auftischen. Dann wuchsen auch die Sögeler Schlossdiener Dirk Gelsen und Anton Schrick, dem normalerweise die Parkettpflege mit Bienenwachs anvertraut war, in »tragende Rollen« mit großen Auftritt. In ihren kräftigen Armen trugen sie jene Bilderbuch-Terrinen aus dem Clemenswerther Jagdservice – randvoll geschöpft mit Hirschlenden-Nierenragout, das seit des französischen Ludwigs XIV. Zeiten zu den Inbegriffen eines Jagdmahls zählte, gefüllt mit Wildpasteten aller Art, mit würzigem Kohlmus und verschiedensten Saucen und Marinaden – von der Schlossküche über den grünen Rasen in den abendlich kühlen Rundsaal im Zentrum. Subtile Gaumenfreuden paarten sich mit barocker Augenlust ob all der Schönheit, die Künstler im fernen Straßburg ersonnen hatten! Man rückte heran an die grünen, mit Goldlitzen betressten, tiefhängenden Tafeltücher, und der Kurfürst gab das Zeichen, auf das die kaum mehr als 20 Köpfe zählende Gästeschar, die zum »Kapitäns-Dinner« Gebetenen und für den heutigen Tag Priviligierten gewartet hatten.

Und was taten die anderen, viele Dutzend zählenden Gäste? Sie dürften zusammengerückt sein in den Pavillons der kurfürstlich-barocken Ferienanlage, in den ihnen zugewiesenen Salons und Kabinetten. Fast 300 Stühle zählt das Schlossinventar von 1761, doch jeweils nur einen Tisch pro Raum, so dass die Plätze an ihm bald besetzt waren. In seiner Mitte standen ebenfalls jene bunten Terrinen und blumenreichen Teller aus dem vielbewunderten Service, doch für viele schienen sie fast unerreichbar. Ihre Tafelfreuden genossen sie ob der Enge auf der Bettkante sitzend und den Braten vom Teller auf den Knien zu Munde führend.

*Sehr zum Wohle: ein Zwischengoldglas mit Clemens-August-Monogramm.*

Das kurzlebige Zeitalter des Rokoko, das Adel und Fürstenhöfen das einfache Landleben, die Schäferidylle und bürgerliches Handwerk anhand Meißener Porzellanfigurinen als zeitweilig erstrebenswert vor Augen führte, hat in Clemenswerth eine ungewohnte Variante hervorgebracht, bei der Improvisation, Spontaneität und Naturnähe à la »Camping anno 1705« angesagt waren, fernab von Hofetikette und großer Repräsentation – was eben dann und wann wohl von knurrenden Mägen begleitet war.

*Eckard Wagner ist Leiter des Emslandmuseums auf Schloss Clemenswerth bei Sögel auf dem einstmals niederstiftisch-münsterischen Hümmling.*

Rainer A. Krewerth

# *Schlaun und die rote Knubbelnase*
## Wie Wein und Cognac einen Menschen prägen können

Das Landesmuseum für Kunst und Kulturgeschichte in Münster birgt einen kostbaren Schatz. Es handelt sich um ein Gemälde, genauer gesagt: um ein einzigartiges Porträt. Es zeigt einen offenbar bedeutenden älteren Herrn. Jedenfalls deutet eine weiße Rokokoperücke auf seine Wichtigkeit hin. Ein unbekannter Maler des mittleren 18. Jahrhunderts hat ihn in Öl zu musealen Ehren emporgehoben. Der Mann im würdigen Rahmen ist Johann Conrad Schlaun, geboren 1695 in Nörde bei Warburg, gestorben 1773 in Münster.

Schlaun wird gern als Genie des Spätbarock oder des Rokoko bezeichnet. In seinem langen Leben hat er unendlich viel gebaut, Gefängnisse ebenso wie Kirchen, Brücken und Gartenhäuser, Schlösser und noble städtische Adelshöfe.

In Münster schuf der Mann mit der Perücke das Residenzschloss, den Erbdrostenhof, die Clemens- und die Ägidiikirche und vor den Toren der Stadt das Rüschhaus, das ihm selbst zunächst als Landsitz und später Annette von Droste-Hülshoff als dichterische Wohnstatt diente.

Im Münsterland – und nicht nur dort – plante oder verschönerte er schier unzählige Schlösser und Herrensitze, und auf dem damals münsterischen Hümmling, im Emsland errichtete er für den Fürstbischof Clemens August aus dem bayerischen Hause Wittelsbach das köstliche Jagdschloss Clemenswerth – ein emsländisches Kleinod in europäischer Vollendung, wie es der Kunsthistoriker Eckard Wagner nannte.

All das weiß die Schlaun-Forschung schon seit langem. Sie weiß noch viel mehr, zum Beispiel, dass der Meister 1706, als Jesuitenzögling, sitzen geblieben ist, wie sich das für Genies gehört. Doch an einen wesentlichen Punkt hat die kunstgeschichtliche Forschung sich bisher nicht herangetraut. Mag sein, dass die ehrwürdig-weisen Professoren in ihrem Elfenbeinturm das Thema für schnöde hielten. Wir aus dem Fußvolk der Kunstliebhaber aber sagen: Da hängt er nun und guckt, der gute Schlaun. Sein Bildnis – das Einzige übrigens, das von ihm existiert – gibt uns Rätsel auf.

Unsere Frage lautet: Warum hat der ältere Herr so eine dicke rote Knubbelnase? Es gibt, so meine ich, drei Möglichkeiten.

Die Erste: Der unbekannte Maler hat das architektonische Genie aus Neid und Missgunst gehasst und ihm deshalb den Riesenzinken ins pralle Gesicht gepinselt. Doch diese Variante ist am wenigsten wahrscheinlich.

Die Nächste kommt schon eher in Betracht. Johann Conrad Schlaun war im 18. Jahrhundert sehr viel auf Reisen, und das in zugigen Kutschen oder hoch zu Ross, bei Wind und Wetter, Regen und Schnee. Und auf seinen Baustellen setzte ihm die oftmals garstige Witterung unserer Breitengrade zu. Schnupfen hatte er, Dauerschnupfen, musste sich also sich also immerzu schnäuzen, so dass sein Gesichtserker zum roten Monstrum schwoll.

Ja, und dann wäre da die dritte Möglichkeit, die wir – bei aller Peinlichkeit – offen dartun wollen. Schlaun hat schlichtweg zu viel getrunken, um nicht das einem Genie nun doch nicht ganz angemessene Wort »gesoffen« zu benutzen.

Mag sein, dass Möglichkeit zwei und drei zu addieren sind und dass der Stararchitekt des späten Barock so manches Gläschen zur Vorbeugung und zur Kurierung chronischen Schnupfens geleert hat. Was den Alkohol betrifft, so wollen wir gern bisher unterdrückte Erkenntnisse aus den Archiven ans Licht holen.

Schlaun hat im Jahre 1739 auf der Baustelle von Schloss Clemenswerth in 71 Tagen 94 plus ein Achtel Maß Rotwein bezogen. Untrüglicher Beweis: Bauzahlmeister Jürgen Behnes stellte sie ihm als eine Art Kantinenwirt in Rechnung.

Uns Heutigen stellt sich die Frage: Was ist ein(e) Maß? Jeder, dem es auf dem Oktoberfest in München schon einmal schlecht geworden ist, kann die Frage beantworten. Eine Maß fasst 1,069 Liter. Für die Richtigkeit dieser Maßeinheit spricht schon, dass unser rokoko-perückter Baumeister einem Bayern aus dem Hause Wittelsbach zu Diensten war. Es kann sich also nur um die bayerische Maß gehandelt haben!

Sodann ging Schlaun während besagter 71 Tage mehrmals auf Dienstreise. Er führte einen rollenden Weinkeller mit und logierte nachweislich im »Pelikan« zu Emden, mut-

*Ironie der Geschichte: Ausgerechnet im münsterischen Stadthaus des Rotweintrinkers Johann Conrad Schlaun etablierte sich lange nach seinem Tode eine Weinhandlung.*

maßlich, um dort über den pünktlichen Transport von Baumaterial für Clemenswerth zu verhandeln.
Glaubt denn jemand im Ernst, ausgerechnet in der trinkfreudigen ostfriesischen Hafenstadt habe des Fürstbischofs Schlossbauexperte von trocken Brot und Wasser gelebt?! Ausgerechnet er?!
Vor Jahren wurden in den ehemaligen Kloaken von Schloss Clemenswerth zahlreiche Scherben gefunden. Cognacflaschen, befanden die Archäologen, ex und hopp des 18. Jahrhunderts. Ein jeder weiß, dass früher am Bau ganz hübsch gebechert wurde, im Emsland zumal.
Selbst bei schonungsvoller Hochrechnung kommen für Johann Conrad Schlaun unterm Strich tagtägliche 1,417 bis zwei Liter selig machenden roten Weines und anderer Köstlichkeiten heraus.
Was lehrt uns nun die dicke rote Knubbelnase auf dem Bildnis im Landesmuseum am Domplatz zu Münster?
Der unbekannte Porträtist hat die Wahrheit gemalt, nichts als die Wahrheit. Des großen Meisters monströser Gesichtserker war, dies galt es zu beweisen, ein – Rotweinzinken. Fröhliches Prösterchen dem Verblichenen mit seiner dicken roten Knubbelnase! Unterm Krummstab ließ sich offenbar recht tüchtig bechern. Aber ein Spesenritter, das muss am Ende doch festgehalten sein, ein Spesenritter war Johann Conrad Schlaun mitnichten. Er zechte auf eigene Rechnung.

Wilhelm Elling

# *Stockfisch, Struwen, Sauerkohl*
## Essen und Trinken vom Mittelalter bis in unsere Zeit

Die bäuerliche Kost war im Allgemeinen recht einfach. Rüben und Kraut mit Speck gekocht, daneben Hirsebrei, Roggenbrot, Käse sowie Bier als Getränk herrschten vor, während Fleisch relativ selten auf den Tisch der Bauern kam. Natürlich gab es Unterschiede – ein Meier etwa konnte besser speisen als der einfache Hörige. So setzt im »Meier Helmbrecht« der Vater dem heimkehrenden Sohn gleichsam als Festtagsspeise ein gutes und reichliches Essen vor: Kraut und Fleisch, fetten, mürben Käse, eine am Spieß gebratene Gans, ein gebratenes und ein gesottenes Huhn. Demgegenüber wird aber auch von einem anderen Bauern berichtet, der seine Frau bittet, mit Schinken und Speck recht sparsam umzugehen. Deshalb setzt ihm seine Frau Kraut vor, in dem ein Stückchen Fleisch nur mitgekocht wurde. Bevor das Gericht auf den Tisch kam, nahm die Bäuerin das Fleisch wieder heraus – nur der Geschmack vom Fleisch lieb. Abends aß dieser Bauer Gerstenbrot und Mehlbrei.

So beginnt das Kapitel über Essen und Trinken der Bauern in einer Untersuchung, die mittelalterliche Bildquellen auswertet (Siegfried Epperlein, Der Bauer im Bild des Mittelalters, Leipzig 1975).

In der Neuzeit fließen Quellen zum Thema Essen und Trinken reichlich. Es gibt außer Fotos und Filmen Kochbücher und Menükarten, Reiseberichte, Biographien und Briefe.

Für die frühe Zeit sind wir auf andere Quellen angewiesen, etwa auf Inventare und Chroniken. In vielen Archiven haben sich solche Inventare erhalten, die vorgeschrieben waren, wenn z. B. nach dem Tode eines Abtes, eines Fürsten oder eines Domkapitulars die Nachfolge geregelt werden musste oder nach dem Tode eines Elternteils das Erbrecht von minderjährigen Kindern zu schützen war. Wenn auch Vorbehalte gegen die Vollständigkeit und Zuverlässigkeit solcher Inventare angebracht sind, müssen wir sie doch zusammen mit anderen Quellen zu Hilfe nehmen.

*Praktische Formen und Materialien seit Urzeiten: Bronzegrapen des 16. Jahrhunderts von einem Hof im nördlichen Münsterland.*

## Essen im 16. Jahrhundert

Als Beispiel sei eine lateinische Klosterchronik des 16. Jahrhunderts angeführt. Der Prior Johannes van Lochem im Augustinerkloster Albergen beschrieb das Leben in seinem Konvent von 1500–1525. Es war Krieg, die Lebensmittel waren knapp und teuer. Der große Konvent verbrauchte in normalen Jahren in jeder Fastenzeit 15 Fässer Heringe und außerdem noch Stockfisch. 1521 klagte der Prior, dass er für die Fastenzeit weder Feigen noch Rosinen kaufen könne. Zudem war die Obsternte schlecht gewesen, und man hatte weder Äpfel noch Birnen noch Pflaumen trocknen können. Wir kaufen heute zu jeder Jahreszeit frisches Obst und Gemüse. Das war im 16. Jahrhundert nicht möglich. Trockenobst für den Winter hatte man entweder selbst konserviert oder musste es kaufen. So blieb es bis zum Ende des 19. Jahrhunderts.

Im Hamaland-Museum in Vreden stehen zwei große Deckelfässer von einem Schulzenhof in Laer. Als ich nach dem Zweck dieser Fässer fragte, bekam ich zur Antwort: »Wir hatten früher viel Personal, und so trockneten wir im Herbst das eigene Obst für den Winter.« Die beiden Fässer fassen jeweils mehr als 100 Pfund Trockenobst, d. h. Apfelringe, getrocknete Birnen oder Backpflaumen. So erfuhr ich, dass diese Art der Selbstversorgung auch im 19. Jahrhundert noch üblich war.

Aus der Klosterchronik des Priors von Albergen erfahren wir auch, dass man frisches Obst für die Kranken verwendete, dass man neben Seefisch auch Flussfisch und Wild aß, dass man Fleisch einpökelte und trocknete. Man kannte Brei ebenso wie Pfannkuchen. Man buk Roggenbrot und aß es mit Butter und Milch. In Notzeiten murrten die Mönche, wenn sie wochenlang nur Steckrüben mit ausgelassener Butter bekamen – bei schwerer Feldarbeit. Man hatte eine eigene Brauerei und handelte mit Korn und Vieh. Fast jeder Beruf war im Konvent vertreten. Das Kloster war ein autarkes System.

Als weitere Quelle für das Thema Essen und Trinken sollen hier ebenfalls für das 16. Jahrhundert die Inventare der Schlossküche von Werth bei Bocholt aus dem Jahre 1549 und der Burg Schönefließ bei Greven a. d. Ems aus dem Jahre 1581 angeführt werden.

## Pökelfässer auf Burg Werth

Die 1300 ersterwähnte Burg Werth war zunächst im Besitz der Herren von Leche, ab 1344 folgte das Geschlecht von Kulenborg, ab 1504 die Herren von Palant, 1639 fiel die Burg an die Grafen von Waldeck und wurde schließlich von Herzog Ernst von Sachsen-Hildburghausen an den Bischof von Münster verkauft. 1886 wurde sie abgebrochen, und auf ihren Fundamenten wurde die noch vorhandene neugotische Kirche errichtet.

Für die Schlossküche von Werth werden 1549 neben dem normalen Herdfeuerzubehör wie *dry halen* (Kesselhaken), *twee yseren Roeyers* (Brandruten) und eine Zange als Kochgeschirr, Kupferkessel, Kupfertöpfe zum Kochen, *een cleyn Visketelken* (Fischkesselchen) und Bratspieße zum Grillen von Fleisch genannt. Bratpfannen und Kasserollen werden nicht erwähnt, wohl aber Kerzenleuchter für die Beleuchtung am Abend. Ein Kucheneisen für die zu Weihnachten und Neujahr beliebten Eiserkuchen fehlt auch nicht.

*Eine Bratpfanne mit Pfannenhal (= Halter) aus dem 19. Jahrhundert. Sie wurde vorwiegend für Pfannkuchen und Bratkartoffeln am offenen Herdfeuer benutzt.*

Das Vorhandensein einer zweiteiligen Senfmühle *(mostertmolen)* aus Sandstein könnte ein Hinweis darauf sein, dass Fleisch ein wichtiger Bestandteil der Nahrung war. Dazu passt auch der Inhalt eines Kellers, in dem *twee groete trogen om vleysch daer in te salten* sowie *een salttaeffel met twee scragen und twee vleyschcuipen* (Pökelfässer) standen.

Im *bierkelder onder den Sael* lagen 19 Biertonnen und *een groeten houp Rowdersteen* – Räuchersteine für Malz. Neben Bier wurde auch Wein getrunken, denn es befand sich im Keller *een stellingh om wyn vaten daer op te leggen*.

Bauhaus und *bottelrie* weisen ebenfalls auf Bierkonsum hin. Der kupferne Braukessel fasste acht Tonnen. Offenbar wurde im Brauhaus auch das Brot gebacken. Wir erinnern daran, dass noch um 1900 im Westmünsterland bei großen Bauernhöfen ein *Back- und Brauhaus* stand.

Brot war wohl der zweite Hauptbestandteil der Nahrung, jedenfalls bis zur Einführung der Kartoffel zur Zeit Friedrichs II. Zur Aufbewahrung und Verarbeitung des Korns dienten der *korensolder* und die *quernmoelen* (Handmühle).

## Zum Tee auf Burg Schöneflieth

*So wurde um 1800 Bier eingeschenkt: geküferte Bierkanne mit Messingtülle (Privatbesitz aus Legden).*

Diese Burg der Herren von Schonbeck gt. Schöneflieth, bei Greven gelegen, wurde 1257 erstmals genannt und bereits 1276 durch den münsterischen Bischof Eberhard von Diest zerstört. Im Staatsarchiv Münster findet sich ein 45-seitiges Inventar der wieder aufgebauten und neu ausgestatteten Burg aus dem Jahre 1581. Darin werden außer den vielen verschiedenen Räumen von Haupt- und Vorburg neben Keller, Fleischkeller, Brauhaus, Fischhaus, Küchenkammer und Saal auch zwei Küchen im *Prinzipalhaus* aufgeführt, von denen die eine wohl die Herren-, die andere die Gesindeküche war.

Die Herrenküche hat eine Feuerstelle mit drei Kesselhaken, sechs Röstern, Bratspießen und Brandruten. Fünf Bratpfannen, drei eiserne Vorleger und drei Schaumlöffel sowie mehrere große und kleine Kupferkessel und eiserne Dreifüße machen überdeutlich, dass an diesem offenen Herdfeuer wohl überwiegend Fleisch zubereitet worden ist. In vier großen Messingankern und den beiden Kuhkesseln werden Fleisch und Wurst gekocht und heißes Wasser für das Vieh und die große Wäsche vorbereitet worden sein. Auch irdene Töpfe fehlen nicht. Sicher ist, dass an diesem Herd noch keine Kartoffeln gekocht worden sind.

Da neben Bierkannen (*Kroeße*) und Weinflaschen auch Teekessel im Inventarverzeichnis genannt werden, kann man annehmen, dass diese Getränke an der Tafel eine Rolle spielten.

Die Gesindeküche ist durch eine *Knechtetaffel* und eine *bannck dar uff dat Gesinde thon etten plegen to sitten* gekennzeichnet. Auch diese Küche hat einen offenen Herd samt *braitwerck met gewichten, braitpötte, haele, lenghaele, braitpannen, rosteren, hackemesser, fleischgaffel, appelroster* usw. – alles Hinweise, dass auch hier vorwiegend Fleisch zubereitet wurde, u.a. als Spießbraten. Man kann daran denken, dass wir es hier mit einer damals schon unmodern gewordenen Kücheneinrichtung zu tun haben, die dem Personal überlassen wurde, als im Herrenhaus eine neue Küche eingerichtet wurde.

Das Inventar der Speisekammer (Esszimmer?) ist ebenfalls so differenziert aufgeführt wie das der beiden Küchen: Leuchter, Mörser, Düppen, Kessel und Durchschlag bestehen aus Messing oder Kupfer, ebenso eine Bratpfanne oder eine *gelapte* (reparierte) *pannekokenpfanne*. Mit drei Teilen *steinwerck* ist wohl Steinzeug gemeint. Ge-

*Von weither kam oft das Geschirr, mit dem im Münsterland die Kaffeetafel gedeckt wurde: Kaffeekannen und ein Gedeck des 19. Jahrhunderts. Die mittlere Kanne stammt aus dem Saarland, alles Übrige aus Thüringen.*

nannt werden *ein stenen Krucke von 2 quarte mit einem tynnen Ledde* (Deckel) *davor* und *ein stenen pipen Kruken... mit ein tynnen ledde* und *ein klein Brandweins Kroeßgen* (kleiner Humpen). Auch wenn bei den ersten beiden Krügen kein Zweck angegeben ist, werden es wohl Gefäße zum Trinken von Bier gewesen sein.

## Das Essen im 18. Jahrhundert

Für das Ende des 18. Jahrhundert liegen u. a. differenzierte Inventare des landesherrlichen Jagdschlosses Ahaus und der Abtei Vreden vor. Hinsichtlich der Technik und der Energie gibt es keine Änderungen im Vergleich zu den Inventaren des 16. Jahrhunderts. Fleisch und Geflügel werden immer noch über dem offenen Feuer am Spieß gebraten, die Töpfe bestehen weiterhin aus Eisen, Kupfer oder Messing. Allerdings stehen im 18. Jahrhundert zunehmend Kaffeetassen und Teller aus Porzellan auf dem fürstlichen Tisch. Kartoffeln und Gemüse spielen immer noch eine wesentlich geringere Rolle als Fleisch.

Als Ergänzung zu diesen Inventaren dient uns das in einem Nachdruck von 1986 vorliegende *Niedersächsische Kochbuch* (Rostock 1986) von 1758, das ebenfalls belegt, wie unbedeutend zu dieser Zeit die Kartoffel noch war. Es enthält nämlich unter 710 Rezepten gerade mal zwei Gerichte aus Kartoffeln, aber 217 Fleisch- und Geflügelrezepte. Die Fleischgerichte sind unterteilt in Fleisch vom Rind, Kalb, Hammel, Lamm, Schwein und Wild;

beim Geflügel gibt es neben Huhn und Gans auch Ente, Rebhuhn, Kapaun, Tauben und Schnepfen. Die 67 Fischgerichte beschreiben die Zubereitung von Hecht, Karpfen, Forelle, Lachs, Stör, Dorsch, Makrele, Seezunge, Scholle, Aal und Brassen. Auch Stockfisch (luftgetrockneter Kabeljau) kommt vor; man kochte sogar *Pudding* daraus.

## Bei Bauern und Köttern

Der Schulzenhof Siehoff liegt in der Vredener Bauerschaft Ellewick (Westmünsterland). Franzis Hecking geb. Siehoff aus Vreden berichtet aus ihrer Kinderzeit, dass in ihrem Elternhaus die Familie auch werktags im Wohnzimmer zu Mittag aß, während das Personal in einem Raum hinter der Küche unter sich war. Bei den Bauern dagegen gehörten Knechte und Mägde zur Familie und aßen mit dem Bauern, der Bäuerin und den Kindern am gleichen Tisch.

Für das Personal gab es als Frühstück Buttermilchsuppe mit Schwarzbrot. Das zweite Frühstück wurde von der Magd zum Acker gebracht. Mittags gab es *Döörgemöös* (Eintopf) und abends entweder Pfannkuchen oder Bratkartoffeln, wie kleine Leute es von Hause aus gewohnt waren. Die Schulzenfamilie dagegen bekam getrennte Kost, z. B. Salzkartoffeln, Gemüse, Fleisch oder Wurst und Nachtisch. Das Gemüse kam aus dem eigenen Garten. »Wir hatten drei Mädchen, wovon eine in der Küche, die anderen im Stall arbeiteten. Das Kochen tat Mutter selbst, wir hatten keine Köchin. Abends gab es kein aufgewärmtes Essen. Essensreste kamen ebenso wie das erste Spülwasser vom Abwasch in den Schweinetopf. Wir aßen abends ähnlich wie das Personal auch Pfannkuchen oder Bratkartoffeln.«

Knechte und Mägde aßen gewöhnlich aus Stadtlohner Steinzeugnäpfen – *Koppschötteln* – und nicht von Porzellantellern wie die Familie. Bei gutem Wetter im Sommer aßen sie draußen auf dem Hof. Bernhard Robers aus Vreden, der als Junge bei Schulze Siehoff Kartoffeln suchte, berichtete ergänzend, dass er abends mit dem Personal essen musste. Dass die Bediensteten in der Oberschicht ohne Familienanschluss lebten, war um 1900 nicht nur bei Schulze Siehoff üblich.

Als Hauptmahlzeit mittags aßen die kleinen Leute im Westmünsterland häufig Eintopf, abhängig von der Jah-

*Ein schmiedeeiserner Bratrost aus Südlohn, 19. Jahrhundert.*

*Rechte Seite:
Aus der Eisenhütte Prinz Rudolph in Dülmen stammt dieser Katalog für gusseiserne Koch- und Brattöpfe (zweite Hälfte des 19. Jahrhunderts).*

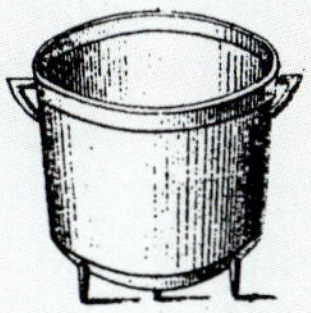

## No. 31 Grape mit kurzen Füssen

Dimensionen & Gewicht wie No. 29.

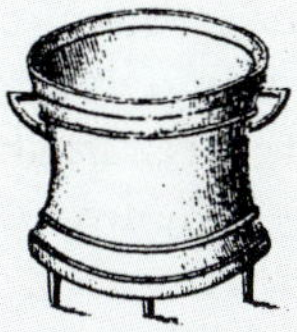

## No. 32 Marmitte

| No. | 0 | 1 | 2 | 3 | 4 | 5 | 6 | 7 | 8 | 9 | 10 | 11 | 12 | 13 | |
|---|---|---|---|---|---|---|---|---|---|---|---|---|---|---|---|
| Weite | 5 | 5½ | 5¾ | 6½ | 7 | 7¼ | 7¾ | 8¼ | 8¾ | 9¼ | 9½ | 10 | 10½ | 10¾ | " |
| | 131 | 144 | 150 | 170 | 183 | 189 | 203 | 216 | 229 | 242 | 248 | 262 | 275 | 281 | m/m |
| Inhalt | 1,15 | 1,4 | 1,7 | 2,3 | 2,9 | 3,45 | 4,6 | 5,2 | 6,3 | 6,9 | 8 | 9,2 | 10,3 | 11,5 | Liter |
| Gewicht | 1 | 1 | 1½ | 2 | 2 | 2 | 2½ | 3 | 3 | 3½ | 4 | 4½ | 5½ | 6 | Kilo |

| No. | 14 | 15 | 16 | 17 | 18 | 19 | 20 | 21 | 22 | 23 | 24 | 25 | |
|---|---|---|---|---|---|---|---|---|---|---|---|---|---|
| Weite | 11¼ | 12 | 12¼ | 12¾ | 13¼ | 13¾ | 14¼ | 14½ | 15 | 15½ | 16 | 16½ | " |
| | 294 | 314 | 320 | 333 | 347 | 360 | 373 | 379 | 392 | 405 | 418 | 432 | m/m |
| Inhalt | 12,6 | 14,8 | 16 | 17,2 | 20,6 | 24 | 26,4 | 29,2 | 33 | 37 | 41 | 44 | Liter |
| Gewicht | 7 | 7 | 7½ | 8 | 10 | 10½ | 11 | 11½ | 12 | 14 | 16 | 18 | Kilo |

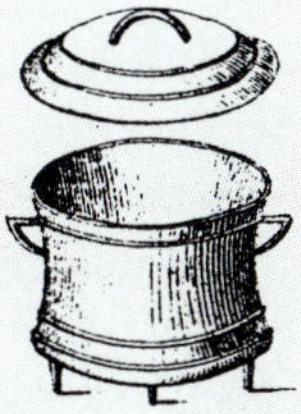

## No. 33. Schliesstopf mit Deckel

| No. | 1 | 2 | 3 | 4 | 5 | 6 | 7 | 8 | 9 | 10 | 11 | 12 | |
|---|---|---|---|---|---|---|---|---|---|---|---|---|---|
| Weite | 6½ | 6¾ | 7¼ | 7¾ | 8¼ | 8¾ | 9¼ | 10 | 10¼ | 10¾ | 11¼ | 12¼ | " |
| | 170 | 177 | 190 | 203 | 216 | 229 | 242 | 262 | 268 | 281 | 294 | 320 | m/m |
| Inhalt | 2,3 | 2,9 | 3,45 | 4,6 | 5,75 | 6,9 | 8 | 9,2 | 10,3 | 11,5 | 12,6 | 13,7 | Liter |
| Gewicht mit Deckel | 3 | 3 | 3½ | 4 | 4½ | 5 | 5½ | 6 | 6½ | 7 | 8 | 9 | Kilo |

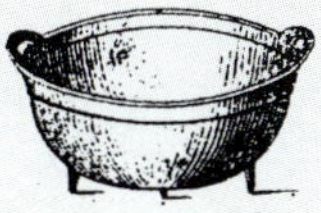

## No. 34. Brattopf mit Stahlen oder Ring

| No. | 1 | 2 | 3 | 4 | 5 | 5½ | 6 | 6½ | 7 | 7½ | 8 | 8½ | 9 | 10 | 11 | |
|---|---|---|---|---|---|---|---|---|---|---|---|---|---|---|---|---|
| Weite | 5½ | 6½ | 7½ | 8½ | 9¼ | 9¾ | 10¼ | 10¾ | 11⅛ | 11¾ | 12¼ | 12¾ | 13⅛ | 14¼ | 13¼ | " |
| | 144 | 170 | 196 | 222 | 242 | 255 | 268 | 281 | 291 | 307 | 320 | 333 | 343 | 373 | 347 | m/m |
| Inhalt | 1,15 | 1,4 | 1,7 | 2,9 | 3,45 | 4 | 4,6 | 5,75 | 6,3 | 6,9 | 7,5 | 8 | 8,6 | 10,9 | 13,7 | Liter |
| Gewicht | 1 | 1 | 1¼ | 1½ | 1½ | 2 | 2 | 2½ | 3 | 3 | 3½ | 4 | 5 | 6 | 7 | Kilo |

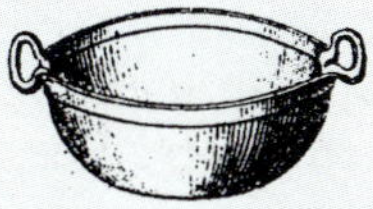

## No. 35 Bratpfanne tiefe

Dimensionen & Gewicht wie Brattopf No. 34

wird auch mit Ring unterm Boden angefertigt

*Ein Milcheimer aus Messing, Beestmelkemmer genannt (19. Jahrhundert). Unter Beestmelk verstand man die Milch von frischmelken Kühen. Sie wurde zum Backen von Weißbrot verwendet.*

Die erste (und gottlob letzte) Ohrfeige vom Großvater, seines Zeichens hoch angesehener Ehrenobermeister der Warendorfer Wagenbauerinnung, kassierte ich, als Schwarzwurzeln auf den Mittagstisch kamen und ich wieder mal den Mund nicht halten konnte. »Arbeiterspargel«, sagte ich geringschätzig. Das Wort hatte ich bei Opas Gesellen gehört. Es knallte gewaltig. Später erläuterte mir der Gute seine Strafe: »Meine Leute sind keine Arbeiter, das sind Handwerker. Aber auch über Arbeiter darf man sich nicht lustig machen.« Standesbewusstsein der Fünfzigerjahre... Die Ohrfeige ist unvergessen bis heute. Und Schwarzwurzeln sind ein leckeres Gemüse. Auch bis heute. RAK

reszeit, d. h. was der Garten an Gemüse oder Obst hergab bzw. ob und welche Vorräte man für den Winter haltbar machen konnte.

Zu den beliebten Eintopfgerichten im Sommer gehörten Gemüsesuppen mit Dicken Bohnen *(Groote Bohnen)*, Erbsen *(Arften)* oder Möhren *(Wotteln)*, immer mit Kartoffeln und Speck, falls welcher vorhanden war.

Im Winter bestimmten die Vorräte im Keller und der Schlachttermin den Speisezettel auf den Höfen. Kartoffeln waren in Mieten eingelagert, Möhren ebenfalls. Sauerkraut und *Schnibbelbohnen* wurden in großen Fässern mit Salz konserviert, Erbsen und Bohnen getrocknet. Sie mussten dann vor dem Kochen eingeweicht werden.

Schweinefleisch wurde teils eingepökelt, teils getrocknet. *Suurwoste, Bloodbrood, Griese Büülwoste* kamen als *Pannas* und Bratwurst auf den Tisch. Mettwurst, Speck und Schinken wurden in der Regel an der Luft getrocknet und geräuchert. Die erste Kühltruhe gab es in Vreden-Wennewick im Jahr 1955.

Wenn die Vorräte an Schmalz und Speck im Oktober zu Ende gingen, begannen die sog. *Allerhilligenfasten*, die man mehr fürchtete als die kirchliche Fastenzeit vor Ostern. In diesem Monat vor dem Schlachten des ersten Schweins behalf man sich oft mit *Boomspeck*, d. h. mit Äpfeln und Birnen. Ab dem Schlachtfest lebte man wieder *pännekenfett*. Schon am Schlachttag gab es Geschnetzeltes aus der Pfanne.

Um nicht nur an Schlachttagen frisches Fleisch zu haben, verteilte man von dem neu geschlachteten Schwein oder Rind sog. *Potthassens*, d. h. Fleisch und Wurst an bestimmte Nachbarn und Verwandte, die das ihrerseits auch taten, so dass man auch an deren Schlachttag wieder frisches Fleisch essen konnte.

An den Werktagen kam in Winter sehr häufig *Buuskohl (Suurmoos) met Suurwoste* auf den Tisch. Andere aßen das Sauerkraut mit Speck, Pökelfleisch oder Eisbein *(Pöötkes)*. Ein beliebter Eintopf nach dem ersten Frost war Grünkohl als *Moos met Mettwoste of Ribbekes*.

Morgens aß man Milchsuppe *(Roggenpapp)* mit Schwarzbrot. Abends gab es Bratkartoffeln oder Pfannkuchen, normalerweise mit Speckscheiben *(Speckhassens)*, je nach Jahreszeit aber auch wohl Apfelscheiben, Pflaumen oder Waldbeeren. Für den Pfannkuchenteig nahm man Buchweizen- oder Weizenmehl. Nach dem Schlachten gab es abends, solange der Vorrat reichte, Leberbrot oder Wurs-

*Eine große Errungenschaft, die um 1900 das Kochen auf offenem Feuer ersetzte – Kochherd der Holter Eisenhütte mit Wasserschiff, Brattopf aus Bunzlauer Braungeschirr und Wasserkessel.*

tebrot *(Bloodbrood)* aus der Pfanne. Auch Schweinebacke war nicht zu verachten. Der *Halwe Kopp* wurde gekocht, heiß mit Zwiebeln belegt und nach einigen Tagen kalt aufgeschnitten und mit Brot und Senf gegessen. *Halwen Kopp* konnte man auch einwecken.

## *Essen für bestimmte Tage*

Es gab Tage, an denen ein bestimmtes Gericht Tradition war. So gehörte zum Sonntagsessen gewöhnlich vorab eine Rindersuppe. »Besseres Essen« gab es auch an den hohen Feiertagen wie Weihnachten, Ostern oder Pfingsten. In manchen Familien war z. B. an Weihnachten ein Gänsebraten üblich, in anderen Rinderbraten oder Gulasch. Zu Ostern kamen abends hart gekochte Eier auf den Tisch. An Aschermittwoch und Karfreitag gab es *Püfferkes met Rosienen,* die man im Kernmünsterland auch *Struwen* nennt.

Wegen des kirchlichen Fastengebotes wurde an allen Freitagen einschließlich Karfreitag Fisch gegessen. Neben den um 1900 in Hülle und Fülle vorhandenen Flussfischen nahm man auch Hering oder Bratfisch, wobei der

In meiner Kindheit gab es bei den Großeltern am Karfreitag traditionsgemäß Struwen. Ich empfand dieses ölige Gebäck – dem Tag angemessen – als gutkatholische Büßerspeise. Ein Onkel aus Essen mochte ähnlich denken. Stets am Karfreitag kam er angereist und bekam von meiner geliebten Warendorfer Oma Fleisch serviert. Irgendwann musste ich dann doch aufbegehren und fragte: »Wieso darf Onkel Hermann heute Fleisch essen und wir kriegen die blöden Struwen?« Eine scharfe Zurechtweisung vom Großvater, dann die Antwort der Oma: »Auf Reisen darf man auch am Karfreitag Fleisch essen«. Da wäre ich auch gern verreist...
RAK

*Schöner Brauch im Westmünsterland: ein Kindtaufgebäck, ein so genannter »Plass« oder »Weggen«, wurde nach der Taufe von den Paten den Eltern überbracht. Heute führen Kegelklubs und Stammtische diesen Brauch fort.*

Hering als Arme-Leute-Essen galt. Dem »Dorfschulmeisterlein« wurde in dem bekannten Lied sogar nur »ein halber Hering« zugedacht.

So wie zur Beerdigung der Streuselkuchen gehörte, so war auch das *Bruudlachtsääten*, das Hochzeitsessen also, in der Abfolge festgelegt. Nach der Hühner- oder Rindersuppe gab und gibt es Rindfleisch mit Zwiebelsoße, dann Fleisch mit Kartoffeln und warmem Gemüse und schließlich *Dicken Ries* als Nachtisch, was im Wesentlichen heute noch gilt; als Nachtisch sind allerdings Herrencreme und Eis mit heißen Himbeeren fast schon obligatorisch.

> Noch einmal Freitag, wenn auch nicht Karfreitag. Ein Handelsreisender besucht gegen Mittag eine Gastwirtschaft in der Wallfahrtsstadt Telgte. Er studierte die Speisenkarte und bestellt einen Schweinebraten. Die Wirtin stemmt ihre kräftigen Arme in die weißbekittelten Hüften und belehrt den Gast: »Es ist Freitag, mein Herr, da essen wir Katholiken kein Fleisch«. Leicht eingeschüchtert wagt der Arme zu bemerken: »Aber ich bin doch evangelisch.« Das hätte er besser nicht gesagt. Die Wirtin bölkt erbost: «Ein Heide also, schlimm genug!«
> RAK

### Struwen

Man nimmt eine Masse Mehl, etwas Milch mit etwas Butter und Gest (Hefe), Zucker, Kanel, Citronen und Rosinen, einige ganze und gelbe vom Ei, rührt es stark durcheinander, und setzt es an einen warmen Ort, dass es in Gärung kömmt, dann wird es in abgeklärtes Fett gebacken.

*(Aus einem handgeschriebenen Kochbuch, Ochtrup, erste Hälfte des 19. Jahrhunderts)*

Heinz Jakobs

# Und immer dieses Sauerkraut
## Es war ein ärmliches Leben damals auf dem Lande

Heinz Jakobs schildert in seinem Buch »Knapp Gerd – Eine Bluttat und ihr lebensgeschichtlicher Hintergrund« (Lingen 1995), wie ein emsländischer Hollandgänger zum Mörder wurde. Den Untertitel zu seinem Buch hat Heinz Jakobs nicht von ungefähr gewählt. In ergreifender Weise beschreibt er die Lebensbedingungen der Menschen, die im ersten Viertel des 19. Jahrhunderts im südlichen Emsland lebten. Die Ernährungsweise unterscheidet sich gewiss nicht von der, mit der die Landbewohner im Münsterland sich durchschlagen mussten.

»Die Frau, ob Bäuerin oder Heuermannsfrau, stand, wenn sie Essen anrichtete, vor dem offenen Herdfeuer im Rauch, der über die Diele und durch das Strohdach abzog, und drehte die von der Giebelwand abstehende bewegliche Eisenhalterung und den darunter hängenden Topf zur Feuerstelle, senkte oder hob ihn durch eine Verstellvorrichtung. Der Eisentopf, den die Bäuerin handhabte, mochte zwölf Liter fassen, der Topf, den die Heuerlingsfrau bediente, vielleicht acht Liter.

Aber was da frühmorgens in die Töpfe kam, war in dem großen wie in dem kleinen Haushalt das Gleiche: Wasser, Milch, Mehl (es wechselten Hafer, Gerste und Roggen) und Schwarzbrot. Dieses Breigemisch wurde mit Holzlöffeln gegessen. Je vier Personen aßen aus einer hölzernen Schüssel. Einzelteller gab es noch nicht in ländlichen Haushalten.

Zu Mittag gab es immer Eintopf: Grünkohl, Steckrüben, am häufigsten Sauerkraut, also eingesalzenen Weißkohl aus dem eigenen Fass. Das vom Oktober an im Fass gärende Kraut wurde im Laufe des Jahres immer saurer, aber es wurde bis zur letzten Faser verzehrt. Salz und Essig waren die Konservierungsmittel. Also schmeckte fast alles danach. Fehlte dieser Geschmack, nannte man die Speise ›süß‹. Zucker gab es nicht. Würste, Speck und Schinken, die von der Decke (Wiemen) zum Herdfeuer hinabhingen, konservierte der Rauch.

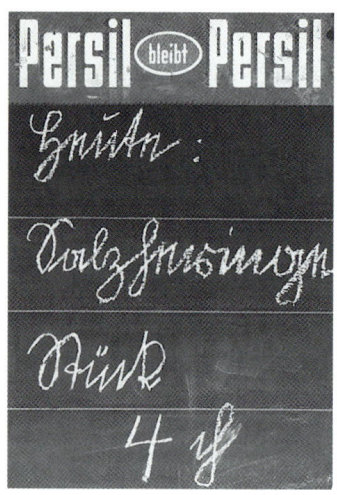

*Der Hering galt, obwohl er auch von den höheren Ständen (»Bismarck-Hering«) nicht verschmäht wurde, als wohlfeile Arme-Leute-Speise. In katholischen Gegenden war er vielfach Fastenspeise. Gesalzene Heringe blieben lange haltbar. Von Bauern wurden sie fassweise gekauft. Zuvor hatten sie, ehe Eisenbahnen gebaut waren, mit Pferden von Nord- und Ostsee ins Binnenland tranportiert werden müssen. In Lebensmittelgeschäften war die herbe Meeresfrucht auch nach dem Zweiten Weltkrieg noch stückweise zu haben. Man erzählt sich bis heute: »Eine arme Frau kommt in den Kolonialwarenladen von Heinrich Gerdemann. Sie fragt: ›Was kostet ein Hering?‹ Der Kaufmann: ›15 Pfennig‹. Die Frau fragt: ›Und was kostet die Soße?‹ Heinrich Gerdemann: ›Die kostet nichts.‹ Darauf die Frau: ›Dann gib mir Soße, aber ganz viel‹.«*

Im Spätsommer und im Frühherbst gab es täglich Apfelmus. Es garten dann auch Äfel und Birnen als Zutat auf dem Eintopf. Das bereicherte den Geschmack; doch kaute man in dieser Jahreszeit schon missvergnügt an den inzwischen hart und trocken gewordenen Wurst-, Speck- und Schinkenresten aus der Winterschlachtung, die in den Topf hineingeschnitten wurden. Am Abend wurde der Mittagseintopf wieder aufgewärmt. Dazu gab es noch den Kornmilchbrei wie am Morgen.
Buchweizenpfannekuchen kamen zu allen Jahreszeiten auf den Tisch, vor allem mittags und abends.
Fleisch war im Winter, also zur Schlachtzeit, häufiger in der Schüssel als im Sommer. Fisch gab es reichlicher als Fleisch. In dieser vorindustriellen Zeit führten Flüsse und Bäche reineres Wasser, aus dem Aale, Lachse und Hechte – oft von Heuerleuten, die so dazu verdienten – in Reusen gefangen wurden. Hering war Fastenspeise; er war billig. Der Bauer brachte vom Einkauf in der Stadt ein ganzes Fass mit gesalzenen Heringen auf dem Pferdewagen mit nach Hause.
Eier waren eine seltene Zutat zu Speisen. Sie waren eine wichtige Kleinwährung zum Einkauf jener wenigen lebensnotwendigen Dinge, die man nicht selbst produzieren konnte.
Das Brot, das helle zum Vespern, das dunkle zum Einbrocken, wurde in Zwanzigkiloquadern im bäuerlichen Backhaus für alle Hofzugehörigen – Bauernfamilie, Gesinde, Heuerleute – einmal im Monat aus dem Mehl bereitet, das man für seine Kornlieferung vom Müller erhalten hatte.
Haben wir die Kartoffel vergessen? Ihr Anbau – zunächst als Gartengewächs, dann als Ackerfrucht – begann im damals Preußen zugehörigen Emsland schon im letzten Drittel des 18. Jahrhunderts. Der Preußenkönig (Friedrich der Große) hatte die Nutzung dieser Frucht ja durchgesetzt. Schon um 1800 ist die Kartoffel im Emsland tägliches Tischgericht. Aber erst in den darauf folgenden Jahrzehnten werden Kartoffeln in größere Flächen angebaut.
Gab es Süßes? Es gab den Bienenhonig aus den Immenkörben, die Bauern wie Heuerleute am Heiderand aufstellten. Der Honig war für Alte und Kranke, manchmal auch für Kinder – vor allem zum Süßen von Milch. Ansonsten gab es Honig nur zu festlichen Anlässen.«

Abbé Baston (* 1741 † 1825)

# »Eine kümmerliche Nahrung«
## Coesfeld um 1800 – Aufzeichnungen eines Emigranten

Der katholische Priester Guillaume-André-René Baston kam 1741 in der französischen Hafenstadt Rouen an der Seine zur Welt. 1766 wurde er in Angers zum Priester geweiht und stieg später zum Gelehrten auf. Die Französische Revolution trieb ihn ins Exil – zunächst nach London, dann u. a. nach Ostende und schließlich nach Coesfeld im Münsterland. In seinen *Memoiren*, erstmals 1899 in Paris veröffentlicht und unter der Betreuung von Heinrich Weber 1961 in den »Beiträgen zur Landes- und Volkskunde des Kreises Coesfeld« erneut herausgebracht, gibt Abbé Baston ein recht farbiges Bild der Lebensumstände jener Zeit. Auszüge zur Ernährung mögen das belegen.

*Abbé Baston gab ein anschauliches Bild der Lebensumstände im Münsterland um 1800.*

### Pumpernickel

Nun etwas über die festen Nahrungsmittel! Sie sind in den niedrigen Klassen sehr kümmerlich. Die Armen essen fast nie Brot, weil es mehr kostet als bestimmte Sorten Fleisch, und sie essen fast niemals Fleisch, weil es Geld kostet und sie keins haben, oder weil sie das wenige, was sie haben, für andere Dinge ausgeben. Der Vater betrinkt sich in Branntwein, Mutter und Kinder leben von Kartoffeln, Rüben, Möhren und anderem Gemüse, alles in etwas Schweineschmalz oder einfach mit Wasser gekocht. Nicht, wer will, sondern wer kann, nimmt eine kleine Schnitte Pumpernickel dazu. Dies ist das westfälische Schwarzbrot.

### Hasen und Kaninchen

Coesfelds Umgebung ist nicht arm an Wild, aber nur die Jäger bringen es auf ihren Tisch, wofern nicht einige Hasen den Bauern in die Hände fallen, die geschickt genug sind, sie zu fangen und sie, anstatt sich selber daran zu

*Coesfeld von der Ostseite – ein Stahlstich von H. Heßelmann um 1850.*

delektieren, sonntags in die Stadt bringen und sie heimlich verkaufen. Bevor Franzosen hierher kamen, legten diese braven Landleute so wenig Wert auf Hasenfleisch, dass sie es dem ersten Besten überließen, der das Tier abziehen konnte und ihnen das Fell zurückgab. Heute, ohne überzeugt zu sein, dass dies schlechte, schwärzliche und blutige Fleisch essbar sei, wenn man nicht einen verdorbenen Geschmack hat und vom Hunger getrieben wird, verkaufen sie uns ihre Hasen, ohne das Fell zu verlangen. Von allen Sorten Fleisch ist dies für uns immer noch am billigsten. Nach Verkauf des Fells kommt uns das Übrige nicht teurer als fünf oder sechs Sous.

Unsere schlauen Städter mokieren sich herzlich gern über die Bauern, die keine Hasen essen mögen, ohne zu ahnen, dass sie selbst in Bezug auf die Nahrung dem fremden Beobachter Anlass zum Spaß geben. Denn um alles in der Welt würden sie nicht von einer Wachtel oder einem Kaninchen kosten. Die eine ist ein »Knäuel Fett«, das andere weiß wie eine Katze. Eines Tages bat ich den Bürgermeister, einen geschickten und eifrigen Jäger, mir Kaninchen zu schießen, wenn sie ihm vor die Flinte kämen. »Und was wollen Sie damit machen?« fragte er ganz erstaunt. – »Essen«, antwortete ich. Der Mann lacht kaum einmal im Jahr. Dass aber einer Kaninchen essen wollte, konnte er nicht hören, ohne sich vor Lachen die Seiten zu halten. Warum das »Fettknäuel« nicht beliebt ist, dem bin ich auf der Spur. Der Vogel ist nur klein, einen Flintenschuss teuer. In einem armen Land muss man mit allem knauserig sein.

## Krammetsvogel

Das Wildbret par excellence ist der Krammetsvogel. Die Westfalen stimmen darin völlig mit Horaz überein, der nichts Besseres und Leckereres kannte als dies Geflügel: ... Quum sit obeso Nil melius turdo (Episteln I, 15). Will man sich einen Gönner bei guter Laune erhalten oder ihm seinen Dank bezeigen, so schickt man ihm Krammetsvögel. Sie sind willkommen, von wem sie sind. Ein Vorgesetzter mag sehr viel ablehnen, was ein Untergebener ihm schenken möchte; die Krammetsvögel brauchen eine verstimmende Ablehnung nicht zu fürchten. Bei ihrem Auftauchen, d. h. gegen Ende des Herbstes, ist ein Dutzend dieser Vögel ein hervorragendes Geschenk, dessen sich der Bedachte bei günstiger Gelegenheit erinnert.

Von den beiden Arten wird die kleinere am meisten geschätzt. Sie wird nicht viel größer als ein Sperling. Ist die Weinlese in Frankreich und den anderen westlichen Ländern beendet, versammeln sich diese Vögel in dichten Scharen und suchen beim ersten Frost die Wacholderbüsche auf, mit denen unsere Heiden bedeckt sind. Vielleicht lassen sie sich durch Form und Farbe der Wacholderbeeren täuschen und halten sie für Trauben, oder der Instinkt empfiehlt sie ihnen als Gegenmittel gegen die Folgen ihrer Unmäßigkeit in den Weinbergen oder sie fressen auch nur, weil halt etwas gefressen werden muss, wenn der Weinstock seiner unter der Sonne gereiften Trauben beraubt ist.

*Der Marktplatz in Coesfeld – ein Stahlstich von H. Heßelmann aus der Zeit um 1850.*

*Der Krammetsvogel, die Wacholderdrossel, wurde bis in den Anfang unseres Jahrhunderts auch im Münsterland massenweise gefangen: Berichte darüber gibt es z.B. aus dem östlichen und dem nördlichen Heideland. Die Krammetsvogelscharen wurden mit raffiniert ausgeklügelten Lock- und Fangmethoden geradezu »geerntet«. Krammetsvogelfänger waren oftmals Kötter oder kleine Bauern, die sich mit dieser Art*

*von Erwerbsjagd ein Zubrot verdienten. Sie lieferten ihre Beute an Restaurants in Münster oder anderen Städten. Der Name Wacholderdrossel ist so zu erklären: Die Vögel ernährten sich vorzugsweise von Wacholderbeeren, die sie in den heute längst entschwundenen Heiden genügend fanden. Die Einnahmen des Vogelfangs – ein Dutzend brachte nach 1900 etwa 2,50 bis 3,50 Mark – dienten zur Anschaffung der Winterkleidung und zur Bezahlung der Schuldzinsen an Martini (11. November). Zu der Zeit, als der Krammetsvogelfang noch in Blüte stand, hatten die meisten der kleinen Leute auf dem Lande Schulden zu tilgen. Was nach der Zinszahlung übrig blieb, wurde als stille Reserve in den Sparstrumpf gesteckt. Vom Wacholder profitierten aber nicht nur die Krammetsvogelfänger, sondern auch die Schnapsbrenner – Wacholder war ein sehr beliebtes Getränk: »Wirt, tu mir bitte noch'n Wachölderken...« Der Schnaps hatte in der Tat einen würzig-bitteren Wacholdergeschmack und galt – welch schöne Ausrede – als magenbesänftigend.*

Auf jeden Fall weiß ich, dass die Krammetsvögelscharen, die nach Westfalen kommen und sich hier weit und breit in der Heide aufhalten, nur von Wacholder leben. Dies Futter macht ihr Fleisch außerordentlich bitter, und gerade dadurch wird es zum Leckerbissen. Die Liebhaber finden es niemals zu bitter. Die Kunst der Zubereitung kommt der Natur zu Hilfe, diesen köstlichen bitteren Geschmack noch zu steigern. Einmal nimmt man den Vogel nicht aus, bevor man ihn in zerlassener Butter brät. Darüberhinaus legt man Wert darauf, ihn mit einer ansehnlichen Portion Wacholderbeeren zu würzen, die man gleichzeitig brät und dann wegwirft, um bei den Gästen den Eindruck zu erwecken, dass er von Natur aus so bitter ist. Ich bezweifle, ob Horaz, auf den sich unsere münsterländischen Feinschmecker berufen, die Wacholdertunke geliebt hätte, und möchte wetten, dass sie nicht aus den Küchen des Lukullus nach Westfalen gekommen ist.

## Die Fische

Mit Fischen sind wir schlecht dran. Unsere Seen und Weiher, unser Meer, beschränken sich auf einige Flüsse von geringer Breite und Tiefe. Im Sommer jedoch fehlt es nicht an Fischen für den, der sie sich für Geld leisten kann und will. Sie sind wohlfeil, weil es nur geringe Mengen davon gibt und weil die Zahl der Käufer verhältnismäßig noch kleiner ist und die meisten nur durch den billigen Preis angelockt werden können. Alle Fische werden pfundweise verkauft, die großen wie die kleinen, eine Hand voll kleine Fische, kleine Aale, wie auch ein Aal von außergewöhnlicher Länge
Es gibt drei Preise oder Klassen. Eine Art weißer Fische, die dem Gründling ähnlich ist, kostet das Pfund ein bis zwei Stüber, Hechte, Schleie, Karpfen drei bis vier Stüber. Aale vier bis sechs. Der Preisunterschied hängt mit den fetten und fleischlosen Tagen zusammen, vielleicht auch damit, ob der Fisch rechtmäßig oder unerlaubt gefangen worden ist, was wir, zumal die Fremden, schlecht herausbekommen können, weil in unseren kleinen Städten, die weder Fischläden noch Markt haben, unbekannte Männer und Frauen diese Ware von Haus zu Haus tragen. Zuweilen kommt Fisch aus Holland zu uns, Lachs, sogar Stint, den man, wie versichert wurde, in der Schelde gefangen hatte, was kaum zu glauben ist, wenn man die Ent-

fernung, den langsamen Transport und die Empfindlichkeit dieses kleinen Fisches in Rechnung stellt. Ich fand, dass der Stint wenig Ansehen hatte, dass man sich fast ebenso wenig aus ihm machte wie aus dem Kaninchen oder der Wachtel.

*Weite Heiden mit Schäfer, Hund und Schafen – so mag Abbé Baston das Münsterland erlebt haben. Das Bild entstand zwar erst 1926, aber viel geändert hatte sich nicht.*

# O alte Kneipenherrlichkeit

Die münsterischen und münsterländischen Gaststätten werden wegen ihrer »Urigkeit« zu Recht gerühmt. Viele von ihnen sind mit nostalgisch verklärenden Schaustücken und Architekturdetails bäuerlicher und bürgerlicher Vergangenheit geschmückt und machen sie »gemütlich«. Mehr als 50 Jahre nach dem Ende des Zweiten Weltkriegs nimmt aber kaum jemand mehr wahr, dass die Häuser vor allem in Münster und im Westmünsterland zumeist Neubauten sind. Die wirklich alte Kneipenherrlichkeit ging im Bombenkrieg unter und wich einem neuen Zeitgeschmack. Die Bildpostkarten dieser Seiten, meistens aus der Zeit der Jahrhundertwende, zumindest aber der Zeit bis 1945, dokumentieren nicht nur die alte Kneipenherrlichkeit, sondern mitunter auch ganz drastisch Zeitgeschichte.

*Aus dem »Münster'schen Bierstall« (Königstraße/Ecke Schützenstraße) 1905 ein feuchtfröhlicher Gruß. Und wenige Jahre später präsentiert sich wilhelminisch-überladen die »Kaiserhalle« an der Neubrückenstraße zu Münster.*

*Der Prinzipalmarkt in Münster um 1909 mit dem Hotel-Restaurant »Zur Alten Börse«, das »Brauhaus Kiepenkerl« auf einer 1937 gestempelten Karte und die »Hofkonditorei Albin Middendorf« an der Bogenstraße (nach einem Gemälde von C. Determeyer).*

Das Restaurant »Zum Adler« an der Königstraße wirbt mit Blumenschmuck. Am Roggenmarkt erhob sich der Giebel des »Augustiner«, an der Windthorststraße lag die »Bahnhofs-Conditorei«. Ganz zeitgemäß ist 1940 der münsterische »Wuortelpott« am Verspoel mit Hakenkreuzfahnen drapiert.

Um die Jahrhundertwende waren Kneipen nach dem Muster bayerischer Klosterschenken groß in Mode. Mönche am Biertisch, sogar mit Zigarre, warben in Münster für süffige Kneipenherrlichkeit, zum Beispiel für den »Augustiner« am Roggenmarkt oder den »Franziskaner«.

*Zwei münsterische Häuser, die im Krieg untergingen, dann aber in neuer Form wiedererrichtet wurden: das »Alte Gasthaus Leve« an der Telgter Straße, 1607 gegründet, und das »Hotel Continental« gegenüber dem Hauptbahnhof – schlicht das eine, eher bombastisch-repräsentativ das andere Haus.*

*Kellner-Eleganz vor sechs, sieben Dutzend Jahren: ein Bild aus dem »Hotel Stadt New York« (oben) an der Telgter Straße. 1929 wurde die untere Karte gestempelt. Sie zeigt ein Motiv, das auch nach dem Wiederaufbau der Stadt Münster vieltausendfach gemalt und fotografiert wurde – das Kiepenkerl-Denkmal vor dem »Kleinen« und dem »Großen Kiepenkerl«.*

*Mal rustikales, mal mondänes Münster: »Appels Altbierküche« (oben) mit einem Interieur aus traditionellem bäuerlich-bürgerlichen Muster, gelegen an der Neubrückenstraße, und der Dachgarten des »Stadthotels Freudiger« an der Ludgeristraße. Von hier oben bot sich ein malerischer Blick auf die Türme der Stadt.*

*Geradezu eine Institution war (und ist) in Münster »Pinkus Müllers Altbier-Küche« an der Kreuzstraße, gegründet 1866 (oben, nach einem Gemälde von Eugen Fernholz). In manchen Häusern gemütlicher Kneipenseligkeit durfte nach 1933 einer nicht fehlen – der »Führer« Adolf Hitler blickte streng aus goldenem Rahmen.*

Östlich der Stadt Münster hatte sich schon vor der Jahrhundertwende eine beliebte gastronomische Szene entwickelt. An der Werse (Bild oben) gab es zum Beispiel das »Kaffeehaus Hugerlandshof« mit Bootsverleih, und nicht weit entfernt lockte sogar ein »Kurhaus Schloss Boniburg« im Boniburger Wald. Recht vornehm ging es dort zu.

*Attraktive Plätze für die Gastronomie unserer Vorfahren um die Zeit des Ersten Weltkriegs: Im Restaurant C. Bisping im Zoologischen Garten zu Münster (oben) genießen sonntäglich gekleidete Damen und Herren ihre Freizeit, im Bagno bei Burgsteinfurt lockt das »Kaffeehaus« zu einem Ausflug in die grüne Natur.*

*Des kleinen wie des großen Mannes Ziel waren (und sind wieder verstärkt) die Garten- und Kaffeewirtschaften außerhalb der Städte, oftmals aus bäuerlichen Betrieben entstanden. Farbigvornehm geht es bei F.W. Kuhlmann in St. Mauritz bei Münster zu (oben), eher bescheiden in der »Sommerwirtschaft Fährenkemper« in Freckenhorst.*

*Zwei Zeitalter begegnen sich. An der »Kaffeewirtschaft Waldesruh« in Gremmendorf bei Münster dampft fauchend, ratternd, läutend (»Pängelanton«) ein Stahlross vorüber (Bild oben), vor dem Restaurant »Westfälisches Pferd« im Norden der Stadt Warendorf, an der Tönneburg, stellen sich PS-Ritter der alten und der neuen Art dem Fotografen.*

Rainer A. Krewerth
# *Bei der Herrschaft kochen lernen*
## Für die Oma hat sich das Lehrgeld bestens ausgezahlt

An die Kochkünste deiner Großmutter Elisabeth Hartmann geb. Runde, so schwor ich mir bei ihrem Tod im Jahre 1974, musst du irgendwann erinnern. Auch in schlechten Zeiten – zwei Kriege hat sie überlebt, Inflation und viele andere Grauen des 20. Jahrhunderts – verstand sie es stets, Gutes auf den Tisch zu bringen. Das tat dem Leib und der Seele wohl – und sie wusste das und wollte es.

Am 16. Juni 1893 kam sie auf einem kleinen Bauernhof in Alverskirchen, damals dem Amt Wolbeck zugehörig, auf die Welt. Ihre Mutter, meine Urgroßmutter also, die vielverehrte Tick-Tack-Oma (Urgroßmutter musste, wie ich meinte, wohl etwas mit Uhr, also Tick-Tack zu tun haben) brachte nicht nur 16 Kinder zur Welt. Als Wirtstochter hatte sie auch den rechten Verstand im nahr- und schmackhaften Wirtschaften.

Sie muss meiner Oma diesen Verstand vererbt haben: aus wenig viel zu machen. Doch mindestens ebenso wichtig wie dieses bäuerlich-gastronomische Erbe war eine gediegene Ausbildung zur Köchin und Wirtschafterin. Meine Mutter, ihre älteste Tochter, berichtet: »Oma ist 1913 im Winter auf Schloss Lembeck und im Sommer auf Schloss Westerwinkel gewesen, um in der gräflichen Familie von Merveldt die Küche zu erlernen. Sie genoss engen Anschluss im Haus, wie sie immer betonte. Vorgestellt hat sie sich bei der Gräfin von Merveldt in Freckenhorst, die dort auf dem Schloss bei Verwandten zu Besuch weilte.

Oma wurde eingestellt und konnte alsbald ihre Lehrzeit auf Schloss Lembeck beginnen. Beim Schreiner zuhause in Alverskirchen wurde eine Kommode bestellt, in der Wäsche und Kleidung für das ganze Jahr untergebracht werden mussten. Heimfahren – das gab es im Lehrjahr nicht.

Wie es immer hieß, musste Oma Lehrgeld mitbringen. Was meine Großeltern bezahlt haben, weiß ich nicht mehr. Aber Lehrgeld war damals üblich. Oma hat bis zum Lebensende erzählt, wie viel sie gelernt habe. Mit hoher Achtung sprach sie über die gräfliche Familie und deren fürsorglichen Umgang mit dem Personal.

*Elisabeth Runde (Dritte von rechts, oben) und ihre Familie. Um 1913, etwa zur Zeit, als dieses Bild entstand, ging sie in die Dienste des Grafen von Merveldt, um gegen Lehrgeld die Küche zu erlernen. Sie und ihre Schutzbefohlenen profitierten lebenslang von den Künsten, die sie sich auf den Schlössern Lembeck und Westerwinkel erworben hatte. Viele junge Frauen aus Stadt und Land gingen damals zur Ausbildung in adlige Familien. Es ist unzweifelhaft, dass auf diese Weise vernünftiges Wirtschaften und schmackhaftes Kochen auch für gehobene Ansprüche und – vor allem – für vielköpfige Tischgesellschaften gewissermaßen multipliziert wurde im Münsterland.*

*Auf den Schlössern Lembeck und Westerwinkel – sie zählen zu den malerischsten Wasserburgen des Münsterlandes – erwarb Elisabeth Runde die Fähigkeit, bis zu 16, ja 18 hungrige Mäuler täglich so nahr- wie schmackhaft zu stopfen.*

*Aus dem Kochbuch der Elisabeth Runde, geschrieben um 1913 auf den Wasserschlössern Lembeck und Westerwinkel. Das Rezept für die Königssuppe lautet: »2 alte Hühner werden mit Wurzeln weich gekocht, Fleisch abgesucht mit hart gekochten Eiern einigen Champignon im Mörser fein gestoßen. Das Püree wird mit der Hühnerbrühe eine Stunde gekocht, durch Haarsieb gestrichen und mit 2 Eigelb, Rahm und gehackter Petersilie abgerührt.«*
*Für die Panadensuppe hat Elisabeth Runde notiert: »Schwarzwurzeln, Spargel, Kohlraben und Sellerie in feine Würfel geschnitten in Salzwasser weich gekocht abtropfen lassen in Ei Parmesankäse und Weißbrot paniert und in Schmalz ausgebacken in einer gebundenen Fleischsuppe anrichten.«*

*Offenbar hat die Autorin des Kochbuchs auf exakte Maßangaben (und Interpunktion) keinen Wert gelegt. Ihre Aufzeichnungen aus der gräflichen Küche dienten nur als Gedächtnisstütze, alle wichtigen Einzelheiten hatte sie im Kopf.*

*Welcher Kontrast! Auf dem kleinen elterlichen Bauernhof in Alverskirchen bei Münster erlebt Elisabeth Runde um die Jahrhundertwende, wie Männer in Holzschuhen, die Haarpracht zur Tonsur gestutzt, das Herdfeuer anzünden. Der »Haol«, ein je*

Als sie ihre Lehrzeit beendet hatte, bat ein Sohn der gräflichen Familie, sie auf ein Gut in Süddeutschland zu begleiten, um ihm die Küche zu führen. Sie lehnte ab, weil sie sich vor Heimweh nach Alverskirchen fürchtete. Süddeutschland – das lag für sie weit außerhalb ihrer Vorstellungskraft.

Ich muss noch erwähnen, dass Oma auf Schloss Lembeck zum ersten Mal verliebt war. Sie hat einen jungen Mann wohl sehr gemocht. Wahrscheinlich war er Gutseleve, also ebenfalls auf dem Schloss in Ausbildung. Während des Ersten Weltkrieges haben die zwei sich oft geschrieben; während eines Fronturlaubs war der Soldat in Alverkirchen. Dann hörte Oma lange Zeit nichts mehr von ihm, bis der Pastor mit der Mitteilung zu ihren Eltern kam, der junge Mann sei in Holland in einen Orden eingetreten und habe darum gebeten, Oma dieses mitzuteilen.«

Nun, die traurige Geschichte hatte ein glückliches Ende. Oma Hartmann geb. Runde wurde 1920 dem aus Telgte stammenden Wagenbaumeister Anton Clemens Hartmann angetraut und hat ihn, der sich in Warendorf selbstständig gemacht hatte, lebenslang fürsorglich betreut.

*nach Glut- und Feuerstärke verstellbarer Haken, hält ein gusseisernes Gefäß zur Zubereitung von Speisen und heißem Wasser. Und wenig später, um 1913, erlebt die Bauerntochter eine ganz neue, fremde Welt. Auf den Schlössern des Adels wird, ebenso wie in den begüterten Bürgerhäusern, beim Wein gesellig musiziert – Welten liegen zwischen dem Dorf Alverskirchen und den Schlössern Lembeck und Westerwinkel.*

»Kinder, esst Feldsalat«, sagten die Großmütter. »Da sind Vitamine drin, die halten den ganzen Winter über.« Feldsalat, auch Rapünzelchen genannt, wurde in allen Bauern-, Kötter-, Bürgergärten kultiviert, vor allem für den Herbst und – sorgsam abgedeckt – auf das Frühjahr hin. Da habe ich ein schönes Rezept von einem Bauernhof in Alverskirchen. Man nehme einen großen Durchschlag Feldsalat und wasche dies herzhafte Grünzeug sehr sorgsam. Man lasse es abtropfen oder tupfe es trocken und gebe es in eine irdene Schlüssel. Nun würfele man eine gehörige Portion durchwachsenen Räucherspeck, ebenso nicht zu wenig Zwiebeln, und bereite eine Specksauce nach Henriette Davidis oder Dr. Oetker (leicht süßsauer, ganz wichtig!). Die Rapünzelchen übergieße man mit der Specksauce. Dazu schmeckt fabelhaft ein leicht mit Knoblauch beriebenes, angeröstetes Graubrot. Aber noch besser ist diese Version: Man koche eine großzügige Portion vorwiegend fest kochender, gewürfelter Kartoffeln (gute Daumendicke ist immer passend), gebe sie in die irdene Schüssel, schichte den entsandeten Feldsalat darüber und gieße die Specksauce auf diese deftige Köstlichkeit.

*Rainer A. Krewerth*

Nicht nur er hat von den Kochkünsten geschwärmt, die seine Frau sich im gräflichen Haus erworben hatte. Ein Dutzend Familienmitglieder, Freunde der Kinder, Nachbarn, dann die Enkel, Vertriebene aus dem Osten, umherirrende Kriegsheimkehrer, Lehrlinge und die Gesellen, die zum Haushalt gehörten, Bettler, marodierende so genannte Fremdarbeiter, hungrige Hamsterfahrer aus dem Ruhrgebiet – sie alle wurden auf der Münsterstraße 59 in Warendorf zu Tisch gebeten. Und wenn sie an der Tafel, in der geräumigen Küche, keinen Platz fanden, löffelten sie ihre Suppe, verzehrten ihre Mahlzeit auf der Treppe im geräumigen Flur des Erdgeschosses sitzend.
Manchmal, wenn ich mich recht erinnere, saßen sie vier und fünf Stufen hoch. Und immer wurde ein Gebet gesprochen. Satt geworden sind alle, nahrhaft und wohlschmeckend satt. Wie vielen mag noch der Geschmack von Eierstich auf der Zunge liegen, von unvergesslich zartem Rindfleisch mit Zwiebelsauce, von selbst eingelegtem Sauerkraut, von zartestem Knochenschinken, der »auf dem Boden« im eigenen Buchenrauch reifgemacht wurde? Von Schnippelbohnen, weißen Bohnen, Spargel, Zwiebeln, roten und schwarzen Wurzeln, Erbsen, Grünkohl, Stielmus, Rhabarber, Erdbeeren, Himbeeren, Pflaumen, Pfirsichen, Birnen, Äpfeln – und alles geerntet aus eigenem Anbau? Vom Schweinernen aus dem eigenen Stall (Knochenschinken!), der wie selbstverständlich zum Hause gehörte?

Alle sind satt geworden, wohlschmeckend satt. Wie aber meine Großmutter ihren Speisen, werk- wie feiertäglichen, die unvergessliche Würze gab (und nicht von Maggi) – das hat sie nie verraten. Dieses Geheimnis hat sie mit ins Grab genommen. So viel aber ist gewiss:
Erstens hat sie mit Liebe gekocht;
zweitens war ihr Lehrgeld nicht verschenkt;
drittens hat sie vielen den Gaumen gekitzelt – oft mit so gut wie nichts.
Ach, Oma, einmal noch Eierstich von Deinem Herd!

*Erstklassige Küche, haushaltende Wirtschaftlichkeit, sorgsame Planung, das Stopfen vieler Mäuler – so etwas lernten Bürger- und Bauernmädchen in den Adelshäusern. Auf dem Bild: Burg Hülshoff von Westen gesehen.*

In meinem Buch »Burgen, die im Wasser träumen« habe ich 1976 über Gespräche mit Jutta von Droste auf Burg Hülshoff berichtet: »Die zahlreichen ›dienstbaren Geister‹ noch in den ersten Jahrzehnten unsere Jahrhunderts waren großenteils Mädchen aus Bürger- und Bauernfamilien, die in der Kunst der Hauswirtschaft unterwiesen wurden. Mag sein, dass sie als nützliche (und von der ›Herrschaft‹ nicht immer gar so streng getrennte) Hausgenossinnen betrachtet, mancherorts vielleicht ein wenig ausgenutzt wurden – was sie auf den Herrenhäusern lernten, davon kann manche alte Frau im Münsterland ein Loblied singen. Die Familien, die sie mit ihren Männern nach den Jahren ›im Schloss‹ gründeten, profitierten jedenfalls von der strengen Schule, und bezeichnenderweise war haushaltende Wirtschaftlichkeit eine der hervorstechenden Tugenden.

Die jungen Mädchen auf Hülshoff und anderwärts trugen viel von der Esskultur der Adelshäuser heim in ihre Städte und Dörfer. Damals, eben bis in unser Jahrhundert, standen sie vor den Töpfen und Pfannen in der geräumigen Küche, feuerten die – auch auf Hülshoff mittlerweile durch Zentralheizung ersetzten – mächtigen Kanonenöfen oder pflegten die ausgedehnten Gemüsegärten – in denen sie wiederum manch Kräutlein kennen lernten, das ihnen bis dahin fremd geblieben war.

›Abends‹, erinnert sich Jutta von Droste-Hülshoff, ›haben wir dann zusammengesessen und gespielt und gesungen‹.«

Elisabeth Isernhinke

# Bosen, Buschen, Knabbeln, Backs
Vor 100 Jahren auf einem münsterländischen Bauernhof

Den Supermarkt um die Ecke gab es nicht, noch lange nicht, Jahrzehnte nicht. Die Bauern und Kötter waren weitgehend autark. Was sie nicht selbst produzierten, Zucker zum Beispiel, Gewürze oder Kaffee, kauften sie sonntags, wenn es (je nach Stand und Vermögen) per pedes, mit den ersten Fahrrädern oder der Kutsche zur Kirche ging. Bei dieser Gelegenheit kehrte man in Gastwirtschaften ein, die im Kirchdorf oder der Stadt nahe der Kirche angesiedelt waren. Der Wirt war in der Regel auch Krämer und Bäcker.

Elisabeth Isernhinke aus Freckenhorst hat in einem Beitrag für die »Schriftenreihe des Freckenhorster Heimatvereins«, Heft 14, Mai 1999, eine untergegangene Welt heraufbeschworen. Ihr Bericht – im Mittelpunkt steht, besser: raucht das Herdfeuer – gibt ein Beispiel für einige Aspekte des bäuerlichen Lebens um 1900 und noch längere Zeit danach.

»Früher versammelten sich an den Winterabenden alle Bewohner um das Herdfeuer. Die Männer werden wohl in Ruhe ihre Pfeife geraucht haben, währen die Frauen und Töchter und Mägde die Wolle spannen oder an ihrer Aussteuer arbeiteten. So romantisch, wie es sich heute anhört, war das wohl nicht, denn die Wärme in der Küche kam nur vom Herdfeuer, und der Rücken blieb kalt, wenn man sich nicht öfter vor dem Feuer drehte. Für eine warme Sitzfläche konnte ein *Füerpott* (Feuertopf) sorgen. Der Topf bestand aus Gusseisen, hatte drei Beine und einen Henkel. Darin wurde die Glut mit Asche abgedeckt, der Topf wurde unter den Stuhl gestellt.

Man heizte das Herdfeuer mit *Buschen* (Reisigbündeln) und Knubben. Angezündet wurde es mit einem Fidibus. Eine Dose mit Fidibussen stand immer bereit. Wir Kinder falteten sie aus Zeitungspapier. Um die Flamme zu entfachen, pustete man in ein Blasrohr, den *Püster*.

In dem Schacht über dem Gehänge war der *Haol*, ein eisernes, in der Höhe verstellbares Gehänge, welches man

Die Bezeichnung »Pumpernickel« für das Schwarzbrot, das Elisabeth Isernhinke erwähnt und das die Münsterländer heute noch besonders zu Schinken und Weißbrot genießen, taucht schriftlich erstmals um 1610 auf. Die frühe Abbildung (um 1720) der kastenförmigen Brote, die Ausländer als minderwertige Speise bezeichneten, findet sich auf einer Kartusche des Westfälischen Kreises (kolorierter Kupferstich, Leiden um 1720, Pieter von der Aa).

*So etwa sah um 1900 und noch geraume Zeit danach die Küche des Bauernhauses im Münsterland aus: Unter dem Bosen, der sich über das alte Herdfeuer spannte, stand schon die Kochmaschine, wie der »neumodische« Küchenherd genannt wurde. Seine wichtigste Funktion, die der Kochstelle, hatte das Herdfeuer fast schon verloren.*

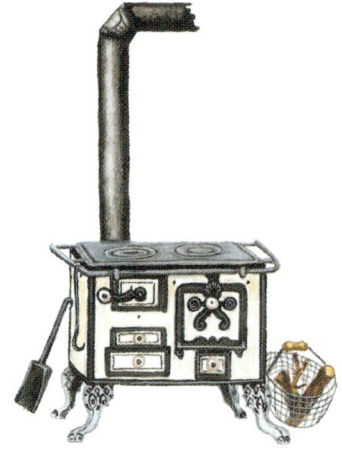

in die Mitte ziehen konnte, um einen Wasserkessel daran zu hängen. (Gar nicht lange zuvor war am Herdfeuer noch gekocht worden. Küchenherde kamen erst im späten 19. Jahrhundert auf.)

So weit Vaters Arm reichen konnte, war eine Ablage für Tabak und dergleichen angebracht. Darüber war der erwähnte Schacht zum Schornstein, der *Bosen*. Es waren Haken eingemauert, worauf die *Schnösen* lagen. Daran hingen Schinken und Würste zum Räuchern. Mit der langen *Fleeskgaffel* (Fleischgabel) wurden sie nach oben gegeben oder heruntergeholt.

Für das Herdfeuer, aber auch zum Anzünden von Kochherd (Kochmaschine) und Ofen brauchte man *Buschen*. Die Wallhecken, die früher als Einfriedung der Weiden dienten, mussten von Zeit zu Zeit geschlagen werden. Dabei wurde das feinere Holz von den dickeren *Bengeln*

*Ein Fest, meint die Autorin, war das Schlachten eigentlich nicht, es war harte Arbeit. Der Genuss kam erst, wenn das Schwein zerlegt und alle nutzbaren Teile konserviert oder verwurstet waren. Das Bild stammt aus den Dreißigerjahren, aufgenommen von Friedrich Schäffer in Ostwestfalen: »Hausschlachter bei der Arbeit«.*

getrennt. Das Reisigholz wurde zu Buschen gebunden, zum Zusammenbinden benutzte man Weidenruten. Das dickere Holz und was sich sonst beim Ausschneiden von Bäumen usw. ansammelte, wurde mit der Handsäge für Herd und Ofen in passende Stücke geschnitten. Meistens wurden bei der jährlichen Holzversteigerung im nahen Sundern noch einige Klafter Dickholz zugekauft.

✳

So wie viele Gebrauchsgegenstände im bäuerlichen Haushalt selbst angefertigt wurden, gab es außer Zucker, Salz und ein paar Kaffeebohnen kaum Lebensmittel, die nicht aus dem eigenen Garten oder der Hausschlachtung stammten. Die Kost war deftig und einfach. Da die Menschen viel schwerer arbeiten mussten, brauchten sie fette,

Im Backs, dem Backhaus, schreibt Elisabeth Isernhinke, »stand der große Backofen«. Es war zu ihrer Zeit durchaus üblich, dass auf den Höfen noch gebacken wurde. Das Foto von Gottlieb Schäffer (Ostwestfalen, 1903) verdeutlicht die Schilderung der Autorin. Backen war zuvörderst Männersache, die Frauen halfen, die Kinder sahen neu- und begierig schnuppernd zu.

*Hausarbeit um 1900, viele packen zu. Mutter buttert, die Kinder rupfen Geflügel oder schneiden Runkeln. Die Henne und ihre Küken picken aus dem Abfall. Bild von Gottlieb Schäffer (Ostwestfalen).*

schwere Nahrungsmittel und konnten sie auch gut vertragen. Morgens nach der Stallarbeit gab es zunächst nur ein *Kümpken Knabbeln* (siehe weiter unten). Das zweite Frühstück gab es gegen 9.30 Uhr. Dazu versammelten sich alle um den Tisch. Vor dem Frühstück sprach der Großvater, der am Kopfende saß, ein Morgengebet und ein Tischgebet

Ganz früher wurde überwiegend Schwarzbrot, westfälischer Pumpernickel, gegessen. Dazu aß man den selbst gebackenen Stuten. Später änderte sich das Verhältnis zu Gunsten des *Stutens* (weißes Brot). Als Aufschnitt gab es nur aus eigener Schlachtung Schinken, Bauchspeck, Leber- und Blutwurst. Während der winterlichen Kälte meinte man wohl, den Körper mit mehr Fett versorgen zu müssen, also aß man *Fettsoppen*. Stuten wurde in etwa zwei Zentimeter große Würfel geschnitten, Wasser wurde darüber- und sofort wieder abgegossen. In einem Topf wurde Schmalz erhitzt, und darin wurden Zwiebeln geschwitzt. Dieses goss man über den Stuten und wünschten sich ›guten Appetit‹.

Im Winter wurde mehrmals geschlachtet. Ich möchte nicht von Schlacht›fest‹ sprechen, denn es war harte Arbeit. Wir Kinder mussten den Fleischwolf drehen. Vater

*Die Bauern buken selbst ihr Brot. Aber sie brauchten den Müller, der ihr Getreide mahlte. Die Bilder zeigen die Wassermühle von Haus Langen bei Westbevern und die Windmühle in Westkirchen bei Ennigerloh.*

half schon mal dabei. Ein paar Gläser Braten wurden eingekocht, aber nur aus Anlass von Besuch serviert. Die Mettwürste wurden nur sonntags im Gemüse gekocht, sie mussten fast ein Jahr reichen... Leberwurst gab es in zwei Sorten: die gute für das Butterbrot und die mit Mehl gestreckte zum Braten in Scheiben.

Das Besondere aber war das *Möppkenbraut* (Wurstebrot). Die ganzen, oval geformten Brote wurden in einem großen Topf gar gekocht und dann auf einem *Büen* (Oberboden) gelagert. Da öfter geschlachtet wurde, reichte das Möppkenbrot den ganzen Winter. So versorgte man auch billig Knechte und Mägde, denen das Möppkenbrot nach einiger Zeit keineswegs mehr schmeckte.

So erzählte man, dass ein Knecht öfter morgens, wenn er auf dem Büen zu tun hatte, ein Möppkenbrot mitnahm und in die Hundehütte warf. Eines Tages meinte der Bauer: »Watt hätt bloß use Rüe (Hund)? He geiht gar nich mä in siene Hütte.« Als er nachschaute, war die Hütte voller Möppkenbrot. Der Knecht, darauf angesprochen, meinte: »Na süßte, de Rüe will et nich es mä friäten«.

Ich aß das Möppkenbrot – hergestellt aus Blut, Roggenschrot, *Schriewen* (Grieben) und Gewürzen – recht gern. Es wurde in kleine Stücke geschnitten und mit etwas Wasser, Schmalz und Schriewen in der Pfanne gebraten. Mal gab es Zwiebeln dazu, mal Apfelstückchen. Die Pfanne kam mitten auf den Tisch, alle saßen ringsum und aßen mit dem Löffel aus der Pfanne. Ich hatte gern den Platz neben Vater, er mochte gern Schriewen und Zwiebeln, ich lieber die Äpfel.

Das Mittagessen bestand grundsätzlich aus einer Milchsuppe und deftigem Eintopf mit Speck. Auch sonntags gab es meistens Eintopf, allerdings mit einer Mettwursteinlage. Zum Herbst kochte man Hühnersuppe. Zum Abendessen gab es gewöhnlich den Rest des Mittagessens und dazu frische (Mehl-)Pfannkuchen, je nach Jahreszeit auch Pflaumen- oder Apfelpfannkuchen.

Zur Kaffeezeit gab es schon mal Butterbrote, doch meistens aßen wir Knabbeln, im Backhaus, *Backs* genannt, stand der große Backofen. Großvater buk aus Mengkornmehl große runde Brote, die wurden vorsichtig, damit keine Druckstellen entstanden, in Stücke gerissen und auf Horden im warmen Ofen getrocknet. Diese Knabbeln aß man aus einem *Kümpken* (einer großen Tasse ohne Henkel), nachdem man heiße Milch und aus Getreide gerösteten Kaffee, den Muckefuck, darübergegossen hatte. Nach

Belieben konnte man auch Zucker darüberstreuen, mit dickem Schmand verfeinern oder die Knabbeln nur mit heißer Milch genießen.

Außer nachbarschaftlichen Besuchern kamen selten Gäste. Wer hatte schon Gelegenheit, Reisen zu unternehmen? Onkel und Tante kamen einmal im Jahr mit der Bahn. Zu meiner Erstkommunion kamen Mutters Verwandte aus Ostbevern in Kutschen. Zu diesem Tag hatte Vater sogar Rindfleisch gekauft, was wir sonst kaum kannten, und es gab eine Torte. Kuchen kannten wir kaum, sonntags gab es zum Kaffee Zwieback. Irgendwann hatten wir dann mal eine Rodon-Kuchenform.«

»Kuchen kannten wir kaum«, sagt Elisabeth Isernhinke, »sonntags gab es zum Kaffee Zwieback. Irgendwann hatten wir dann mal eine Rodon-Kuchenform«.

Hier giff et wat,
drög un natt,
Gott siägne dat.
Amen.

Vor Tisch

*Im Wechsel sprechen Vorbeter und Tischgemeinschaft*
Gott is guet.
Dat is he auk.
He giff us wat.
Dat döt he auk.

Nach Tisch

Gott was guet.
Dat was he auk.
He gaff us wat.
Dat dei he auk.
Nu dank wi em.
Dat do wi auk.

*Sein Morgengebet, das er in der Jugend in Telgte erlernt und nie vergessen hatte, schrieb der Handwerksmeister Anton Hartmann kurz vor seinem Tode im Jahre 1964 auf. Elisabeth Isernhinke betont, dass der Großvater auf dem Freckenhorster Hof zum zweiten Frühstück solch ein Morgengebet sprach. Anton Hartmann schrieb: »Ich danke Dir, allmächtiger Gott, dass Du mich in dieser Nacht hast gnädigst beschützt und mich vor einem jähen Tode bewahrt hast. Stehe mir bei, dass ich Dein heiliges Angesicht durch keine Sünde mehr betrübe...«.*

*Bilder aus versunkener Zeit: Eine Familie macht Rast bei der Roggenernte (1938). Kaffee, leicht gesäuertes Wasser und nahrhafte Butterbrote wurden vom Hof aufs Feld gebracht. Darunter: Dreschen auf einem Hof in Westscheid. Man schreibt das Jahr 1916. Französische Kriegsgefangene helfen, die Spreu vom Weizen zu trennen (Bilder von Friedrich Schäffer, aus Ostwestfalen).*

Günther Drescher

# *So war das damals im Osten*
## Erinnerungen an Tafelfreuden aus versunkener Zeit

Dr. Günther Drescher, Jahrgang 1926, schreibt auf, was er in seiner Kindheit und Jugend im Olsaland gegessen und getrunken hat. Sein Olsaland, am linken Ufer der Olsa gelegen, einem Nebenfluss der Oder, war ein geschichtsträchtiger, häufig umkämpfter Winkel des alten Europa. Der Autor gehörte zu den vielen Millionen Menschen, die 1944/45/46 ihre Heimat verloren und im Westen bei Null neu anfangen mussten: die Leute aus dem Olsaland, den Sudeten, aus Schlesien, West- und Ostpreußen und Pommern.

Dr. Günther Drescher war 1980–1994 Bürgermeister in Warendorf; 1971–1990 leitete er dort das Mariengymnasium. Aus 35-jähriger Verbundenheit – er war bis zum Abitur mein Klassenlehrer – hat er mir seine Erinnerungen übergeben, die er in weitaus umfänglicherer Form in seinem Buch »Geschichten aus dem Olsaland« notiert hat. Der Beitrag ist mit drei köstlichen Rezepten angereichert. Diesen Rezepten möchte ich andere aus dem einstmals deutschen Osten hinzufügen – in aufrichtiger Verneigung vor den Menschen, die vor mehr als 50 Jahren in meine münsterländische Heimat kamen und – wie ihre Schicksalsgenossen – unendlich viel zu den Erfolgen und der Kultur der Bundesrepublik Deutschland beigetragen haben. Einer von ihnen war übrigens der prominente Entertainer und Fernsehkoch Alfred Biolek. Dessen älterer Bruder war ein Schulfreund von Dr. Günther Drescher. Biolek bezieht sich häufig auf die Kochkünste seiner Mutter – die ja auch im Olsaland gekocht hat... *RAK*

*Dr. Günther Drescher als Bürgermeister von Warendorf.*

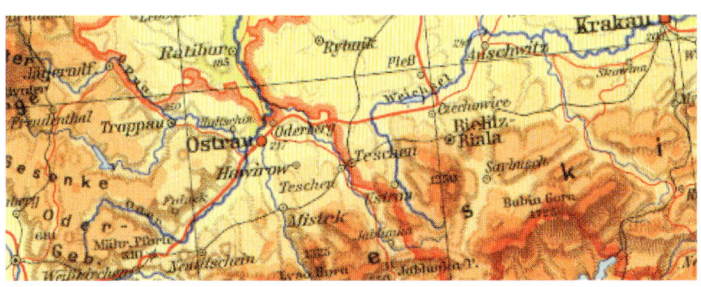

*Das Olsa-Gebiet am linken Ufer der Olsa war in der Geschichte vielfach umstritten.*

*Kindheitserinnerungen: Dr. Günther Drescher berichtet – wie viele aus dem Osten – vom Bunzlauer Braungeschirr, in dem auf den Herden im Olsaland die Mütter und Großmütter kochten (und das aus Sparsamkeitsgründen von umherziehenden Spezialisten geflickt wurde, wenn es Schäden aufwies). Bunzlau, die Stadt der »Bunzeltippel«, liegt am Boberfluss in Niederschlesien, ist seit 1945 polnisch und heißt heute Boleslawiec. Aber auch im Münsterland kannte und schätzte man die »Bunzeltippel« aus Ton. Das Bild zeigt eine Kasserolle von einem Hof in Legden. Sie wird im Vredener Hamaland-Museum aufbewahrt.*

Essen und Trinken im Olsaland war so vielseitig und abwechslungsreich wie das Völkergemisch, das dort wohnte. Nicht größer als ein Landkreis mit dem Herzogssitz Teschen, in dem 1778 der Friede nach dem Bayerischen Erbfolgekrieg zwischen Österreich und Bayern geschlossen wurde, hat dieses Gebiet als typisches Grenzland eine abwechslungsreiche und oft leidvolle Geschichte erlebt. So bunt wie der Verlauf der Geschichte und die verschiedenen Nationalitäten waren auch Essen und Trinken! Aus dem ganzen Kaiserreich Österreich-Ungarn kamen die Einflüsse und Anregungen.

Grundlage war die österreichische Küche mit Knödeln verschiedenster Zubereitung, dazu Gerichte mit *Paradeisern* (Tomaten), *Fisolen* (Schnittbohnen), Backhendl und das bei Kindern so beliebte Wiener Schnitzel. Dazu die bekannten Mehlspeisen: Faschings- und Znaimer Krapfen, mährische Kolatschen, Povidltascherl. Reis und Paprika in den verschiedensten Variationen kamen aus Ungarn, dazu das Gulyás, das Szegediner Gulyás und Debreziner Würstel. Die Italiener steuerten Polenta und Makkaroni bei.

Eine große Rolle spielte die böhmische Küche mit Palatschinken, Buchteln, mit Schweinebraten und süßem Kraut. Auch aus dem nahen Polen und dem preußischen Schlesien kamen Anregungen und Rezepte.

Am Heiligen Abend aß man Karpfen und zu Neujahr auf jeden Fall Schweinebraten; denn *Schweinernes* brachte

*Bunzlauer Keramik heute: Die farbenprächtigen, kunstvoll bemalten Krüge, Schüsseln, Teller und Töpfe sind in aller Welt zu begehrten Sammelobjekten geworden und schmücken – auch im Münsterland – viele Wohnungen.*

Glück! Das Fasten am Karfreitag wurde streng eingehalten. Einmal am Tag gab es etwas zu essen: Buttersemmeln und russischen (schwarzen) Tee.

Neben Eiern in verschiedenster Zubereitung kam Ostersonntag gekochter Schinken auf den Tisch. Viele Kaufleute waren Juden, die zum Passahfest an ihre Kunden und Bekannten das tellergroße, dünne, ungesäuerte Brot (Matzen) verschenkten. Das waren selbstverständlich die eingesessenen Juden, nicht die aus Galizien mit Kaftan, Pejes und Bauchladen hausierenden.

Wie hier im Westen auch wurde vor dem letzten Krieg deftiger, gehaltvoller und sättigender gegessen. Viele Menschen mussten damals noch – oft schwerste – körperliche Arbeit verrichten. Deshalb bestand das Mittagessen, zumindest an Sonn- und Feiertagen, immer aus drei Gängen: Suppe – ohne Suppe war es kein richtiges Essen –, Hauptgang und Mehlspeise.

In vielen Familien waren Hausschlachtungen üblich. Ein gut gemästetes Schwein mit möglichst dicker Speckschicht wurde nach Einsetzen des Frostes in den ersten

Dezembertagen geschlachtet. Schon tagelang vorher begannen die Vorbereitungen. Wannen und Tröge wurden bereitgestellt und verschiedene Gewürze eingekauft. Beim Hellwerden erschien der Fleischer. Nach einer Stärkung, auch mit einem Gläschen *Borowiczka,* einem hochprozentigen Schnaps, begann die Arbeit. Der Fleischer band dem Schwein einen Strick um den Hinterlauf und führte es aus dem Stall.

Nach einer kurzen Betäubung mit einem schweren Vorschlaghammer stach er es mit einem Schnitt ab. In großen Schüsseln fing man das Blut unter ständigem Rühren auf; es wurde für die Wurstbereitung benötigt. Dann hievte der Fleischer die Sau in einen Holztrog. Damit sich die Borsten leichter von der Schwarte entfernen ließen, übergoss er das noch ganze Schwein mit kochendem Wasser und schabte mit einem glockenförmigen Gerät die Borsten ab. Sauber, rosig, noch dampfend hing man es mit beiden Hinterläufen am Scheunentor auf; so ließen sich die Innereien besser herausnehmen.

Dazu gehörten selbstverständlich auch die Därme. Sie wurden geleert, mehrmals gründlich gewaschen, gespült und als Wursthüllen verarbeitet. Das Zerteilen in passende Stücke geschah auf einem großen Tisch in der Waschküche. Einige Teile drehte man durch den Fleischwolf, würzte sie und verarbeitete sie zu verschiedenen Wurstsorten. In einem großen Kessel, aus dem angenehme Düfte stiegen, kochten die Würste. Dabei platzten einige auf und verbesserten so die Wurstsuppe, die *Prdelunka,* wie sie auf *Ponaschemu* hieß, einem Gemisch aus Polnisch, Tschechisch, Deutsch mit jiddischen Einsprengseln. Diese Wurstsuppe galt als besondere Delikatesse.

Am späten Nachmittag, es war meist schon dunkel geworden, trugen wir Kinder Wurstsuppe, Würste und Fleisch in sehr unterschiedlichen Portionen zu Verwandten und Bekannten, von deren Schlachten wir auch immer etwas bekamen. Das taten wir sehr gerne, gab es doch für uns Süßigkeiten, manchmal auch eine Krone (eine Münze) als Botenlohn. Am Abend des Schlachttages aßen wir Wurstsuppe und das Stichfleisch mit Brot und Kren (Meerrettich). Es wurde immer sehr lustig; denn die Erwachsenen genehmigten sich einige Stamperl Schnaps zur besseren Verdauung des fetten Fleisches.

*Drei Rezepte aus dem Olsaland, mitgeteilt von Dr. Günther Drescher.*

### Fasan mit Sauerkraut

Fasan in Stücke teilen, in Margarine anbraten, leicht salzen und gar werden lassen. Danach durchwachsenen Speck auslassen, Zwiebeln bräunen, 2 bis 3 Esslöffel Tomatenmark, Kümmel, Salz, Zucker, ½ Esslöffel Essig, etwas Wasser und ein Pfund Sauerkraut mischen und aufkochen. Dann die Fasanenstücke auf das Sauerkraut legen und 20–30 Minuten kochen lassen.

### Süßsaures Kraut

Weißkraut (Kohl) fein schneiden und mit Wasser aufkochen lassen. Danach das Wasser abschütten und das Kraut mit frischem Wasser, Salz und Kümmel weich kochen lassen. Inzwischen eine helle Mehlschwitze mit Speck zubereiten, mit Krautwasser auffüllen. Kraut und Mehlschwitze vermengen. Abschmecken mit Essig, Zucker und Salz. Wird meistens mit Schweinebraten serviert.

### Ribiselkuchen

Zutaten: 250 g Mehl, 125 g Margarine, 3 Esslöffel Dosenmilch, 2 Eigelb, 1 kleiner Löffel Backpulver. Zutaten mischen und durchkneten. ½ Stunde kühl stehen lassen. Anschließend auf dem Blech auswalzen und goldgelb (½ Stunde 200–220 Grad) backen. Dann frische Ribisel (Johannisbeeren) auf den gebackenen Teig legen und mit geschlagenem Eiweiß noch einmal überbacken. Mit Puderzucker überstreuen, warm schneiden.

✳

### Schlesischer Weihnachtskarpfen in polnischer Sauce

*1 Karpfen (ca. 1 kg). Salz zum Bestreuen (1 EL), Suppengemüse, 30 g Butter oder Margarine, ½ l Bier, 1 Zwiebel, 1 Lorbeerblatt, 2 Gewürzkörner, 2 Pfefferkörner, 50–80 g*

Es weht ein Wind von Osten her,
so weit aus fernem Land.
Er grüßt mich lieb von einem Meer
Und weißem Dünenstrand.

Er bringt auch viele Grüße mit
von einem Dorf am See.
Sein Odem über Felder glitt
voll Korn und grünem Klee.

In ihm des Waldes Rauschen klingt
Wie einst in ferner Zeit .
Darin so mancher Vogel singt,
es wird das Herz mir weit.

Es weht ein Wind dem Osten zu,
er küsst mir Haar und Wang.
Er weht und weht ohn alle Ruh
Und spricht: »Mein Weg ist lang!«

Ich ruf ihm zu: »Ich bitt dich sehr,
grüß mir das Dorf am See,
Das Vaterhaus, den Strand, das Meer,
Den Wald, die Bergeshöh!

Mit deinen Händen streichle lind,
das alles, was genannt!
Die Heimat ist's, du lieber Wind,
mein einzig Pommernland!«

*Diese Verse schrieb Max Nemitz (1888–1952), Bauernsohn aus Damerkow im Kreis Bütow, über seine pommersche Heimat.*

*Butter in Flocken, 80 g Fischpfefferkuchen, gerieben, in 1/8 l Bier oder Wasser geweicht, Fischblut, in 2 El Essig aufgefangen, 20 g Weizenmehl, in Wasser oder Bier angerührt, Zucker, Essig, Salz, Zitronensaft nach Belieben, Rotwein nach Geschmack, 1 EL Butter*

Den Karpfen in Stücke teilen und diese mit Salz bestreuen. Das in Streifen geschnittene Suppengemüse wird in Butter gedünstet, in Bier mit Zwiebel, Lorbeerblatt, Gewürz- und Pfefferkörnern 10–15 Minuten gekocht. Die Fischstücke werden hineingegeben, Butterflöckchen darüber verteilt und die Stücke in 15–20 Minuten gegart. Fischpfefferkuchen, Blut, angerührtes Mehl werden dazugegeben und die Sauce mit Zucker, Essig, Salz und Zitronensaft abgeschmeckt. Die Flüssigkeit kann vor dem Dicken durch ein Sieb gegeben werden. In die gedickte Sauce werden die Fischstücke zum Durchziehen gegeben.

## Gänsebraten aus Pommern

*Für 8 Portionen: 1 junge Gans (etwa 3 kg), Salz, 6–8 Äpfel, säuerlich (z.B. Boskop), 3–4 EL Schwarzbrot, gerieben, 2 EL Rosinen, 2 EL Zucker, 1/8 l Fleischbrühe, 1–2 EL Mehl, Pfeffer*

Die Gans ausnehmen, waschen und trockentupfen, dann innen und außen mit Salz einreiben. Die Äpfel schälen, in Achtel schneiden und das Kernhaus entfernen. Das geriebene Schwarzbrot, die Rosinen, etwas Salz und den Zucker mit den Apfelspalten mischen. Die Bauchhöhle der Gans locker damit füllen, die Öffnung mit Holzspießen verschließen. Die Flügel verschränken, die Keulen am Körper mit Küchengarn festbinden.
½ l Wasser in die Bratenpfanne vom Backofen gießen. Die Bratpfanne in den vorgeheizten Backofen auf die untere Schiene setzen. Die Gans mit der Brust nach unten auf den Rost legen. Den Rost auf die Bratpfanne setzen. Die Gans bei 200 Grad (Gas: Stufe 3) braten, nach 1 Stunde

Bratzeit umdrehen. Dann noch rund 1½ bis 2 Stunden weiterbraten, je nach Gewicht. Zwischendurch die Haut anstechen, damit das Fett ausbrät. Zuletzt etwas Salzwasser auf die Brust streichen und die Hitze verstärken, damit die Haut schön kross wird. Die Gans auf einer Bratenplatte im abgeschalteten Backofen warm halten.

Den Bratenfond in einen Topf schütten, etwas Brühe in die Pfanne gießen und den Bratensatz lösen. Das Angebratene vom Pfannenrand mit einem Pinsel lösen, ebenfalls in den Topf gießen. Das Fett so weit wie möglich abschöpfen, die Sauce mit etwas angerührtem Mehl binden und mit Salz und Pfeffer abschmecken. Zur Gans werden Salzkartoffeln und Apfelrotkohl gereicht.

## *Ostpreußische Keilchen*

*Für 4 bis 6 Portionen: 2 kg Kartoffeln, roh und geschält, 600 g Kartoffeln, ungeschält gekocht, 70 g Mehl, 1 Ei, Salz, 125 g Speck, 3 Zwiebeln, mittelgroß, 40 g Butter*

Die rohen Kartoffeln schnell in Wasser in eine Schüssel reiben. Dann in einem Küchentuch gut ausdrücken, so dass eine etwas bröckelige Masse entsteht. Die am Tag zuvor gekochten Kartoffeln pellen, durch die Kartoffelpresse drücken und mit der geriebenen Kartoffelmasse mischen. Das Mehl, das Ei und etwas Salz zugeben. Alles zu einem festen Teig verarbeiten. Den Teig 30 Minuten ruhen lassen.

Inzwischen in einem Topf Salzwasser zum Kochen bringen, anschließend die Hitze herunterschalten. Aus dem Teig einen Probekloß abstechen und in dem siedenden Wasser 10 Minuten ziehen, aber nicht kochen lassen. Ist der Kloß zu fest, etwas Wasser an den Teig geben. Ist er zu locker, mehr Mehl unter den Teig kneten.

Aus dem Teig längliche (Keilchen) oder kleine runde Klößchen formen und in dem Salzwasser garen. Wenn sie an die Oberfläche kommen, müssen sie noch weitere 15 Minuten ziehen. Jetzt herausnehmen, abtropfen lassen und auf einer vorgewärmten Platte nicht zu dicht nebeneinander anrichten, damit sie nicht zusammenkleben.

Während die Keilchen garen, in einer Pfanne den gewürfelten Speck und die gehackten Zwiebeln kross ausbraten. Die Speck-Zwiebel-Stippe (»Spirkel« auf ostpreußisch) über die Keilchen gießen und dann servieren.

Aus ihrer Heimat hatte sie (die Mutter) den polnischen Karpfen hier eingeführt, ein Gericht, das eigentlich niemand mochte, denn es war wahrhaftig weder Fisch noch Fleisch. In einer undurchsichtig braunen, dicken und klebrig süßen Biersauce schwammen die fetten Stücke des ausgelösten Fisches, sie schwammen da mit ihren Gräten, die einem unversehens im Zahnfleisch steckten oder ganz hinten in den Backentaschen, denn, wie gesagt, die Sauce war dunkel, dick und undurchdringlich. Der polnische Karpfen gehörte zu Schlesien, zu Mutters Heimat, vielleicht gedachte sie dabei ihres »Vaterles« und »Mutterles« – es war eine schlesische Tradition.

*Der Schriftsteller Max Kruse, jüngster Sohn der Schöpferin der Käthe-Kruse-Puppen, über das familiäre Festmahl am Heiligen Abend in Bad Kösen (Thüringen). Käthe Kruse war in Breslau aufgewachsen.*

Wenn ich gesund bin, ess' ich zwölf Keilchen, wenn ich krank bin, ess' ich nur elf. Aber das Letzte muss ganz, ganz groß sein!

*Ostpreußischer Spruch*

# Bon appétit – Kompositionen auf Menükarten

Es war einmal eine Zeit – in manchen Häusern währt sie noch an –, da gehörte es zum guten Ton, sorgsam ausgetüftelte Speisenfolgen auf fein gedruckten Menükarten für die Gäste festzuhalten. Was da über genießende Zungen ging – für die gebotenen Getränke galt ähnliches – sollte nicht so schnell der Vergesslichkeit menschlicher Mägen anheim fallen. Also ließ der Gastgeber Menükarten fertigen, die gleichzeitig, artig beschriftet, als Tischkarten dienten. Man nahm sie gern mit heim; der Magen vergaß, die farbigen, oftmals überraschend phantasievollen Karten blieben.

Im Hause des Freiherrn von Korff auf Schloss Harkotten-Korff bei Sassenberg-Füchtorf hat sich eine gar köstliche Sammlung solcher Menükarten erhalten. Baronin Ludwiga von Korff bewahrt diesen Schatz ihrer Schwiegermutter Anna Freifrau von Korff zu Harkotten geb. Freiin von Blankart (* 1891 in Alsdorf bei Aachen, † 1977 in Bad Iburg) getreulich auf. Dem Herausgeber hat sie einige besonders hübsche Exemplare aus dem »Menükarten-Karton« der Familie zur Verfügung gestellt. Sie entstanden in einem Zeitraum von rund 50 Jahren. Anlass zu ihrem Druck (oder auch ihrer handschriftlichen Herstellung) waren Jagdessen oder andere gesellschaftliche Ereignisse. Dabei fällt auf, dass die Schauplätze der Schmausereien nicht nur die Schlösser des heimischen, oftmals verwandten Adels waren. Es ging auch an den königlichen Hof nach Berlin oder in das landgräflich-kurfürstliche Kassel, das 1866 preußisch geworden war.

Doch auch in gutbürgerlichen, nicht nur in adligen Häusern gab es Menükarten. Der Hotelier Werner Leve in Warendorf (Hotelrestaurant »Im Engel«) hat zum Exempel aufbewahrt eine Speisenfolge, die am 27. Januar 1909 – vermutlich mit vielen Hurra – im Haus seiner Väter von den Honoratioren der Stadt genossen wurde: Kaisers Geburtstag galt es zu feiern – und so ist die entsprechende Menükarte auch betitelt (Bild unten).

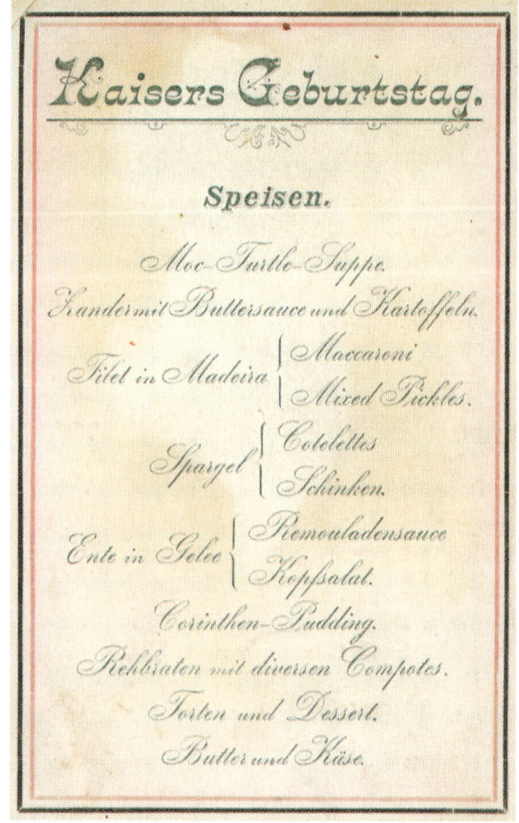

*Königliche Mittagstafel (Sammlung von Korff), 16. Januar 1910 – mit Autogramm der Kronprinzessin Cecilie. An Kaisers Geburtstag in Warendorf (links) ging es mindestens ebenso nobel zu. Die Bürger eiferten gern dem Hof nach.*

*Alte Häuser: Schloss Harkotten-Korff in Sassenberg-Füchtorf, erbaut 1805/06, und der Ausleger des Hotels »Im Engel« in Warendorf.*

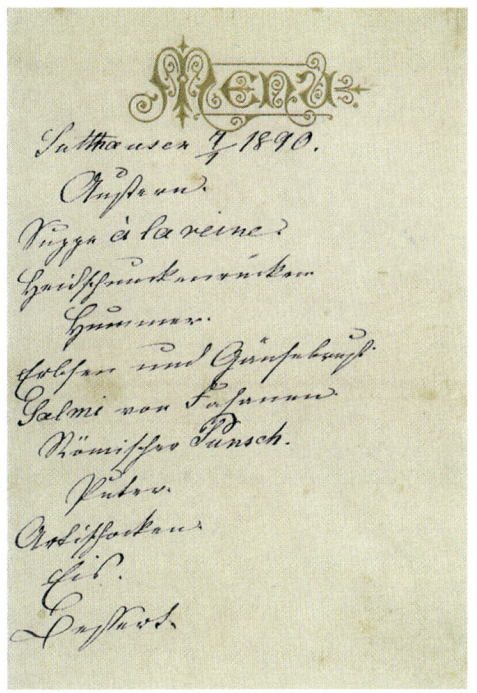 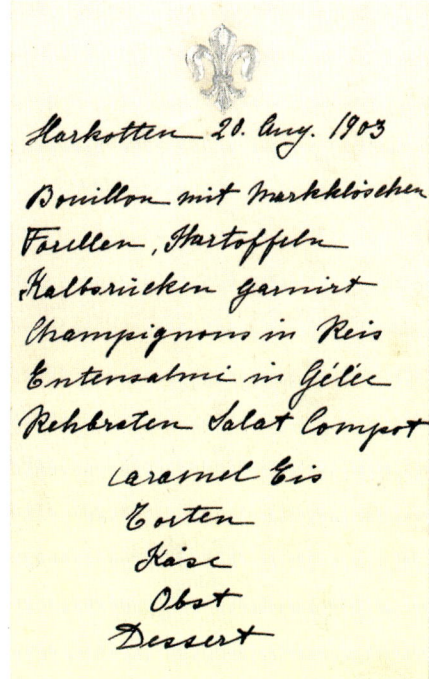

*Austern und Hummer, aber auch deftig-kräftige Bouillon mit Markklößchen: zwei Menükarten aus der Sammlung von Korff, Sutthausen 1890 und Harkotten 1903.*

Sutthausen 7/1 1890
Austern.
Suppe à la reine.
Heidschnuckenrücken.
Hummer.
Erbsen und Gänsebrust.
Salmi von Fasanen.
Römischer Punsch.
Puter.
Artischocken.
Eis.
Dessert.

Harkotten 20. Aug. 1903
Bouillon mit Markklößchen
Forellen, Kartoffeln
Kalbsrücken garnirt
Champignons in Reis
Entensalmi in Gelée
Rehbraten Salat Compot
Caramel Eis
Käse
Obst
Dessert

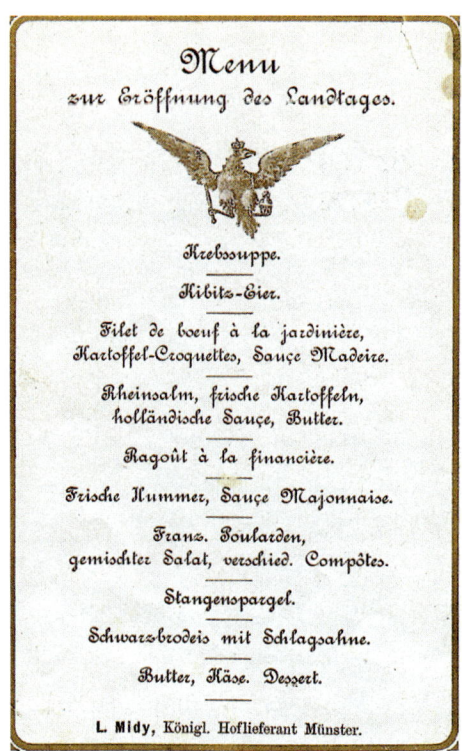 

*Louis Midy, königlicher Hoflieferant in Münster, richtete zur Eröffnung des Landtages – das Jahr ist unbekannt – ein Festessen aus. In Kassel, 1908 noch mit »C« geschrieben, gab es ähnliche Genüsse (Menükarten Sammlung von Korff).*

Münster
Krebssuppe.
Kibitz-Eier.
Filet de boeuf à la jardinière,
Jartoffel-Croquettes, Sauce Madeire.
Rheinsalm, frische Kartoffeln,
holländische Sauce, Butter.
Ragoût à la financière.
Frische Hummer, Sauce Majonnaise.
Franz. Pularden,
gemischter Salat, versch. Compôtes.
Stangenspargel.
Schwarzbrodeis mit Schlagsahne.
Butter, Käse, Dessert.

Cassel, 30. Juni 1908
Caviar
Känguruhschwanzsuppe
Rehrücken garniert
Hummer mit Trüffelbutter
Sorbet
Vierländer Gans
Salat, Compot
Artischockenböden
mit Rindermark
Eis
Käsegebäck
Obst, Nachtisch

Und die Weine?
Nur erlesene Tropfen!

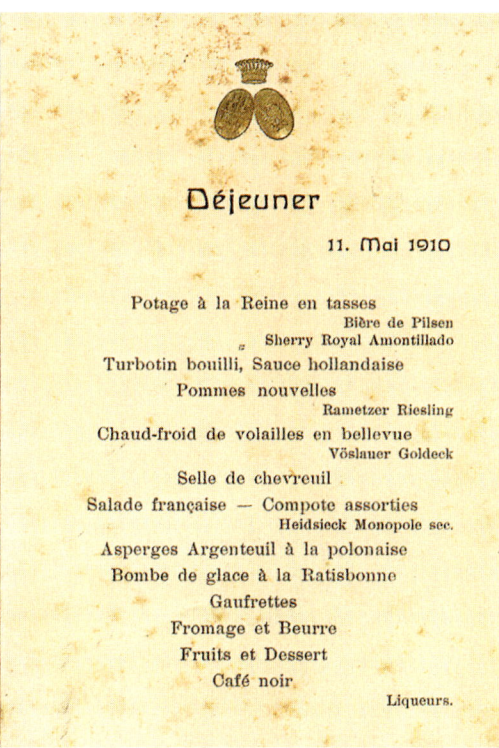

*Die Anlässe zu festlichen Essen sind nicht immer mehr feststellbar. Aber dieses Déjeuner (Mittagessen) muss im Raum Innsbruck gegeben worden sein.*

11. Mai 1910
Königinsuppe in Tassen
Geflügelgelee vom Huhn
Rehbockrücken
Französicher Salat/
verschiedene Kompotte
Weißer Spargel polnische Art
Eisbombe
Waffelsplitter
Käse und Butter
Früchte und Dessert
Schwarzer Kaffee

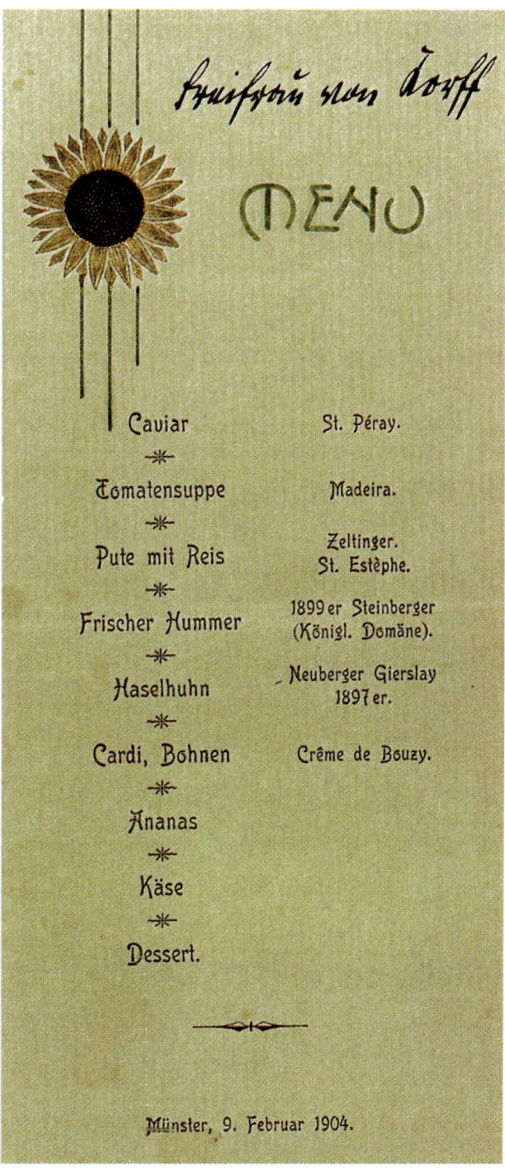

*Die Freifrau von Korff war (aber wo?) am 9. Februar 1904 in Münster zu Gast. Von Kaviar und Hummer einmal abgesehen sind das ebenso köstliche wie seltene Haselhuhn und die erlesenen Weine von berühmten Lagen bemerkenswert (Sammlung von Korff).*

## Menü

Hors d'oeuvre à la russe
Krebssuppe
Filets von Turbot mit Curry Reis
sauce americaine
Kalbsrücken à la Milanaise
Escalappes von Reh à la Chassen
Sorbet von Erdbeeren
Poularden mit Salat Czarine und
Compot
Coeur de Palmier und frische grüne
Spargel
Eis mit Backwerk
Käsetrüffel
Obst                Desserts

*Auf Schloss Gemen gab es am 18. Juni 1913 eine russische Vorspeise, Krebssuppe, Filets vom Steinbutt mit Curryreis, amerikanische Sauce, Kalbsrücken mailändischer Art, Schnitzel vom Reh, Erdbeersorbet, Poularden mit Salat und Kompott, Palmblätterherzen und frische grüne Spargel, Eis mit Backwerk, Käsetrüffel, Obst, Desserts (Sammlung von Korff).*

Schloß Gemen
18. Juni 1913.

*Schloss Nordkirchen, Datum unbekannt. Es gab u.a. Straßburger Gänseleberpastete. Das »Westfälische Versailles« kam 1903 durch Kauf an den Herzog von Arenberg. Nach diesem Zeitpunkt muss das Menü serviert worden sein.*

Bouillon

Rheinsalm – Bachforelle
Mayonnaise

Roastbeef – Schinken
Zunge – Kalbskeule
Sauce remoulade.

Huhn in Aspic
Junge Gans in Aspic
Chaud-froid vom Reh
Straßburger Gänseleberpastete

Verschiedene Salate

Halbgefrorenes.

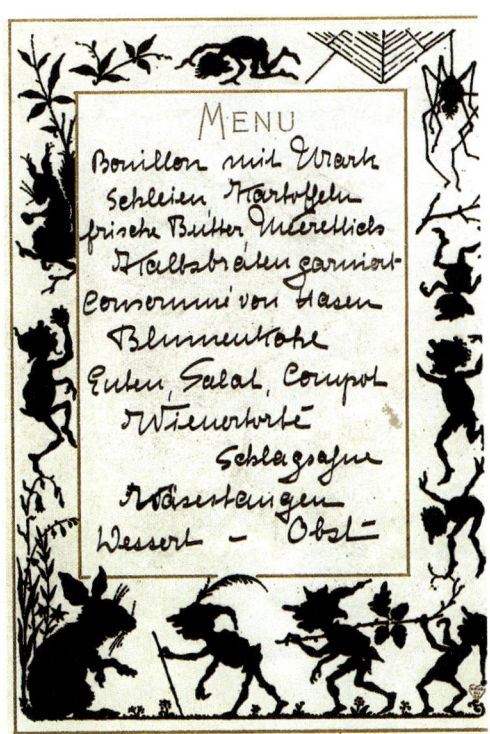 

Im Hause Korff-Harkotten tummeln sich am 27. Oktober 1909 allerlei Figuren rund um die Menükarte.

Auf Schloss Westerwinkel, 40 Jahre später, unter dem Allianzwappen von Merveldt / von Twickel (beide Karten Sammlung von Korff).

27. Oktober 1909
Bouillon mit Mark
Schleien, Kartoffeln
frische Butter, Meerrettich
Kalbsbraten garniert
Kraftbrühe von Hasen
Blumenkohl
Enten, Salat, Kompott
Wienertorte, Schlagsahne
Käsestangen
Dessert – Obst

21. April 1949
Geflügelcreme-Suppe
Rheinsalm, Sauce Bearnaise
Kartoffeln
Vierländer Mastenten
mit warmer Ananas
Salatherzchen, Dauphin-Kartoffeln
Vanille-Bombe
mit Schokoladentunke
Gebäck
Käse-Backwerk

Im Jahre 1924 wurde die Westfälische Central-Genossenschaft in Münster 25 Jahre alt. Zur Mittagstafel, die gutbürgerlich ausfiel, spielte die Stadtkapelle Münster unter Joseph Viegener (linke Seite). Bild oben: Es gab nicht nur Menükarten, sondern auch Tanzkarten. Am 12. Februar 1900 galt es wohl, ein 100-jähriges Jubiläum zu feiern – aber welches und wo? Wer waren die Tänzerinnen und Tänzer? Das Programm ist bekannt. Man tanzte Polonaise, Gavotte, Walzer, Menuett, Schottischen, Polka, Lancier, Cotillon nach genau festgelegter Abfolge. Zum Medaillon: Das Konterfei der Gastgeber schmückt eine Einladung nach Münster zum 26. Oktober 1910 (alle Bilder Sammlung von Korff).

Sissi Fürstin zu Bentheim-Tecklenburg

Gustava Gräfin von Hohenthal-Püchau,
Prinzessin zu Bentheim-Tecklenburg

# *Kaiserköche am fürstlichen Hof*
Liebevolle Küchenplauderei aus einer kleinen Residenz

Knapp jenseits der Grenze des östlichen Münsterlandes liegt die ehemalige Herrschaft Rheda. Das Schloss der Familie Bentheim-Tecklenburg etc., die 1817 vom Grafen- in den preußischen Fürstenstand erhoben wurde, sicherte als Wasserburg schon im 12. Jahrhundert einen wichtigen Übergang über die Ems. Fürstin Sissi zu Bentheim-Tecklenburg hat im Archiv und der Bibliothek von Schloss Rheda nachgeforscht, wie es um die Küche und die Köche, die Tafeln und die Tischkultur bestellt war.

Sie selbst und ihre Schwägerin, Gustava Gräfin von Hohenthal-Püchau, Prinzessin zu Bentheim-Tecklenburg, gedenken liebevoll und mit hohem Respekt zweier Köche, Vater und Sohn Kaiser, die jahrzehntelang in der Küche der kleinen Residenz Rheda durchaus künstlerische Dienste leisteten. Vom patriarchalisch-fürsorglichen Umgang mit dem »Personal« ist ebenso die Rede wie von sozialen Zusammenhängen. Hier wird – am Beispiel eines Hauses, einer Familie – ein Stück schmackhafter Kulturgeschichte serviert.

Und manche Antwort wird gegeben auf die Frage: Wie hat eigentlich einst der Adel gelebt? Am Werktag wie am Festtag? Die Schilderungen schließen sich dem vorigen Kapitel an – Menükarten aus der Familie des Freiherrn von Korff-Harkotten.

Sissi Fürstin zu Bentheim-Tecklenburg schreibt:

Der Versuch, über die Kochkunst in einer kleinen Residenz, der Herrschaft Rheda, zu berichten, führt uns in die Schlossküche, die sich noch heute gegenüber dem Kapellenturm befindet, weiß gekachelt, mit großem Rauchfang. Eine alte Photographie zeigt dort den *Herrschaftlichen Mundkoch* Hans Kaiser, wie er sich nennen durfte, in weißem kurzem Kittel, mit Plastron, Vatermörderkragen, Schlips und Kochmütze. Am großen Herd bewegt er Töpfe und Kelle, ein Meister in seiner vertrauten Welt über 40 Jahre, wie sein Vater vor ihm.

*Schloss Rheda auf einer Bildpostkarte der Jahrhundertwende 1899/1900. Schon im 12. Jahrhundert sicherte eine Wasserburg an dieser Stelle einen wichtigen Emsübergang. Der Wehrturm – er war gleichzeitig Wohnturm, Torturm und Kapelle – gilt als wichtiges Baudenkmal der Stauferzeit. Seit 1557 sind Schloss und Herrschaft Rheda im Besitz der Grafen von Bentheim-Tecklenburg. 1817 wurden sie in den Fürstenstand erhoben.*

*Spurensuche auf Schloss Rheda: Sissi Fürstin zu Bentheim-Tecklenburg und Rainer A. Krewerth wählen (Küchen-)schätze aus Archiv und Bibliothek aus.*

*Ein Dokument von selten hohem, auch kalligraphischem Reiz, auf Schloss Rheda bis heute erhalten. Der Herrschaftliche Mundkoch Johannes van der Beeck stellt seinem Schüler 1759 einen Lehrbrief in ungemein gedrechselter barocker Sprache aus: »Des hochgeborenen Grafen und Herrn Moritz Casimir Grafen und Herrn Herrn Moritz Casimir Grafen zu Bentheim Tecklenburg Steinfurt und Limburg Herrn zu Lingen, Wevelinghoven Hoya Alphen und Helffenstein Erbvogt zu Cölln, derzeit wohlbestallter Mundkoch: Ich Johannes van der Beeck füge hiermit und durch diesen offenen Lehrbrief allen und Jeden was Hochheits Standes und Würde die sein, Nebst anfragung meiner jederzeit Respetive unterthänigsten und breit geflissensten Dienste abersonderlich aber deren Ehren, wohlgeachten und kunsterfahrenen Herren, so der löblichen Kochkunst zugetan, auch in Welchen Landen Städten und Örtern, Wo Sie immer anzutreffen sein kundt und zu wißen, daß Vorweiser dieses Christian Wilhelm Brinkhölscher des Seel(igen) Johann Otto Brinkhölscher gewesenen Bürger in der Stadt Rheda Ehrlicher Sohn, bey mir in obgedachter Ihro hochgräflichen Küche die Kochkunst fünf Jahre lang von Ostern 1752 bis Dahin 1757 nacheinander gelernet und außgestanden und sich Während der Zeit gegen mir und Männiglichen in seinen Lehrjahren, wie sichs gebührt Getreu, fleißig, Ehrlich und From Verhalten, alle die Weilen Er aber an Fürsten und Herrenhöfen der löblichen Kochkunst, noch nachzusetzen gesonnen. Als hat Er mich ersuchet ihm Wegen seiner Außgestandenen Lehrjahren halber einen glaubhaften Schein zu ertheilen, damit er auf Beförderden Fall, solchen seiner Gelegenheite nach gebrauchen können, Welchen ich ihm Zur Steuer der Wahrheit erweigern nicht gewußt, sondern Vielmehr seine Wohlfahrt zu Befördern geneigt Bin, ist und gelanget demnach an alle und jeden Was Ehren Standes und Würden, Bevor auß diejenigen so der löblichen Kochkunst zugetan sein, mein Respetives, Unterthänigstes gehorsamstes und dienstfleißiges Bitten Sie wollen nicht allein diesen mein Von mir gestalten Lehrbriefe Wahrhaften glauben beymessen, sondern auch obbemelten Christain Wilhelm Brinkhölscher seines wohlverhaltens halber alle Beförderung und geneigten Willen erweisen, solches Wird Er mit seinem ferneren*

wohlverhalten verdienen, auch diesen meinen Lehrbrief fruchtbarlich genießen lassen, des bin ich standes gebühr Zu Verschulden erbötig. Zu mehrerer Beglaubigung ist dieses Von dem Wohlverordneten Hausshoffmeister Herrn Haberkorn und mir Eigenhändig untergeschrieben, und mit den geWöhnlichen Pitschaften bekräftiget. – So geschehen Rheda den 10. April Ein Tausend und SiebenHundert und Fünfzig – J.G. Haberkorn Johannes van der Beeck«. Bemerkenswert an diesem (zugegeben: schwer lesbaren) köstlichen Dokument ist wohl, dass der Mundkoch van der Beeck mehrmals von der löblichen Kochkunst spricht. So selbstbewusst konnte nur jemand formulieren, der um seine Fähigkeiten wusste, dem die Zubereitung der Speisen mehr war als die tägliche Pflicht, hungrige Mäuler zu stopfen, und der bei seiner Herrschaft große Achtung genoss. Der Koch als hoch angesehener Künstler – wem läuft da nicht das Wasser im Munde zusammen! Angemerkt sei noch, dass der Lehrling Christian Wilhelm Brinkhölscher seinem Meister folgte – als phantasiebegabter, wohlbestallter Herrschaftlicher Mundkoch in Schloss Rheda.

Bibliothek und Archiv bewahren seit Generationen Kochbücher, Menü-Folgen und Rezepte der Gräflichen, später Fürstlichen Küche. In den »Hofverordnungen und accorden« (Verträgen) des Grafen Moritz-Casimir II findet sich, von ihm selbst 1768 geschrieben, das »Reglement vor den Koch« Christian Wilhelm Brinkhölscher, das in 31 Punkten seine Aufgaben und komplizierte Buchhaltung festlegt »sowohl in Ansehung unserer Tafel als auch Beköstigung des Nachtisches (Nebentisches, später Kammertisch genannt) und übrigen Domestiquen (auch Gesinde- oder Leutetisch genannt)«. Weiter heißt es: »Soll der Koch uns täglich seinen Küchenzettel präsentieren... und die herrschaftliche Tafel richten mit 5 Schüsseln als 1) Suppe 2) Gemüß nebst Zulage auf einer besonderen Schüssel 3) Rindfleisch mit Sauce oder Meerrettich oder auch ohne selbe 4) Ragout 5) einen Braten, des Abends 4 Schüsseln... wobei der Koch das nötige Bier und das erforderliche Saur-Weiß oder Grobbrot täglich zu liefern hat. Des Abends soll das Bier, solange die Herrschaft im Saal, darin stehen bleiben und das nötige fourniert (besorgt) werden.«

»Sollten wir bei Reisen die kalte Küche oder bei Jagden solche verlangen und ordinieren, so wird dem Koch dazu das nötige Geld bezahlt. Die Zubereitung der Speisen aber geschieht vor (von) demselben ohnentgeltlich.« Offenbar verfügte der Koch also über einen festen Lohn. Gibt es an der *Herrschaftlichen Tafel* »legierte oder Krebssuppe, Rindfleisch-Braten, Linsen oder Wurzelge-

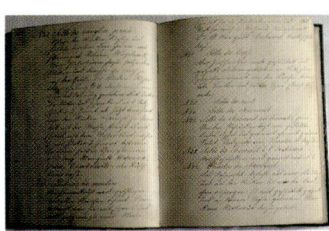

Handgeschriebene Kochbücher, Menüfolgen und Herrschaftliche Anweisungen zur standesgemäßen Führung der Küche finden sich in Rheda zuhauf.

*Eine kleine Auswahl bibliophiler Schätze vor der Fensterkulisse des Schlosshofes.*

*Raritäten – Zeugnisse einer kultivierten Küche. Eine Erstausgabe von Henriette Davidis' weltberühmtem Kochbuch (»Man nehme«) fehlt ebenso wenig wie mancherlei Kuriosum aus den europäischen Metropolen.*

müß und Gebackenes«, so ist es am Kammertisch »Suppe, Rindfleisch, Gemüß« und am Gesindetisch »Suppe, Gemüß Rindfleisch und am Sonntag Suppe, Gemüß, Rindfleisch Kalbsbraten«. Auf den vorgesehenen Speisefolgen fehlen im 18. Jahrhundert die schönen Süßigkeiten, doch das handgeschriebene Kochbuch von 1799 beschreibt köstliche Torten »von Pomeranzen, Mandelspäne, Bisquittorte, Waffel-Knochen, gateau des Savoye, Semmel-Napfkuchen und Baumtorte, Eierbrot und englische Milchtorte« und anderes mehr.

Am Nachtisch oder Kammertisch sitzen »die Hofbeamten a) der Hofmeister von Fürstenwärther b) der Hofcavalier von Brüning c) der Hofmedicus Moritz Casimir Wenneber d) der Regierungsrat Krüger e) der Canzleirat Stamler f) der Canzleisecretarius Eggerding, sowie der Amtsvogt Kruse, der Kammerrath Schulze, der Pastor Fries, wenn er gepredigt oder als Bibliothecarius auf der Bibliothek zu thun hat.«

Der Küchenschreiber Unking muss laut dem »Reglement einiger Hofsachen und Hofbediente« über alle Personen, » so an drei verschiedenen Tafeln mittags und abends gespeist werden... gleich accordmäßig Preise in einem eigenen Buch führen, worin der Koch seine wöchentlich zu übergebende Rechnung attestiere und nach Verlauf des Jahres dieses Buch bei der Hofkassenrechnung belegen könne.«

Der Koch wird für jede Person, die an den Mahlzeiten teilnimmt, »salariert« (bezahlt). Für den Kammertisch erhält er 40 Reichstaler pro Person. Für den Ofenheizer, die Livreebediensteten, Knechte und Mägde werden jährlich je 30 Reichstaler bezahlt. Der Schornsteinfeger bekommt pro Jahr »vor Fegung des Küchenschornsteins 10 Reichstaler Kostgeld.«

Zweimal wöchentlich soll Fisch geliefert werden, Lachs, Kabeljau und Schellfisch, dazu Auerhahn und Krammetsvögel. Der Koch »erhält alle Hasen, Goldhühner, Enten, Holzschnepfen, so jährlich geschossen werden«, und muss diese bezahlen: »Haasen zu 9 mgr., Feldhühner zu 3 mgr., sowie Reh zu 3 mgr., das Pfund, ebenso wie Hirsch und Schwein.« 1839 wurden im November 52 »Haasen« in der Küche gebraucht, 12 am 29. Dezember, im März 23 Schnepfen. Neben geregeltem Entgelt hatte der Koch also einen festen Etat.

Pachthühner, Eier, Schweine muss er bezahlen, das Gemüse aus dem Garten besorgen. Es ist geregelt, welche

*Wilhelm Kaiser (\* 31.5.1850) stammte aus Ballenstedt in Sachsen-Anhalt. Er starb am 8.5.1909 in Rheda. Sein Sohn Hans folgte ihm nach – Vater und Sohn als Herrschaftliche Mundköche.*

»Gemüßplätze dem Koch zwecks Beschaffung des Gemüses eingeräumt werden: a) die viereckigen Plätze im herrschaftlichen Garten b) das Stück am Graben nebst des Jägers Haus c) das Stück auf dem Hopfgarten d) das Stück hinter dem Zuchthaus e) des Webers kleines Gärtgen f) der kleine Kampf (Kamp) in der Reinkenwiese.«

Über Jahre ist die Reihenfolge der drei verschiedenen Tafeln täglich aufgeführt. Handschriftliche Menüfolgen für die *Herrschaftliche Tafel*, die *Nebentafel*, das *Gesind* gibt es in den Jahren 1779–1799, 1800–1801, 1839, Küchenzettel für 1888, Menüfolgen für die Jahre 1892, 1907–

1908, 1917, 1919, 1920, später 1956–1964, Menükarten um die Jahrhundertwende für Jagddiners u.a. Es ist aufschlussreich, aus den Küchenzetteln von 1839 Speisen zu vergleichen mit jenen aus den Küchenzetteln von 1888.
1839 sind verzeichnet: Rindfleisch mit Fitzebohnen und *Häringe*, gelbe Wurzeln, Gekröse, Sauerampfersuppe, Krebssuppe, Butterbröde, Hopfen-Gemüse, Biersuppe, weiße Rüben mit Kalbs-Füßen, Schwarzbrotsuppe, Omlet mit Chokoladensauce, Milchsuppe, Kartoffeltorte, *Hächt* in Bechamel, Rindfleisch mit Morcheln-Sauce, Kirschkuchen, Haberschleim, Ragu, Hopfen mit Zunge, Reiß-Supp, Rindfleisch mit Potthasch, Ragu von Kalbfleisch mit Krebsen, Buchweizen-Pfannkuchen, Ragu von Gänseleber, Eyergerste Suppe, Nudel-Buding mit Vanillen-Sauce, Rindfleisch mit Sardellen, Polnische Sauce. *(Schreibweise weitgehend nach dem Original)*
1888 finden wir: Austernpastete, Käsekästchen, Cardi mit Markklößchen, Bouillon mit Eiergelee, Hecht gespickt, Erbsensuppe, Blätterteigkuchen mit Aprikosen, Krebssuppe, römische Pasteten, Auerhahnpastete in Aspik, Englischer Pudding, Rehrücken mit eingemachten Früchten, Kraftbrühe mit Nocken, Rissoles Schinken in Wein garniert, Hecht in Stücke frikassiert, Schnepfen und Rebhuhn gebraten, Kirschkompott, Apfelkuchen in Blätterteig, Pudding nach Dauphin, Schwarzbrotauflauf mit Weinsauce, Grüne Brötchen, Ragout in Muscheln sowie Steinpilze, Omelette mit Salpicon, kleine pains, Heringspastete, Kürbis gebacken, Wachteln, Himbeerauflauf *(Schreibweise weitgehend nach dem Original)*.
Fürstin Luise, die Schwester des Ministers Wittgenstein, selbst klug und tatkräftig, hinterließ in ihrer Bibliothek mehrere Kochbücher, z.B. »Unterricht für ein junges Frauenzimmer« von 1785, das »Back- und Konfitürenlexikon« aus dem Jahre 1795, »Der wienerische Mundkoch« aus dem Jahre 1789, mehrere Folgen des »Almanach des Gourmands« von 1803 bis 1804.
Ein Text aus der »Compensiensen Haushaltsbibliothek« (Kochbücher) aus dem Jahr 1727 wurde von Moritz-Casimir II angekreuzt. Er betrifft die so genannten »Einkäufer an Fürstlichen Höfen, die mussten sich erkundigen, wo die besten Weine, die delikatesten Fische und andere Sachen anzutreffen wären. Der Koch musste den Gusto seines Herrn zu studieren wissen... und bekümmerte sich in der Sonderheit darum, dass er wüsste was ein jeder von den Gästen am liebsten zu speisen pflegte.«

*Speisepläne 1908 für den Kammer- und den Leutetisch. Es wurde sorgsam unterschieden zwischen den Mahlzeiten für die Herrschaft, die Hofbeamten und die »kleinen« Bediensteten, zwischen Ober-, Unter-, Mittelschicht. Aber Vorsicht! Bei aller hierarchischen Gliederung waren die Speisen gar nicht sehr unterschiedlich.*

Kammerdiener 18. Jänner 1908

Suppe, Gemüse u. Schmorfleisch

Abends
Buchweizen Pfannkuchen

Landtisch
Suppe mit Einlauf
Gemüse u. Schmorfleisch

Abends
Buchweizen Pfannkuchen Salat

Kammerdiener 20. Jänner 1908

Suppe, Rindfleisch u. Gemüse

Abends
Ragout u. Kartoffeln

Landtisch
Braunensuppe
Gemüse u. Rindfleisch

Abends
Ragout u. Kartoffeln

Kammerdiener 19. Jänner 1908

Suppe, Braten, Kartoffeln
Compot

Abends
Kalten Aufschnitt

Landtisch
Suppe mit Klöße
Kalbsbraten, Kartoffeln
Compot
Abends
Aufschnitt, Butter u. Brot

Kammerdiener 21. Jänner 1908

Suppe, Cotelette u. Gemüse

Abends
Milchsuppe u. geb. Kartoffeln

Landtisch
Suppe mit Nudeln
Gemüse u. Cotelette

Abends
Milchsuppe u. geb. Kartoffeln

Das traf sicherlich in Rheda zu, rund 60 Jahre, d. h. ungefähr von der Zeit der Eheschließung des Fürsten Gustav und der Fürstin Thea um 1888 bis 1946, als zwei Köche, Wilhelm Kaiser und sein Sohn Hans, zur Legende wurden.

Wilhelm Kaiser war 1850 in Ballenstedt in Sachsen-Anhalt geboren. Es wurde gesagt, er hätte seine Kunst am Hofe des Zaren erlernt. Ein Bild zeigt ihn mit weißer baskenartiger Kochmütze und bodenlanger Schürze. Er starb am 8. Mai 1909 in Rheda, worauf sein Sohn Hans seinen Posten in Sorquitten (Ostpreußen) bei der Gräfin Mirbach aufgab, um *Herrschaftlicher Mundkoch* in Rheda zu werden. Sein Zeugnis bescheinigt, dass er seine Anstellung nach sieben Jahren verlässt, um in der Anstellung seines verstorbenen Vaters zu wirken. »Ich kann Kaiser bestens empfehlen. Er war ein sehr gewandter tüchtiger Koch, welcher wohlschmeckend und elegant die größten Diners anzurichten verstand.«

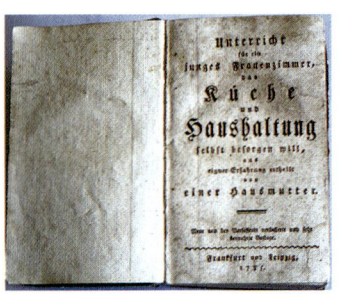

*Im Stil des 18. Jahrhunderts: »Unterricht für ein junges Frauenzimmer, das Küche und Haushaltung selbst besorgen will, aus eigener Erfahrung mitgeteilt von einer Hausmutter«.*

Hans Kaisers Werdegang war merkwürdig. Sein erstes Zeugnis stellt ihm Ernst Lößnitzer aus, Stadtkoch in Halle an der Saale. Es wird ihm 1879 bezeugt, dass er drei Jahre die Kochkunst in der *Loge zu den drei Degen* gelernt hat. Lößnitzer unterschreibt mit »Stadtkoch der Freimaurerloge zu den 3 Degen und der Vereinigten Berggesellschaft«.

Ein Führungszeugnis der *10ten Kompagnie Anhaltischen Infanterie-Regiments Nr. 93* bescheinigt ihm, sich von 1900–1902 sehr gut geführt zu haben. Er dient u. a. beim Prinzen zu Sayn-Wittgenstein in Kassel. Am 2. Juni 1905 gratuliert ihm die Gräfin Mirbach aus Karlsbad zur bevorstehenden Hochzeit und gibt ihm schriftlich folgende Lebensregel mit: »Lesen Sie jeden Abend mit Ihrer Frau einen Abschnitt der Bibel. Ich empfehle Ihnen besonders Johannes 16 Vers 23 Gott befohlen.«

Sein schönstes Zeugnis, auf grauem, liniertem Papier mit Bleistift geschrieben, lautet folgendermaßen:

Im Felde, 30.5.18

*Privatzeugnis*

Sergeant Kaiser – von Beruf Mundkoch – war vom 16.3.16 bis 31.2.18 Koch beim Stabe des Infanterie-Regiments Nr. 342. Er ist eine durchaus zuverlässige, bescheidene und angenehme Persönlichkeit, die das volle Vertrauen der Herren des Regiments-Stabes besaß. Er führte selbstständig die Wirtschaftskasse. Seine Leistungen auf

dem Küchengebiet waren künstlerhaft. Aus den oft eintönigen Verpflegungsmitteln im Felde dichtete der Sergeant Kaiser immer noch Leckerbissen.

Die Küchenkünste des Sergeant Kaiser gehören zu meinen schönsten Feldzugserinnerungen und noch manchmal werde ich ihrer »mit Wasser im Munde« wehmutsvoll gedenken. Da das Regiment aufgelöst wird verläßt Sergeant Kaiser den Regiments Stab.

Meine besten Wünsche für seine Zukunft begleiten ihn

Von Kühn

*Oberst und Regiments Kommandeur*

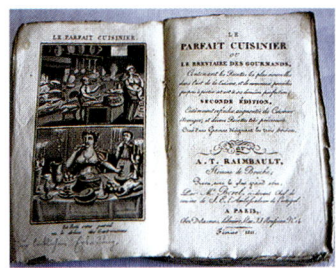

*Aus Paris, zweite Auflage von 1811: »Die vollendete Küche oder Das Brevier für Feinschmecker«.*

Koch Hans Kaiser lebt in Rheda in immer wiederkehrenden Erzählungen fort. Der Höhepunkt seines Könnens wird mit dem Satz betont: » Und er konnte gesponnenen Zucker machen und garnierte damit Torten und Speisen wie z.B. den hoch aufgetürmten Tausend-Blätter-Kuchen«. Mit abgewetzten Ecken und vergilbt liegt das alte handgeschriebene Kochbuch des Kochs vor mir. Es ist schwer, eine so vergängliche Kunst wie das Kochen bildlich vor das Auge zu zaubern. Nur einen leidenschaftlichen Gastgeber, einen versierten Koch, können die alten Rezepte neu inspirieren. Hans Kaiser starb 1950 in Rheda wie sein Vater, der 1850 geboren war – ein ganzes Jahrhundert umspannt ihr Leben.

Nach dem Fortgang des Kochs 1946 wurde weiterhin regelmäßig Buch geführt. Köchinnen wurden angelernt. Frau Diekmann, die Gattin des letzten in »Rhedaer Landen« weithin bekannten Dieners Willi Diekmann, und ihre Schwester Annchen Bartel regierten in den Schlossküchen von Rheda und Bosfeld bis zum Tode meiner Schwiegermutter.

Hervorzuheben ist die Ostpreußin Frau Hülsewedde, die die Geheimnisse des Koches Kaiser kannte und selbst eines seiner Kochbücher besaß. Die täglichen Mahlzeiten waren bescheiden, die großen Jagddiners und Familienfeste fügten sich glanzvoll in die alte Tradition. Wo aber gab es so künstlerische und phantasievolle Tischdekorationen wie diejenigen meiner Schwiegermutter Fürstin Amelie, mit leichter Hand gesteckt, Rosen und Blätter, Zitronen und blaue Anemonen, Pyramiden und Kränze, Kerzen in dem schönen alten Porzellan.

Die alten Kochbücher werden noch heute benützt, das von Henriette Davidis und viele andere mehr, wenn ein paar Mal im Jahr die Abendessen stattfinden, die traditio-

nellen Herrenessen, die Damentees und die großen Essen nach der Jagd. Es gibt, zum Beispiel, Borschtsch, Hasenpastetchen, Rehrücken, Kirschen flambiert, Princesskartöffelchen, Mohr im Hemd oder Kabinettspudding und zu Kindergeburtstagen Schichttorte und das geliebte Himbeereis.

Seit 20 Jahren führt bei uns Frau Hippe Regie, die wichtigste Stütze des Haushalts. Sie kommt zweimal in der Woche. Mit kleinem polnischen Einschlag kocht Frau Boguslawa Bawaij das Wild, die Aufläufe, die Piroggen, so dass das Gleichmaß der westfälischen Mahlzeiten lebhaft unterbrochen ist.

*

Gustava, Gräfin von Hohenthal-Püchau geb. Prinzessin zu Bentheim-Tecklenburg schreibt:

Ich versuche, mich an unseren Koch Kaiser zu erinnern, und muss feststellen, dass ich viele unvergessliche Stunden und Tage mit ihm verbracht habe, ja dass gerade er eine große Rolle in meinem Leben gespielt hat, was mir in meiner Jugend gar nicht bewusst war.

Koch Kaiser kochte »nur« für unsere Familie und das Hauspersonal, er hatte keine Möglichkeit, Sterne zu erringen, doch er kochte unermüdlich und unverdrossen mehr als 40 Jahre in der großen Schlossküche, und ich bin davon überzeugt, dass er im Herzen spürte, was er mit der Hand schuf. Er war ein großer Künstler als Koch.

Jeden Tag gegen neun Uhr erschien er gemessenen Schrittes auf der Schlossbrücke und nahm meistens den Weg, der vor dem Kapellenturm links abzweigt, auf den Wall und an der Buchenhecke entlang, ein stiller, versonnener Mann. Ich kann mich nicht erinnern, ihn jemals aufgeregt oder »gestresst« erlebt zu haben, obgleich die großen Jagddiners ihm sehr viel abforderten. Dann war er allenfalls streng mit den Küchenmädchen, aber niemals ausfallend.

Als ich noch längst nicht zur Schule ging, nahm meine Mutter mich oft mit in den »Vorrat«, einen kellerartigen Raum mit meterdicken Wänden, wo in porzellanenen Deckelvasen Rosinen, Korinthen und andere Herrlichkeiten aufbewahrt wurden. In einer langen Holzkiste mit schrägem Deckel fand man in verschiedenen Kästen Reis, Mehl oder Zucker. Eine Zentrifuge zur Sahneherstellung stand auch da, und im Kriege wurden hier Eier in eine

126

*Aus dem Rhedaer Familienalbum – Prinzessin Gustava, Autorin der Erinnerungen an Koch Hans Kaiser; Erbprinz, später Fürst Moritz Casimir, ihr Bruder; Mutter Fürstin Amelie; Prinz Nicolaus, der zweite Bruder; Prinz Hendrik, der dritte Bruder, als Säugling (Foto um 1940).*

ungute Lake eingelegt, die dann schlecht rochen, genau wie die eingelegten Schnippelbohnen.

Koch Kaiser, in dunkelgrauem Anzug, einem weißen Hemd mit Eckenkragen und schwarzer Krawatte, wartete schon vor der Türe. Es wurde mit einem riesigen Schlüsselbund gerasselt, und dann ging es hinein, Koch Kaiser mit einem schmalen hohen Buch, in das er das Menü des Tages schon eingetragen hatte. Es wurde selten von meiner Mutter verändert. Ich bekam, zu meinem Entzücken, eine Kinderhand voll Rosinen, und dann wurden die benötigten Lebensmittel ausgeteilt. Alles hatte seine Ordnung, Verschwendung gab es nicht!

Danach ging Koch Kaiser zurück in die Küche, die ganz am Ende des Schlosses an einer Seite des Bibliothekturms angebaut war. Diese Küche war für heutige Begriffe sehr groß, der Fußboden bestand aus grauem Stein, etwas unwirtlich, der Herd war riesig. Er stand etwa in der Mitte, unter einer umfänglichen Abzugshaube, die innen ganz schwarz war. In dem Herd wurde das Feuer mit Holz geschürt, es gab dann aber auch eine Abteilung für Gas.

Es ging das Gerücht, dass ein guter Koch, wenn er schnell große Hitze erzeugen wollte, ein Pfund Butter in das Feuerloch warf. Das habe ich bei Koch Kaiser aber nie erlebt.

Ich möchte noch ein Wort zum Müll sagen, damals Abfall genannt. Es gab im Schloss eine vom Hof aus zu betretende Kammer, in die kam das Papier. Aber sonst kann ich mich an keinen Mülleimer oder etwas Ähnliches erinnern. Nur in der Küche stand ein Korb, in den Abfall für die

Schweine geworfen wurde. Weckgläser wurden, genau wie Dosen, immer wieder gebraucht, wobei den Dosen mit einer kleinen, handgetriebenen Maschine die obere Kante abgeschnitten wurde. Im an die Küche angrenzenden Turm lag ein Keller, in den durch ein winziges Fenster in meterdicken Mauern ein müdes Licht fiel. Ein schmaler Gang führte von der Küche dorthin. In diesem Keller wurde das Wild aufgehoben, es musste abhängen. Je nach Geschmack länger oder kürzer, und es roch ganz widerlich! An Ort und Stelle wurde es von Koch Kaiser zerwirkt.

Im Sommer fingen wir Massen von Krebsen im Axtbach bei Clarholz. Sie wurden in großen Jutesäcken aufgehoben, in denen Gras war. Es knisperte und raspelte leise, aber unüberhörbar, und klang, als sei eine große Armee von Krebsen im Anmarsch. Es war ein bisschen unheimlich.

Das also war das Arbeitsfeld von Koch Kaiser. Er gebot darin ganz in Weiß mit einer halbhohen Kochmütze auf dem Kopf über ein oder zwei Küchenmädchen. Gelegentlich ließ er, den ich nur »Kaiserlein« nannte, sich an einem kleinen Tisch nieder und blätterte und studierte in seinem Rezeptbuch, das handgeschrieben war. Bei dieser Beschäftigung durfte ich ihn nicht ansprechen.

Auch sein Mittagessen nahm er an diesem Tisch ein. Es war immer sehr bescheiden und bestand oft nur aus einer Graupensuppe. Wenn ich ihn fragte, warum er so wenig esse, meinte er, das genüge vollauf. Er war ein mittelgroßer, stattlicher Mann, wenn auch nicht dick.

Als einer besonders guten Speise erinnere ich mich seiner makellos gekochten Krebse. In viel Dill schwammen sie in einer köstlichen Krebsbouillon, knackig und heiß. Zum anderen gab es im Frühling (»Okuli, da kommen sie«) gebratene Schnepfen. Sie wurden auf gebackenen Brotscheiben, den so genannten Croutons, angerichtet auf einer fabelhaften Fleischmousse, die aus den Innereien der Schnepfen zubereitet wurde. Der Kopf mit dem langen Schnabel steckte, zierlich und nach rückwärts gerichtet, unter dem Bauch. Man musste den Kopf mit dem Messer spalten, dann kam man an das Hirn, und das war das Beste.

Ich erinnere mich auch einer Süßspeise, die aussah wie der Turm von Pisa und aus runden Blätterteigplatten bestand. Dazwischen wurden Patisserie-Creme und Johannisbeergelee gegeben, die an den Seiten hinuntertropfte. Ein fabelhafter Anblick und eine köstliche Speise.

*Rechte Seite oben rechts:
Hans Kaiser im Arbeitsgewand vor seinem Küchenreich. Er war eine Respektsperson; den Respekt hatte er sich durch sein Können, seine Kunst und seine Gewissenhaftigkeit erworben.*

*Unten:
Hans Kaiser in seinem Element am großen Herd in der Schlossküche von Rheda. Das Bild hängt noch heute am Ort seines Wirkens – Kaiser unvergessen.*

Hans Kaiser war Herrschaftlicher Mundkoch. Er starb 1950 in Rheda. Um ihn ranken sich bis heute viele Legenden, nicht nur in der fürstlichen Familie, sondern auch in der Stadt.

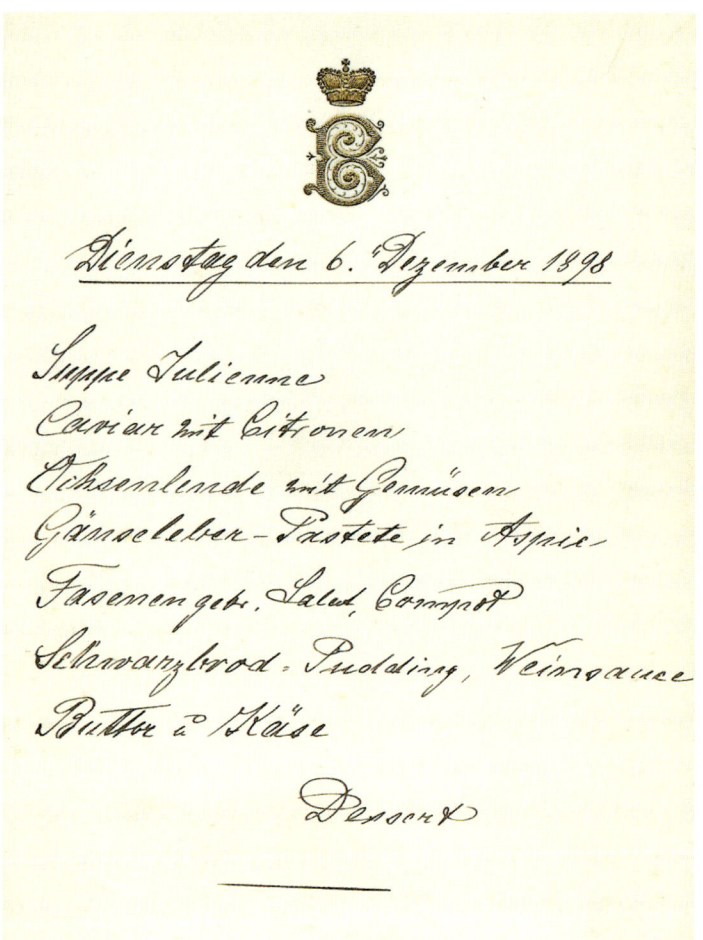

*6. Dezember 1898, Nikolaustag. Im Schloss Rheda gibt es Suppe Julienne, Kaviar mit Zitrone, Ochsenlende mit Gemüsen, Gänseleberpastete in Aspik, Fasanen gebraten, Salat, Kompott, Schwarzbrotpudding, Weinsauce, Butter und Käse, dann Dessert. Dieser Speiseplan stammt wohl aus der Feder von Koch Hans Kaiser.*

Wie es Koch Kaiser aber gelang, diese Wunderwerke heil ins Esszimmer zu bringen, ist mir unbegreiflich. Ob Sturm, Regen, Blitz und Donner – das Essen kam immer pünktlich um ein Uhr an. Es musste vielleicht hundert Meter über den Schlosshof getragen werden. Das war Kaisers größtes Kunststück – in meinen Augen. Die Platten und Gefäße verschwanden unter riesigen silbernen Hauben.

Wir mussten sehr pünktlich zur Stelle sein, eine Verspätung gab es einfach nicht. So ist man dann eigentlich Sklave seiner eigenen Kultur!

Nach dem Zweiten Weltkrieg sollte ich eine kurze Zeit Elevin von Koch Kaiser sein, im Grunde eine sehr gute Idee meiner Mutter. Ich war fünfzehn. Kaiserlein zeigte sich wenig begeistert, für ihn war ich das Prinzesschen, und für so ein Wesen hatte er nichts zu tun. Es gab ohne-

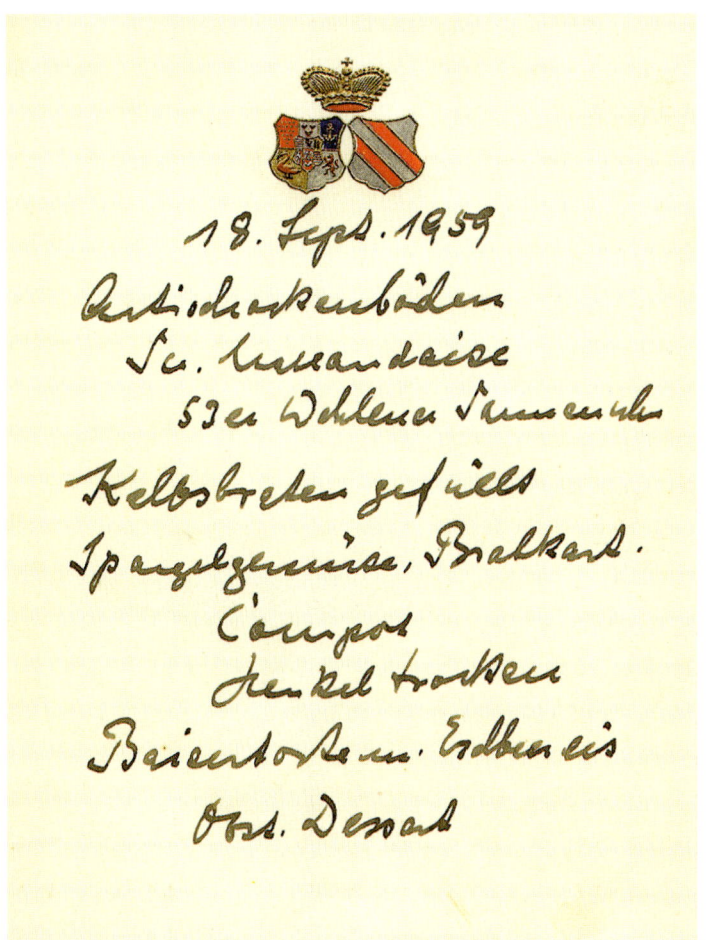

*Auch nach dem Zweiten Weltkrieg wird die Küchenkultur in Rheda bewahrt. Am 18. September 1959 werden zum Beispiel Artischockenböden serviert. Getrunken werden 53er Wehlener Sonnenuhr und Henkel trocken.*

hin nicht viel zu kochen. Ich erinnere mich nur an ein Gericht, gefüllte Tomaten, die natürlich aus dem Garten kamen und einzigartig schmeckten.

Ich sandte das Rezept vor einigen Jahren an die berühmten zwei Brüder, die das Restaurant »Auberge de l' Ill« im elsässischen Illhausern betreiben (»Eines der besten Restaurants der Welt«, wie Gert von Paczenski einmal sagte. Anmerkung des Herausgebers). Sie schrieben mir begeistert zurück, wollten das Rezept ausprobieren und luden uns dazu ein. Leider kam es aus irgendeinem Grund nicht dazu.

Einer Kuriosität muss ich noch gedenken. Schloss Rheda liegt auf einem künstlichen Hügel, der in grauer Vorzeit aufgeschüttet wurde. Er fällt steil ab nach allen Seiten und ist immer umspült vom moorigen Schlossgraben. Am

Hang, nahe dem Küchengebäude, befand sich ein eigenartiger dicker Baumstupf, aus Rinde gefertigt, den man auf einem Schlängelweg erreichen konnte. Und darin, o Wunder, das geheime Örtchen, ein Plumpsklo, das zum Verweilen einlud, denn der Blick durch die geöffnete Tür war überaus lieblich – in grüne Bäume und Büsche, und die Vöglein sangen... Dorthin habe ich Koch Kaiser gelegentlich gemächlich schreiten sehen.

Kaiserlein hatte ein gemütliches Haus in der Stadt Rheda, nicht sehr weit vom Schloss, mit einem großen Garten. Dort besuchte ich ihn öfters und bekam von seiner Frau einen selbst gemachten Himbeersaft, auch eine Köstlichkeit, die man kaum noch bekommt.

Als Kaiserlein alt wurde, machte ihm das Herz schwer zu schaffen. Er kochte, solange er es noch konnte, aber eines Tages war es dann zu viel, und er ging in Pension. Daran erinnere ich mich noch sehr gut, es war wie ein Einschnitt in meinem Leben... Was ich damals nicht wissen konnte, war, wie unendlich viel ich ihm verdanke und welch wichtige Rolle er in meinem Leben spielen würde. Durch ihn erfuhr ich ein für alle Mal, was eine kultivierte Küche ist. Und dafür möchte ich ihm danken, vielleicht hört er es.

*Blick aus der Schlossküche: So sahen die Kaiser-Köche, wenn sie beim Zaubern am Herd die Zeit dazu fanden, das berühmte Tor zum Schloss. Die verstorbene Malerin Herlinde Held schuf 1987 dieses Weihnachtsbild.*

Heinrich Peuckmann
# *Möppkenbrot und Rübenkraut*
Fleisch zum Mittagessen oder Der Bergarbeitertisch

Heinrich Peuckmann, Jahrgang 1949, wächst in einer Bergarbeiterfamilie des Ruhrgebiets auf – welcher Kontrast, vor allem am Essenstisch, zum Leben der Bessergestellten im Münsterland, an dessen Rand er mit Oma und Opa, Mama und Papa lebt! Peuckmann wird in Kamen, wo er bis heute wohnt, Gymnasiallehrer. Als Schriftsteller veröffentlicht er zahlreiche Bücher. Unermüdlich erinnert er sich bei aller Weitgespanntheit seiner Themen, die bis nach Asien reichen, an Kindheitserlebnisse aus dem »Revier«, an das Kleine-Leute-Milieu, dem er sich verpflichtet fühlt.

Heinrich Peuckmann schreibt:
Zwei Umständen war es zu verdanken, dass wir uns, obwohl mein Vater auf der Zeche wenig verdiente, Fleisch zum Mittagessen leisten konnten. Einem glücklichen und einem, der der Tradition der Bergleute zu danken ist.
Günstig war, dass unser Nachbar ein Metzger war, der einzige Pferdemetzger weit und breit. In seinem Stall, der an unser Grundstück grenzte, standen die Pferde und glotzten mit traurigen großen Augen in unseren Garten. Solange ich sie so sehen konnte, mochte ich kein Fleisch von Metzger Weber. Später blieben die Luken geschlossen, und die Fleischwurst begann mir zu schmecken.
Mit dem Schwein, das meine Eltern wie viele Bergarbeiterfamilien aufzogen, hatte ich kein Mitleid. Irgendwann hat mich eine der Säue, die alle Mimi hießen, ins Bein gebissen. Also geschah es ihr recht, dass sie irgendwann geschlachtet und in zwei Hälften geteilt auf der Leiter hing. Mein Vater trank dann mit dem Nachbarn, der geholfen hatte, westfälischen Korn, abends gab es warme Blutwurst, die allen schmeckte, nur mir nicht.
Viel später, als wir kein Schwein mehr aufzogen, hatte mein Vater mit Metzger Weber, der allmählich von Pferden auf Schweine umstieg, vereinbart, dass er informiert werde, wenn warmes Möppkenbrot im Angebot war. Er hat sich dann zwei Ballen geholt, in Scheiben geschnitten und manchmal sogar Rübenkraut auf eine Scheibe ge-

*Heinrich Peuckmann, Gymnasiallehrer und erfolgreicher Schriftsteller, kehrt in diesem und vielen anderen Texten an die Wurzeln zurück – in die Kindheit und Jugend, die er im Bergarbeitermilieu verbrachte. Der erste Schultag 1956 – aber natürlich mit der Oma.*

schmiert. Er würde noch heute, da bin ich sicher, jede Pizza oder Lasagne für Möppkenbrot stehen lassen.

Rübenkraut war wichtiger Bestandteil unserer Ernährung. Morgens gab es Rübenkraut zum Frühstück, abends stand der Topf auf dem Küchentisch. Und zwischendurch, während ich Fußball spielte, brachte mir mein Vater eine Rübenkrautstulle nach draußen. Besser, mit braun beschmiertem Mund Fußball zu spielen, als eine Pause einlegen zu müsen. So dachte nicht nur ich, so dachten auch meine Freunde.

Rübenkraut war billig, genau wie Pferdefleisch. Bei Pferdemetzger Weber kauften die Bergleute ein, bei Schweinemetzger Ebbinghaus die Angestellten und Geschäftsleute. Erst später begann Sauerbraten vom Pferd eine Delika-

tesse zu werden, zuerst in französischen Restaurants, wie wir vom Hörensagen wussten, nicht aus eigenem Schmecken. Das war zu jener Zeit, als wir ihn uns nicht mehr erlauben konnten, denn Pferde wurden selten und teuer. Weber musste von Kamen bis zur holländischen Grenze fahren, um welche zu kaufen.

Erlauben konnte wir uns jeden Freitag Holländer Vollfettheringe. Sie wurden auf dem Wochenmarkt angeboten, der direkt gegenüber unserem Haus abgehalten wurde. Zehn Stück für eine Mark! Manchmal investierten wir zwei Mark, meine Mutter hat sie gebraten und mit Kartoffeln aus unserem Garten serviert. Nun, da die Meere leergefischt sind, beginnt auch der Hering eine Delikatesse zu werden.

Samstag war Erbsensuppentag. Ich glaube, jahrzehntelang hat diese Regel Gültigkeit gehabt. Meine Mutter kochte einen großen Topf voll, mit Würstchen darin, so daß immer noch etwas für den Abend übrig blieb. Nach dem Baden in der Zinkbadewanne bekam ich einen Teller dieser aufgewärmten Erbsensuppe, die mir, aus unerklärlichen Gründen, noch besser schmeckte als die frisch gekochte vom Mittag.

Den übrigen Speiseplan bestimmte das Gemüse aus unserem Garten: Dicke Bohnen mit Speck, bis heute für mich ein Leibgericht, Grünkohl mit Mettwürstchen genauso. Rotkohl, den meine Mutter ebenfalls gern kochte, schmeckte mir nicht. Auch das ist so geblieben.

Im Nachhinein fällt mir auf, wie derb unsere Kost war und wie wenig variantenreich. Es ging eben nicht anders. Mein Vater arbeitete vor Kohle, da musste er kräftiges Essen haben.

Ein Gericht ist mir unvergesslich in Erinnerung, das Weihnachtsessen nämlich, das meine Mutter in jener Zeit zubereitete, als das Zechensterben begann und mein Vater Feierschichten einlegen musste. Feierschichten, dachte ich damals, das ist doch prima. Wer feiert nicht gerne? Ich musste erst aufgeklärt werden, dass er an diesen Tagen kein Geld verdiente. Wenn dann Weihnachten kam, reichte es nur noch für einen Kringel warm gemachter Fleischwurst von Weber; dazu Kartoffelsalat, den meine Mutter sauer liebte. Also schnitt sie einen eingelegten Hering hinein. Unser Weihnachtsfamilienessen.

Obst spielte eine große Rolle. Im Garten standen viele Sträucher und Bäume. Rote Johannisbeeren mit Zucker, herrlich! Ich musste nur mit meinem Vater teilen, der die

Früchte pflückte und mit Schnaps und Zucker aufsetzte. Süßer Aufgesetzter, der an Geburtstagen getrunken wurde. Die Stachelbeeren liebte ich ebenfalls, dazu die Pflaumen unseres hohen Baumes. Es war schwierig, sie zu ernten, aber ich schaffte es immer, die Leiter richtig anzulegen und weit hinaufzuklettern. »Fall bloß nicht runter!« war der stetige Kommentar meiner Eltern.
Herrlich saftig und fest waren die Birnen, die in unserem Garten wuchsen. Jahrelang habe ich in den Geschäften gesucht, ob diese Sorte noch angeboten wird, deren Namen ich nicht kannte. Erst im letzten Jahr fand ich sie in den Obstläden. *Lukas-Alexander* heißen die Birnen, wie mein ältester Sohn und mein Patenkind. Ich weiß, dass ich den Namen nicht mehr vergessen werde.

Dazu stand in unserem Garten eine kleine Verrücktheit. Ein Pfirsichbaum nämlich, der nur in warmen Sommern reife Früchte trug. Mein Großvater hatte ihn gepflanzt, und mein Vater hat ihn erhalten, obwohl meine Mutter ihn oft zum Fällen drängte, um dort einen Apfelbaum zu pflanzen. »n' bissken wat extra braucht jeder«. Das war Vaters unumstößliche Meinng. Ich glaube, wenn er Mangos oder Papayas gekannt und nur die geringste Chance für reife Früchte bestanden hätte, er hätte einen Versuch gewagt. Alles war im Prinzip der Nützlichkeit unterworfen, da brauchte er ein paar kleine Fluchten. Weshalb in unserem Hühnerstall lange Zeit zwei oder drei Zwerghühner zusammen mit den nützlich eierlegenden, nahrhaft suppenfleischspendenden »Rodelländern« scharrten und gackerten. Die zierlichen Tiere standen unter Schutz, auch unter meinem. Sie waren einzig »zum Angucken« da. Schön war das – ein Reservat.

Rainer A. Krewerth

# Pommes, Pampe, Schranke
## Tachoachilkabachen, Grünkohlclub und der Untergang des Abendlandes

> Die Kartoffel ist im 16. Jahrhundert von den Spaniern aus Südamerika nach Europa gebracht worden. Von Spanien verbreitete sie sich nach Italien und bekam dort den Namen Tartuffoli. Erst in den Hungerzeiten des 18. Jahrhunderts dehnte sich ihr Anbau, von weitsichtigen Fürsten oft mit Gewalt erzwungen, weiter aus. Nach Warendorf kam sie erst im Jahre 1770. Der Maurer Christian Hennigmann hatte sie als Kanonensoldat in Jütland kennengelernt. Bei seiner Rückkehr brachte er ein Taschentuch voll mit. Da seine Frau in ihrem Garten an der Milter Straße kein Beet dafür hergeben wollte, pflanzte er sie an die Hecke. Wie eine Frau Zumdresch berichtet, galt sie zwanzig Jahre später noch als eine Zierpflanze. Heute können wir sie als Nahrungsmittel nicht mehr missen.
> *Aus: Der Kreis Warendorf im Wandel der Zeiten, Warendorf 1929*

Schon in den Achtzigerjahren habe ich mich in Glossen mit dem Untergang des Abendlandes beschäftigt, zumindest, was unser täglich Brot betrifft. In *Tachoachilkabachen* (Übersetzung folgt) werden unsägliche Fettigkeiten serviert, pardon: hingeknallt, in Fressrestaurants Manta-Platten ausgegeben. Manta-Platten können Pommes rotweiß mit Currywurst sein, ebenso aber Unmengen Fleisch verschiedener Tiere sowie Haufen besagter Kartoffelschnipsel und abgesoffen-müder Salate. Die Masse auf dem Teller macht's – in unseliger Zweisamkeit mit einem günstigen Preis: rin damit, auf dass uns schlecht werde.

Neueste Nachrichten sagen mir, dass Pommes rotweiß so bestellt werden: »Tu mir mal 'ne Schranke.« Die rotweiße Bahnschranke. Nein, an der Frittenfront ist nichts besser geworden. Das Abendland bleibt im Eimer. In dem Blecheimer, aus dem die Mayonnaise kommt. Oder war's der Plastikeimer?

Egal – vor zehn Jahren erlaubte ich mir zu lästern: Unaufhaltsam galoppiert der Fortschritt durch unser gierigmarktwirtschaftliches Konsumentenleben – so schnell können wir gar nicht kommen, kucken, kaufen, schlingen, und ein Ende ist nicht abzusehen.

Zu den bemerkenswertesten Errungenschaften europäischer Esskultur der Nachkriegszeit zählt eine Speise, die Millionen Kindern und Greisen, Männlein und Weiblein, Ossis und Wessis als Nonplusultra genüsslichen Gaumenkitzels gilt. Wir sprechen, der Leser weiß es längst, von jener vorwiegend chemischen, raffiniert komponierten Saucen- und Kartoffelfrittenpampe, die Asphalt-Gourmets gern als Pommesrotweiß zum Hieressen oder Mitnehmen bezeichnen.

Nun hatte der Verzehr dieses süßsalzigen, klebrigen Manna für Normalkonsumenten bisher einen unübersehbaren Nachteil: Allzu oft wurde die preiswerte Götterspeise, die der hungrige Kunde im Stehen und im Gehen,

am Autosteuer und am Fahrradlenker, ja selbst auf der Rolltreppe und im Kinderwagen sozusagen en passant verputzen konnte, in pappigen, fettigen, ungefähr ovalen, umweltfeindlichen Plastikschalen und -tüten verkauft.

Doch siehe da, der Genosse Fortschritt, mal wieder voll im Trend, kam schon um die Ecke galoppiert. Und was brachte er uns? Den essbaren Pommesbehälter mit Paprikageschmack, gebacken aus Kartoffelmehl, garantiert rückstandsfrei zu vertilgen und problemlos zu verdauen. (Der Magen ist allerdings zu diesem üppig salzbestreuten, saucenbekleckerten rotweißen Zweig unserer Ernährung noch nicht befragt worden.) Cola dazu. Hilft angeblich bei Durchfall.

Schon sorgen sich die Betreiber der *Tachoachilkabachen* – so heißen die Schnellimbissbuden unseres rasanten Zeitalters im münsterischen Massematte-Volksmund –, schon sorgen sie sich um neue Technologien des Bier- und Colaverkaufs. *Von der Wiege bis zur Bahre / Plastikware, Plastikware* – auch auf dem Gebiet der Trinkbecher soll dieser Slogan ein Ende haben. Wie es heißt, denkt man angestrengt über leckere, umweltfreundliche Behälter aus hochdruckgepressten Gerste-, Hopfen- und Malzrückständen für Biertrinker, über melasse-verdampfte Pötte für Cola-Schlürfer nach.

Na, dann Prost Mahlzeit! Doch ehe jetzt unsere Restaurants zum essbaren Besteck übergehen, zum fressbaren

Auch das gab es. 1933 befahl der »Führer« Adolf Hitler allen deutschen Haushalten und Restaurants, von Oktober bis März am jeweils ersten Sonntag des Monats nur Eintopf zu essen bzw. anzubieten. Für jede Person sollten höchstens 50 Pfennig ausgegeben werden. Der Differenzbetrag zum Preis des üblichen Sonntagsgerichts – etwa Rindsroulade oder Schweinebraten – musste an den Staat abgeführt werden. Am Eintopfsonntag hatten alle gleich zu sein, sogar Hitler und sein perfider Propagandaminister Josef Goebbels mit Millionen Volksgenossen. Die braunen Herren ließen sich gern beim Löffeln von Erbsen- oder Linseneintopf ablichten.

Teller, zum lutschbaren Sektkelch, zum knabberfähigen Weinglas, zur Speisenkarte mit Vanillegeschmack, die der Gast als Dessert genießen darf – ehe das geschieht, wandere ich doch lieber in ein Land aus, wo der Fortschritt noch nicht galoppiert, sondern auf dem Eselskarren daherkommt. Und da trinke ich dann frisches Quellwasser aus wiederverwendbaren irdenen Töpfen, esse Reis aus Kokosschalen, die noch nicht zum Einweg- und Mitessgeschirr verkommen sind, und pfeife auf Pommesrotweiß mit garantiert verdauungsfähigen Paprikapötten...

Doch halt, verehrte kulturpessimistische Gastrokritiker, liebe Freunde im Geiste und im klassischen Gaumengenuss! Ehe wir nun allzu schnöde und arrogant über unsere Food-Zivilisation herfallen, sollten wir bedenken, dass es *Tachoachilkabachen*, Schnell- oder Garküchen, schon zu römischen Zeiten gab; Ausgrabungen im geliebten Pompeji haben es bewiesen.

Zwei Einschränkungen allerdings. Erstens kannten die Leute von Pompeji gottlob noch keine Pommes, weder rot noch weiß noch rotweiß noch anderswie gefärbt, und zweitens wurde das Geschirr nicht mitgefuttert. Sonst hätten die Archäologen es wohl kaum nach fast 2 000 Jahren wiedergefunden.

*

Wenden wir uns einem weiteren Thema aus dem Bereich Essen und Trinken zu. An einem Freckenhorster Bäckertresen macht seit Tagen ein multikulturelles Ereignis von sich reden bzw. die werte Kundschaft an.

Erinnern Sie sich, lieber Leser, an die süßen, runden, bierdeckelgroßen Gebäckteilchen unserer Kindheit, die auf der oberen Seite gelblich-gewölbt, an der Unterseite indes glatt und platt und mit weißer Zuckermasse verführerisch eingepinselt waren? Erinnern Sie sich an diese leckeren Teilchen für einen Tacken mit dem schönen Namen Amerikaner? Es gibt sie noch, Sie werden es nicht für möglich halten!

Allerdings kosten sie jetzt ein wenig mehr, sind aufgebläht, heißen Riesenamerikaner und haben – vor allem – Gesellschaft bekommen. Als schönes Zeichen des schon erwähnten galoppierenden Fortschritts sowie multikultureller Völkerfreundschaft liegen neben ihnen neuerdings Sowjets und Afrikaner. Die Figur, eigentlich recht platt, ist stets die gleiche; nur sind sinnigerweise die Sowjets unten zuckersüß rot, die Afrikaner – wie auch anders – ziemlich dunkelbraun.

Chinesen gibt's allerdings noch nicht zu kaufen. Haben die Bäcker Angst vor der gelben Gefahr oder kommen die Lebensmittelchemiker mit der passenden Zuckergussfarbe nicht klar?

Wie auch immer, im Magen trifft sich alles wieder: die Pommestüte mit Paprikageschmack, der Trinkbecher zum Mitessen, der lutschbare Sektkelch, die Speisenkarte mit Vanillegeschmack, der zuckersüße Amerikaner, der Sowjet, der Afrikaner und eines nahen Tages vielleicht auch der Chinese.

Moderne Zeiten – und Morgenluft für Kommunistenfresser. Jetzt können sie zum Kaffee (aus prüttgepressten, essbaren Tassen, versteht sich) so lange symbolisch Sowjets verspeisen, bis auch die letzten verdaut sind.

Aber unseren Magen fragt ja keiner.

Vielleicht noch, nahtlos angeschlossen, eine andere (auch etwas ältere Geschichte) zum Thema Essen und Trinken. Da geht es mit dem Abendland schon wieder aufwärts.

*

Als er anrief, um sich für einen Tag anzumelden, hatte er nur einen Wunsch: »Grünkohl mit Mettwurst und Rauchfleisch.«

Als er abreiste, der uralte Freund aus Münchner Zeiten, stöhnte er und sprach: »Wenn ich jeden Tag bei euch essen müsste, würd' ich platzen.«

Dieses etwas deftige Kompliment für die Frau des Freckenhorster Hauses klang dem Ehemann der Dame wie liebliche Musik in den Ohren. Denn jenseits des Weißwurstäquators herrscht bei weiten Teilen der Bevölkerung der Eindruck vor, bei den *Preiß'n* sei der aufrechte Gang noch nicht erfunden, die Menschen verständigten sich durch schier tierhafte Knurrlaute und äßen – ohne Besteck, versteht sich – wie zu Zeiten des Neandertalers. Es ist mal wieder angebracht, das Loblied der einfachen westfälischen Küche zu singen. Aus Kreisen der münsterländischen Touristikwerbung war unlängst zu hören, Schinken und Pumpernickel, Korn und Grünkohl, Große Bohnen und Stielmus, Kartoffelpfannkuchen, Erbsensuppe und Schnippelbohnen seien »out«. »In« seien indes die feineren Genüsse. Jene Genüsse, über deren Preis in hochgejubelten Nobelkneipen ich mich deshalb ärgere,

Das schönste Loblied auf den Sauerkohl, das Sauerkraut, stammt vom unsterblichen Wilhelm Busch. Im zweiten Streich von »Max und Moritz« heißt es: »Eben geht mit einem Teller / Witwe Bolte in den Keller, / Dass sie von dem Sauerkohle / eine Portion sich hole, / wofür sie besonders schwärmt, / Wenn er wieder aufgewärmt.«

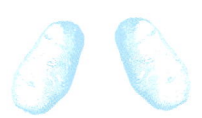

*Henriette Davidis müsste sich im Grabe umdrehen, sähe sie die Tachoachilkabachen, die Schnellimbissbuden unserer Tage.*

**Die Zeiten, da der Naturmensch allein von Wurzeln und Früchten lebte, und die späteren, in denen die Frauen durch Bereitung von Grütze und Suppen sich der ersten primitiven Kochkunst befleißigten, klingen uns heute wie Sagen.**

(Henriette Davidis)

weil ich für die schnickschnackige Dekoration und nicht für das Essen zahlen und mir nach dem Mahl an der Pommesbude noch eine Bratwurst »reinziehen« muss, um satt zu werden.

Der Schlachtruf kann nur heißen: Rettet unsere gute alte westfälische Küche! Jener Freund aus München – er managt einen Verlag, der auch Kochbücher herausbringt – möge Vorsitzender werden in einem noch zu gründenden Grünkohlclub; das Angebot wird ihm in diesen Tagen unterbreitet werden.

Der münsterländischen Touristikindustrie, insbesondere den Wirten und Köchen, biete ich die kostenlose Ausleihe einer Reihe vorzüglicher Kochbücher an, darunter eine frühe Ausgabe der unsterblichen »Man nehme«-Autorin Henriette Davidis. Liest man das Inhaltsverzeichnis, so wird man fast schon vom Hingucken wohlig satt.

Apropos Erbsensuppe: Unlängst aßen an einem Samstag in der Landesvolkshochschule Freckenhorst zwei, drei Dutzend Besucher aus ganz Westfalen und tafelten fürstlich – Erbsensuppe wie aus Omas Hordentopf oder Opas Gulaschkanone. Einer war dabei, als Mann von Welt bekannt und als Künstler weithin gerühmt, der stöhnte wie jener Grünkohlmensch aus München und sagte: »Allein deshalb hat sich die Reise gelohnt.« Aber nach vier Tellern (mit Würstchen) hatte der auch gut stöhnen...

Rettet die westfälische Küche! Diese Losung haben sich, gottlob, einige Köche in unserer Region gegeben. Sie gehen zurück an die Wurzeln, rühren munter in Großmamas Pott und servieren unnachahmlich schmackhafte Gerichte, die eben nicht Jägerschnitzel oder Putensteak oder Toast Hawaii heißen, sondern – zum Exempel – Reibeplätzchen mit Schmand und Schinkenstreifchen.

Ist so etwas zu haben? Ja, bei Emil und Birgit Sickendieck in Versmold-Bockhorst, in der Alten Schenke am Kirchplatz, wo man sich der unverfälschten Kochkunst früherer Zeiten nicht schämt. Da gibt's denn auch Töttchen vom Kalb mit Möhrenstreifen in Senfsauce süß-sauer oder Dicke Bohnen in Sahnesauce mit Räucherspeck oder – ach, fäöhrt Se män sölws daohen!

Wer seine Traditionen aufgibt, gibt sich selbst auf. Ein großes Wort. Aber ein richtiges, und die Unkenrufer aus der münsterländischen Touristik sollten es sich hinter die Ohren schreiben respektive über den Herd hängen. Wer das Möppkenbraut nicht ehrt, ist des edelgebeizten Lachses nicht wert.

Als Retter regionaler Küchenkünste, als Bewahrer traditioneller Produkte und Gerichte könnte ein Mann in den Grünkohlclub aufgenommen werden, den man ansonsten nicht unbedingt mögen muss. Die Rede ist von Helmut Kohl, dessen Name – Kohl, Grünkohl, Sauerkohl – allein schon die Mitgliedschaft rechtfertigt. Dieser schwergewichtige Mann liebt zwar, was zu seiner Leibesfülle beitragen mag, die kalorienträchtigen italienischen Mehlspeisen und saucengetränkten Teigwaren. Aber wenn er in Oggersheim hohen Besuch hat aus Ost und West empfängt, lässt er Pfälzer Saumagen servieren. Wer wollte bestreiten, dass so etwas Stil hat?!

Rettet die westfälische Küche! Schon wahr, was in der Einleitung zu Henriette Davidis' Kochbuch steht: »Die Zeiten, da der Naturmensch allein von Wurzeln und Früchten lebte, und die späteren, in denen die Frauen durch Bereitung von Grütze und Suppen sich der ersten primitiven Kochkunst befleißigten, klingen uns heute wie Sagen.«

Doch in allen 1142 Rezepten ist von der Westfälin Davidis keine Silbe gesagt gegen Grünkohl, Töttchen, Piäpperpotthast, Pumpernickel, Stielmus, Dicke Bohnen, Schnippelbohnen oder Pannekoken.

Vom Pfälzer Saumagen freilich schreibt die Dame nicht. Aber das muss man ihr nachsehen. Als sie nämlich ihr großes Buch verfasste, war der Oggersheimer Kohl noch längst nicht auf der Welt.

Anmeldungen zur Aufnahme in den Grünkohlclub bitte an den Verlag.

*Der viel gepriesene, viel gescholtene Grünkohl. Dem einen liegt er zu schwer im Magen, dem anderen gilt er als Delikatesse. Die Oldenburger küren sogar jedes Jahr einen Braun- bzw. Grünkohlkönig; dessen Untertanen brechen im Winter in großen Scharen – wie die Lemminge – zu üppigen Grünkohlgelagen auf. Bratkartofffeln, Bregenwurst und Schnaps (alles in Mengen) gehören selbstverständlich dazu.*

Rolf Westheider

# *Ein Fettfleck auf der Landkarte*
## Wie man am Rande des Münsterlandes die Sau rausließ

Dr. Rolf Westheider, Historiker und Stadtarchivar in Versmold, beschreibt ein Phänomen, ein westfälisches. Die einstmals arg ärmliche Gemeinde, der er mit Hingabe dient – und das nicht nur beruflich –, entwickelte sich zum westfälischen Fettfleck auf der Landkarte, wie er in einem geschichtlichen Rückblick nachweist. Die heutige Stadt Versmold gehört zu den europäischen Zentren der nutzbringenden Verarbeitung von Borstenvieh und Schweinespeck. Vor Jahr und Tag zog eines der großen Unternehmen Versmolder Abkunft, die Wurstfabrik Stockmeyer, in das einstige Moor- und Heidedorf Füchtorf bei Sassenberg im Münsterland.
Rolf Westheider schreibt:

*Da lacht das Metzgerlehrlingsherz! Stolz beantwortet dieser junge Mann – auf seine Weise – die schwierige Frage: Wie kann man Wasser schnittfest machen?*

Westfalen ist das Land der Schinken, das Vaterland sogar. Wir wissen es inzwischen. Vor allem in Versmold hatten Mettwurst, Schinken und Speck seit jeher eine große Bedeutung. Früher im Poststempel, heute auf dem Marktbrunnen in der Innenstadt wird angezeigt, welchem Bereich man Bekanntheit und Wohlstand zu verdanken hat. Woher aber rührt Versmolds besondere Verbindung zu Borstenvieh und Schweinespeck? Warum wurde ausgerechnet dieser Ort zum viel zitierten »Fettfleck Westfalens«? Wo liegen die Wurzeln der so überaus erfolgreichen Versmolder Fleisch- und Wurstgeschichte?
Die Schweinehaltung war in der Versmolder Gegend schon seit Jahrhunderten besonders weit verbreitet. Dass es mehr Schweine als andernorts gab, war jedoch keineswegs ein Zeichen von wirtschaftlicher Blüte. Es gab viel Land, auf dem sich die Schweine von Eicheln und Bucheckern ernährten, das ansonsten aber landwirtschaftlich nicht genutzt werden konnte. In den so genannten Gemeinheiten als gemeinsam genutzten Wäldern und Heideflächen fanden die Schweine ihre Nahrung in Form der Baumfrüchte. Weil die Böden eine andere Art der Nutzung nicht erlaubten, wurde die Schweinemast ein Schwerpunkt der Versmolder Landwirtschaft.

Schon im 18. Jahrhundert rühmte man die Güte der Versmolder Schinkens, weil die Waldfrüchte das Fleisch besonders kernig machten. Der später zugefütterte Roggen trug auch seinen Teil dazu bei. Auf Grund ihrer besonderen Qualität entwickelten such Schinken, Mettwurst und Speck früh zu den Versmolder Exportschlagern.
Bereits diese erste traditionelle Phase der Versmolder Wurstgeschichte ist durch überregionalen Absatz gekennzeichnet. Die Herstellung von Schweinefleischprodukten weit über den eigenen Bedarf hinaus wurde durch die Gelegenheit eines frühzeitigen Exports befördert. Weit verzweigte Handelskontakte der im Ort ansässigen Leinen- und Segeltuchhändler, allen voran der Familie Delius, ermöglichten eine Ausfuhr des Versmolder Schinkens bis nach Russland und Übersee. Mangels Kühlmöglichkeiten musste die Konservierung durch viel Salz sichergestellt werden. Um sie in der Fremde vor tropischer Hitze zu schützen, wurden die Würste in gekalkte Leinwand eingenäht.
Der Weg vom Schwein zur Wurst führt über das Schlachten der Tiere. Geschlachtet wurde dort, wo das Vieh zumeist unter einem Dach mit den menschlichen Mitbewohnern aufgewachsen war: im eigenen Hause. Das Schlachten auf dem Bauernhof war das zentrale Winter-

*Jüdische Viehhändler sorgten – nicht nur in Versmold, hier bei Nathan Spiegel – für einträglichen Umsatz nahrhafter Tiere.*

ereignis. Der Einkauf der erforderlichen Gewürze und Hilfsmittel musste vorbereitet, der Rauch eingerichtet und der Einsatz der nötigen Arbeitskräfte organisiert werden. Rezepturen wurden von Generation zu Generation mündlich überliefert.

Als Retter in einer drückenden Notlage erwiesen sich die Schweine, als zur Mitte des letzten Jahrhunderts mit dem Niedergang der Textilherstellung ein wichtiges Standbein der Versmolder Wirtschaft endgültig einknickte. Damit begann die zweite Phase, in der die gewerbliche Verarbeitung von Fleisch zu einem dominanten wirtschaftlichen Leitsektor für Versmold wurde. Durch die Konkurrenz maschinengewebter Baumwolle aus England geriet die Existenz zahlreicher Spinner und Weber in akute Gefahr. Die Schwerpunkte mussten neu gesetzt werden, denn die Heimarbeiter hatten sich mangels gewerblicher Alternativen wieder auf das zu besinnen, womit sie sich einst hauptsächlich, später nur am Rande, dafür aber schon immer beschäftigt hatten: mit der Landwirtschaft.

Für die Intensivierung des agrarischen Bereichs waren die Ausgangsbedingungen jedoch denkbar schlecht, denn angesichts der kargen Sandböden bedurfte es viel Einfallsreichtum und Beweglichkeit, um die Anbauerträge im notwendigen Umfang steigern zu können. Doch es gelang. Die Ernteergebnisse konnten wesentlich verbessert werden, dadurch mästeten die Bauern erheblich mehr Schweine als zuvor. Vermehrt dienten Kartoffeln und Getreideschrot als Schweinefutter. Das Borstenvieh eroberte die Stallungen in einem bis dahin unbekannten Ausmaß: Zwischen 1890 und 1910 vervielfachte sich der Schweinebestand im Amt Versmold.

Damit gab es auch mehr zu schlachten und zu wursten. Dies war und blieb Handarbeit, denn die seit Generationen überlieferten Arbeitsabläufe der Hausschlachtung und Wurstzubereitung konnten nur teilweise durch Fleischwolf, Wiegeapparat (Cutter) und Wurstspritze mechanisiert werden. Konservierungsrezepte des Pökelns, Trocknens und Räucherns wurden verfeinert. All dies geschah zunächst noch auf dem bäuerlichen Hof.

Um ihn herum entstand in den 1880er Jahren mit der Wurstfabrik eine für Versmold typische Betriebsform, die wegen ihres unmittelbar agrarischen Ursprungs im Vergleich zu anderen Industrialisierungsvorgängen sehr ungewöhnlich ist. Weil sie nicht den Weg über das Handwerk nahm, fällt die direkte Entwicklung des Bauernho-

fes zur Fabrik völlig aus dem Rahmen der Veränderungen in anderen Gewerbezweigen. Die Ausdehnung der Schweineverarbeitung vollzog sich zuerst bei Wiltmann in Peckeloh und Menzefricke in Loxten, wo sich mit Schlachthaus, Kühlraum und Rauch die neuen Fabrikräume unmittelbar an die alten Hofgebäude anlagerten und sie gleichsam umschlossen.

Der Bauernhof zog mit der neu entstandenen Fabrik viele Arbeitskräfte an, deren Zahl weit über das gewohnte Maß der auf einem Hof üblicherweise arbeitenden Kötter hinausging. Konnten bei Menzefricke 1905 erstmals zehn Schweine an einem Tag geschlachtet werden, so waren es dort 1909 im Wochendurchschnitt schon mehr als 100 Schweine und 30 Rinder, die geschlachtet und weiterverarbeitet wurden. Arbeitsteilung als ein wichtiges Kennzeichen von Fabrikarbeit war zunächst kaum ausgebildet. Erzeugung und Weiterverarbeitung des Produktes lagen noch in einer Hand.

Als handwerkliche Tätigkeit kann das, was auf dem Bauernhof geschah, auch deshalb nicht bezeichnet werden, weil die mit Schlachten und Wursten beschäftigten Arbeiter fachlich nicht ausgebildet waren. Kaum einer der so

*Um das Jahr 1940 war in Versmold, dem Fettfleck auf der westfälischen Landkarte, in zahlreichen Wurstfabriken eine gut geschulte Facharbeiterschaft herangewachsen. Selbstbewusst präsentiert sich hier die Metzger- und Büromannschaft der Firma Nölke.*

genannten »Knochenputzer« hatte eine handwerkliche Lehre absolviert.

Schlachtarbeit war Saisonarbeit, solange sie im eigenen Hause erledigt wurde. Mit Natureis, das – falls vorhanden – in den überfluteten Wiesen zur Kühlung gebrochen wurde, konnte unter Umständen die Jahresarbeitszeit geringfügig verlängert werden. Menzefricke bezog noch 1909 recht umständlich Kunsteis von der Firma Homann in Dissen. Erst die allgemeine Verbreitung der von Carl Linde erfundenen Eismaschine eröffnete die Möglichkeit, sich von der kalten Jahreszeit unabhängig zu machen. Der Ganzjahresbetrieb war daher eine sehr wichtige Voraussetzung der fabrikmäßigen Verarbeitung von Frischfleisch, die zum Ende des 19. Jahrhunderts in Versmold einsetzte. Bis 1910 verfügte dann praktisch jeder Betrieb über ein eigenes Kühlhaus. Neben der Angliederung der Fleischverarbeitung in neu errichteten Fabrikgebäuden an den Höfen der Erzeuger öffneten gewerbliche Schlachtereibetriebe ihre Tore inmitten des Ortes. Nach und nach stellte sich Arbeitsteilung ein. Schweineerzeuger verzichteten fortan auf das Schlachten, um sich verstärkt der Mast zu widmen und größere Ställe zu bauen. Umgekehrt gaben jene, die sich auf das Schlachten verlegt hatten, die Schweinemast auf. Schlachtereien lieferten weiterverarbeitenden Betrieben die Schweine »ohne Kopf und Füße«.

Die Branche florierte, und die Konjunkturberichte fielen stets positiv aus. Insbesondere im Boomjahrzehnt zwischen 1880 und 1890 verzeichnete man eine ganze Welle von Firmengründungen. Die Zahl der erteilten Schlachthauskonzessionen mag der Gradmesser einer Entwicklung sein, die das Amt schon bis zum Beginn des Ersten Weltkrieges zu einem wichtigen Zentrum der ostwestfälischen Fleischverarbeitung machte.

Schaut man sich die Herkunft der frühen Fleischunternehmer an, so lassen sich zwei Besonderheiten erkennen, die für den Beginn der Versmolder Fleischzeit kennzeichnend sind. Zum einen wird deutlich, dass die Wurzeln der Branche nicht im traditionellen Fleischerhandwerk zu finden sind. Vielmehr liegen die Anfänge des erfolgreichen Gewerbes bei den Schweine haltenden Höfen in den Landgemeinden.

Die zweite Wurzel ist bei den eingesessenen städtischen Kaufleuten zu finden, die auch mit anderen Produkten handelten. Angesichts der gesteigerten Nachfrage lag es für die fast ausschließlich jüdischen Viehhändler ebenfalls nahe, sich der Weiterverarbeitung der Tiere zu widmen. Das große Schlachtviehangebot vor Ort legt eine Weiterverarbeitung in großem Stil nahe, die bestehenden Handelskontakte wiederum gaben Erzeugung und Weiterverarbeitung gleichermaßen Auftrieb.

Das Bergische Land und das Ruhrgebiet zählten schon vor dem Ersten Weltkrieg zu den Hauptabsatzgebieten. Die dortige Arbeiterschaft verfügte mittlerweile über die nötige Kaufkraft, um sich als Stärkung die Versmolder Wurst leisten zu können. Weltkriege und Inflationszeiten störten den Erfolg, der nach ihrer Überwindung jedoch umso größer wieder einsetzte. Stets mussten die von Hunger und mangelhafter Ernährung bestimmten Phasen wieder ausgeglichen werden. Die Zeit nach 1989 bescherte der Branche kräftige Wachstumsimpulse, weil den Menschen in Ostdeutschland der Appetit an der volkseigenen Wurst vergangen war.

Schweinepestwellen und BSE-Krisen brachten dann allerhand Turbulenzen, die durch das konsequente Setzen auf Qualität wieder ausgeglichen werden konnten. Erhebliche Investitionen wurden getätigt, damit es in Versmold auch zukünftig um die Wurst geht.

*Schweinerei, Opfer und Täter: Der Hildesheimer Künstler Robert Günzel schuf 1986 das einzige Schweinedenkmal in Westfalen. In Versmold gehört es längst zum sehenswerten Stadtbild.*

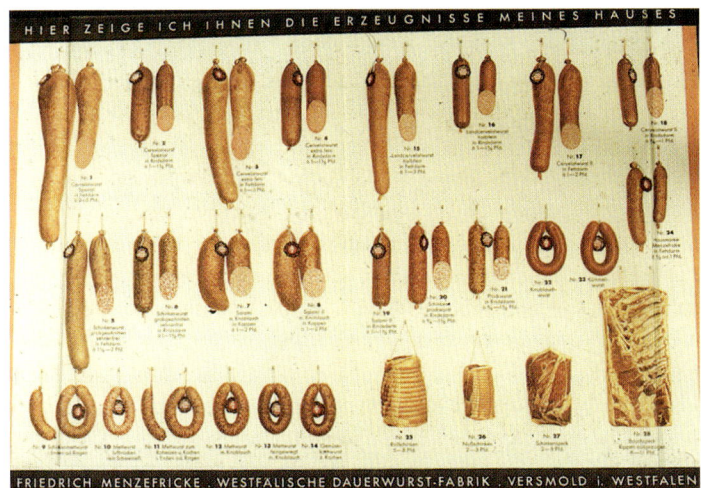

Auf vielen Festen wird noch heute sehr gern und laut ein Lied gesungen, das nach dem deutsch-französischen Krieg 1870–71 entstand – das »Westfalenlied« eines Herrn Heimatdichters namens Rittershaus. Höhepunkt der Sangesdarbietungen zu vorgerückter Stunde ist stets die Abwandlung zweier Zeilen. Rittershaus hatte geschrieben: »Glückselig, wessen Arm umspannt / ein Mädchen aus Westfalenland.« Die wunderschöne Abwandlung lautet: »Glückselig, wessen Arm umspannt / 'nen Schinken aus Westfalenland.«

Rainer A. Krewerth

# Westfälisches Schlachtfest...
## ... oder Wie das ein Münsterländer in Bayern anstellt

Eine Sau muss her, Mittelgewicht, einhundert Kilo. Eine Rosinante mit borstenviechischem Ganzkörperhaar. Muss rosig sein wie alle Rosinanten, die meine Großeltern geschlachtet haben, damals an der Münsterstraße 59 zu Warendorf in Westfalen, und später ihr Sohn Josef, mein Onkel, und dessen Frau Ursula.

Ein Schwein muss her. Aber wir leben, 1975, in Bayern, in dem hügeligen 350-Seelen-Dörflein Anried. Kriegt ein bayerisch-schwäbischer Metzger das hin? Zu schlachten und zu wursten, wie die Großeltern in Warendorf es mit Hilfe eines winterlich-nebenberuflichen Haus- und Kopfschlächters getan haben? Der eigentlich Weber gewesen ist in der Textilindustrie?

Egal, das Schwein muss her, noch vor dem Metzger. Erst die Sau, dann der Schlachter, dann das Vergnügen.

Da haben wir aber Schwein. Fangen wir doch lieber mit dem Metzger an. Den haben wir in listiger Vorrausschau – er ist unser Freund – mit einer Westfälin verheiratet. Ein bisschen, sagen wir uns, wird er mitbekommen haben von den feinen Künsten, eine Rosinante ordentlich, überwinternd-dauerhaft und lecker zu verarbeiten. Als Herr der sieben Weltmeere, Schiffskoch nämlich, ist er viel herumgekommen auf unserem Globus, hat selbst in wütend tobender See ganze hungrige, gierige Dampferbesatzungen geatzt, muss mithin etwas von der Sache verstehen und wird es wohl richten. Zumal seine Gemahlin aus Versmold stammt, dem westfälischen Fettfleck auf der Landkarte.

Die Sache mit dem Metzger haben wir geklärt, den haben wir sicher im Griff. Aber woher die Sau? Die Einhundert-Kilo-Sau?

Da haben wir wieder einmal viel Schwein. Unser orkangebeutelter Herr der Ozeane macht sich anheischig, einen Cousin namens Addi zu fragen. Addi verfügt über erstklassige Verbindungen ins Allgäu. Kennt Bauern, mit denen er immer wieder mal dies und jenes und solches bayerisch-schwäbische G'schäftle macht.

Schwein, wieder mal, Schwein gehabt. Spätherbstens, frühwinterlich an einem Samstagmorgen brechen Addi und ich ins Allgäu auf von Anried bei Dinkelscherben in der Nähe von Augsburg. Eine Sau muss her. Wir reisen sozusagen noch schweinefrei, in einem Großraumtransporter. Addi ist Handwerker, hat werktags mithin viel Gerät über Land zu karren. Wir knattern auf den Spuren einer mittelgewichtigen Sau. Dabei kennen wir die Dame gar nicht.

Während Addi und ich uns den lieblichen und schon schneeüberzuckerten Allgäuer Bergen nähern, hat der ozeanische Metzgermensch hinter den sieben Hügeln auf unserem Gehöft mit sieben hilfreichen Zwerglein alles vorbereitet, was zum westfälischen Schweineschlachten in Bayern gehört. Der Kessel ist angeheizt, ein mächtiger Ofen. Die Messer sind gewetzt (damit könnte man ganze Kosakenhorden niedermachen), der Kopfschussapparat ist präpariert.

Aber wo bleibt die Sau?

An dieser Stelle muss gesagt sein, dass wir schwarz schlachten wollen. Also bayerisch-schwäbisch sparen wollen die Gebühren für eine amtlich verordnete tierärztliche Fleischbeschau. Mit Stempel, versteht sich.

Aber wo bleiben Addi, die Rosinante und ich?

Nun hängt mit der Beschaffung eines schlachtreifen Schweins wieder einmal ein G'schäftle zusammen. Addi und ich stehen im schönsten Stall des Allgäu. Addi tuschelt im Düsterlicht mit seinem, unserem Bauern. Listig, so viel sehe ich, grinst der Borstenviehlieferant. Beide, höre ich, munkeln in einer Sprache, die mit dem Chinesischen oder – wahlweise – Arabischen etwas gemein hat: Ich verstehe kein Wort. Etwas krieg' ich aber doch mit; selbst die Menschen im Allgäu, in Bayerisch-Schwaben gebieten über mimische Ausdrücke und fassbare Gebärden.

Bekomme also mit: Die Sau, die mittelschwere, ganzkörperbehaarte Rosinante, muss in einen Kasten auf der geräumigen Ladefläche des Großraumtransporters. Lebend, versteht sich, in einen alten Bauernschrank, einen apart bemalten, Bau- und Bemaljahr etwa 1845. Aber was ist das? Sau weg, Schrank weg!? Wo bleibt da das G'schäftle? Ich werde nie dahintersteigen. Im Düsterlicht des Stalles muss mehr gemunkelt worden sein, als eine treue westfälische Seele träumen kann. Gegengeschäfte? Das Schwein zahle ich in Deutschmark, Sonderpreis.

Weg mit der Sau, ab vom Acker, fort vom Allgäugehöft. Rosinante wird harsch zupackend gegriffen, an allen bors-

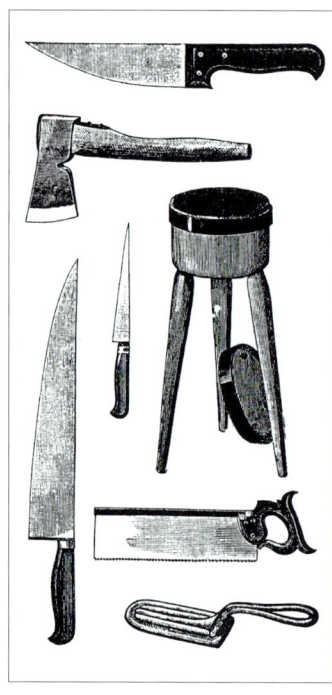

tigen Vieren, sogar am freundlich wedelnden Ringelschwänzchen, und in den Bauernkasten im Großraumwagen gehievt.
Nein, die hat kein Schwein gehabt. Schreit zum Herzerbarmen, rosige Allgäusau, quäkt und kreischt und quiekt. Das Ringelschwänzchen ringelt sich nicht mehr. Schweineschicksal.
Aber, so fragt sich der ozeanische Metzger in Anried, wo bleiben Addi, Rainer und die Sau?
Addi ist ein rasanter Autofahrer. Recht gewagt, fast tollkühn schon legt er sich in eine lang gezogene Kurve bei Schweinekobendorfen im schönen Allgäu, brüllt, als sein Großraumtransporter ins Schlingern kommt. Und dann ist es geschehen. Während ich marianische Stoßgebete zum Himmel schicke, sehe ich mich schon im Schoße der Schutzengelein auf der rosarot beleuchteten Wolke Nummer sieben.
Rosinante ist weg; in plattdeutschen nordischen Theaterstücken hat man ihre Schwestern auch mit dem Namen Jolanthe belegt; solcherlei Schwänke sind sogar ins Bayerische übersetzt.
Rosinante-Jolanthe ist weg. Addi brüllt das so: »D' Sau is furt!« Schüchtern ergänze ich: »Der schöne Bauernkasten auch, alles menschliche Tun und Haben nur Schall und Rauch.«
Schrank und Sau, Sau und Schrank sind während Addis Kurvenmanövern aus der Schiebetür des Großraumtransporters geflogen. Die Tür hat sich verselbstständigt und ist gemäß unübersehbarer physikalischer Gesetze in einen eingebauten Auto-Rahmen-Kasten gerollt. Das lehrt mich zweierlei: lange Kurven langsam fahren und, zweitens, deutsche Wertarbeit ist auch nicht mehr, was sie unter Ludwig Erhard war.
Verdammte Technik! Sau davon, bunter Bauernschrank zerbrettert. Im Auto riecht es schweinisch.
Wir springen aus dem Großraumtransporter, rennen durch muffige Straßengräben, stolpern über nasse Weiden, krauchen durch moosiges Fichtenunterholz.
Zuhause in Anried, so viel ist sicher, fragt der Weltmeerekoch: Wo bleiben Addi, Rosinante-Jolanthe und Auftraggeber Rainer?
Wo die bleiben? Die sind auf Sauhatz über unendliche Allgäuweiten und sehen aus wie – ja genau: wie die Schweine. Endlich haben wir Rosinante am Kringelschwänzchen, basteln auf der Ladefläche unseres Großraumtransporters –

152

das Tier japst vernehmlich, lauter röchelnd als wir – eine Wohnstatt für unsere ganzkörperbehaarte Reisebegleiterin. Aus ramponierten Bauernkastenbrettern, versteht sich, und dieseln weiter gen Anried. Addi, scheint mir, ist ein wenig langsamer geworden. Die Straßenkurven nimmt er weicher.

Endlich Anried hinter den sieben Bergen mit den lustigen Zwergen. Der Ozeanische, der Metzger, findet das alles nicht märchenhaft. Indigniert lugt er um unsere Bauernhausecke. »Ach, seid Ihr endlich da?« Rosinante-Jolanthe wird – von wegen liebes Rosilein – aus den Bauernschranktrümmern gezerrt. Wo rohe Kräfte zielvoll walten! Schon hat der Bolzenschussapparat das Tierchen ins Jenseits befördert, ein letztes, sanft hingeseufztes Quiekerchen. Halali, die Sau ist tot. Der Metzger von den sturmumtosten Ozeanen schwingt scharfe Messer. Fachgerecht, mit schnellen Schnitten, passgenauen Beilhieben wird die Sau zerteilt, das Allgäu-Rosinantelein. Zuvor fließt Blut, viel Blut. Beim Schweineschlachten ist das nicht zu vermeiden. Der rote Lebenssaft wird, nach einem flinken Schnitt ins Hälslein, in Wannen aufgefangen und warm gerührt.

Die Sau ist tot. Hängt über einer Leiter, malerisch zweigeteilt wie damals die Rosinanten in Warendorf, und

harrt – nun schon im Rosinantenjenseits – ihres säuischen Schicksals. Gottergeben. Das arme Schwein.

Doch was ist mit dem metzgernden Herrn der Weltmeere los? Furcht erregend stochert er mit seinen blitzblanken, sorgsam geschärften Schneidewerkzeugen im bayerisch weißblauen Himmel herum, rümpft die Nase und befindet: »Die Sau stinkt.« Alle riechen, schnuppern rüsselvoran in die Rosinantenhälften.

Diesmal haben wir kein Schwein.

»Schau' mal«, sagt der Schwarzmetzger. »Überall rote Flecken.« Ich rufe einen Arzt an, einen guten Freund. Viechdoktor bin ich nicht, verkündet der, aber so viel kann ich sagen: Blutergüsse, klare Diagnose. Die Dame muss gestolpert sein. Damit hat der gute Mann mehr als Recht. Hämatome, medizinische Ferndiagnose. Aber ob ein Schwein aus dem Allgäu von so etwas stinkt, vermag er über Telefon nicht zu sagen. Ratlosigkeit in Anried, Kriegsrat.

Die Sau ist tot, die Sau stinkt.

Der Metzger weigert sich, sie zu verwursten, für einen langen Winter zu konservieren. Haut einfach ab, schwupp um die Ecke, und ruft: »Den Wurstkessel hol' ich morgen.« Aus dem Rohr raucht es noch, jetzt etwas schüchterner. Wölkchen der zierlichsten Art ziehen unschuldig zum weißblauen Himmel.

Metzger fort, Rosinante-Jolanthe aber da. Hängt zweigeteilt. Und Addi und ich? Wir beschließen, diesmal wirklich Schwein zu haben. Reden – wiederum Telefon – mit dem Tierarzt im nächsten Dorf, legen uns ihm gewissermaßen fernmündlich zu Füßen, tun devot, mit schlechtem Gewissen, Abbitte und erklären: Nie wieder wird in Anried in Bayerisch-Schwaben schwarz geschlachtet.

Kommen aber muss er schon, der Herr Tierdoktor, und tut es auch. Gibt, der Lump, dem ozeanischen Metzger Recht, jawohl, die Sau hat Hämatome, rote Flecken im zerteilten 100-Kilo-Leib. Da wird es still auf dem Anrieder Gehöft. Doch der Viechdoktor zeigt bei der Inaugenscheinnahme solchen Elends wahre menschliche Züge. Er drückt seinen blauen Fleischbeschaustempel auf allerlei Rosinanteteile und fährt, drohend unter buschigen Augenbrauen hervorblitzend, davon.

Aber riechen, gar stinken, hat er gesagt, tut das Tier nicht. Hat indes gedroht, beim nächsten Mal Anzeige, ist doch klar. Und hat gern die paar Märker für seine Stempelarbeit mitgenommen. So macht schwäbisch stempeln gehen Spaß!

Was aus dem zerbretterten bunten Bauernkasten geworden ist, weiß ich nicht mehr. Ich weiß aber noch sehr genau, dass der ozeanische Metzgerkoch – zum dritten Mal Telefon – sich trotz amtlicher Fleischbeschaustempel strikt geweigert hat, die, wie er meinte, stinkende Sau zu verwursten. Aber wohin mit dem toten Tier? In der Nacht haben wir, meine Frau und ich – Furcht erregend bellten unsere Teckelhunde – die bedauerlicherweise im Allgäu verunfallte Rosinante-Jolanthe in einen Wiesenfluss mit Namen Zusam geworfen.

Wir hatten Angst. Es leuchtete ein heller Vollmond vom Himmel, tauchte die Reischenau in gespenstisch bleiches Leuchten. Lichtscheues Gesindel mag das nicht. Uns nächtlich schleichenden Übeltätern ging das Metzgerwort nicht aus der Nase und dem Hirn: »Die Sau stinkt!« Wer, bittesehr, isst schon gern trichinöses Schweinefleisch!

Rosinante-Jolanthe versank im gemächlich donauwärts rinnenden Flüsslein, trieb davon, tauchte noch einmal auf und präsentierte sich aus bleichbuntem Ufergestrüpp von den allerbesten Schweinehälften. Das sind die Augenblicke, die man nie vergisst.

Es geht die Kunde, das zweigespaltene Schmuckstück habe den Fischen der Zusam prächtig gemundet. Bis heute munkeln erzählfreudige Bewohner des weiten Tals, es seien Hechte in Zentnerstärke und Zweimeterlänge satt geworden von der 100-Kilo-Sau. Aber das ist möglicherweise Anglerlatein.

Verdient, so könnte man sagen, hat an dem westfälisch-bayerischen Schlachtfest einzig der Stempler. Den ozeanischen Metzger haben wir zwei Tage nach der mondüberglänzten Versenkungsaktion in Naturalien entlohnt. Mit goldgelb lockendem Gerstensaft aus den braunen Flaschen einer Privatbrauerei im Dörflein Ustersbach. Preußische Korrektheit gebot uns, den Addi dazuzubitten.

Von jenem Tag an haben wir auf Schlachtfeste verzichtet. Leberwurst und Möppkenbrot, Schnitzel, Schmalz und Schweinshaxe kamen wieder vom Metzger.

Man soll nicht nach den Sternen greifen.

---

Wenn der Schweinekopf da war, musste sich die ganze Familie in der Küche versammeln und den Schweinekopf anschauen. Für den Vater zählte der Schweinekopf zu den schönsten Dingen, die er mit nach Hause brachte, wogegen er für mich immer zu den fürchterlichsten Dingen zählte, die der Vater mit nach Hause brachte. Es gab einen Frühjahrsschweinekopf und einen Herbstschweinekopf, für den Vater aber waren es immer ganz unterschiedliche und zumeist auch ganz unterschiedlich schöne Köpfe. Kein Schweinekopf war für ihn wie der andere, es konnte vorkommen, dass er, nachdem er den Schweinekopf auf den Küchentisch gelegt hatte, mit großer Zufriedenheit sagte: »Diesmal ist es aber ein besonders schöner Kopf«.

*Hans-Ulrich Treichel, Schriftsteller aus Versmold*

Gisbert Strotdrees

# Aus einer Hand und in aller Frische
## Wo es alles Gute gibt, was der Mensch so gerne isst

Manch ein Gast möchte es gerne genauer wissen. »Woher kommen eigentlich die vielen frischen Speisen, die Sie uns auftafeln?« Wer in den Restaurants diese Frage stellt, muss den Koch oder den Restaurantchef schon gut kennen. Gleichwohl darf eine schnelle Antwort nicht erwartet werden – zumal nicht in Westfalen, dem Land des Schweigens. Denn welcher Spitzenkoch und welcher Restaurantchef lässt sich schon in die Karten, respektive in die Geschäftsbücher und Vorratskeller schauen?
Wer allerdings den Restaurantchef oder den Koch in einer stillen Stunde beiseite ziehen kann, der bekommt hier zu Lande auf dem Lande und auch in den Städten Westfalens *Stroetmann* zugeflüstert, eventuell noch versehen mit den Ortszusatz *Münster*. Hinter diesem Namen verbirgt sich ein unbekannter Riese – unbekannt zumindest für die meisten, die westfälische Restaurants allein von der Speisekarte kennen.
Die Firma L. Stroetmann versorgt Gaststätten und Restaurants in Westfalen, am Niederrhein und in Niedersachsen mit allem, was sie brauchen. 36 000 *Food- und Non-Food-Artikel*, so der Fachjargon, haben die Stroetmänner auf der Palette, sprich: in den drei Großmärkten in Münster, Wesel und Gronau. Auf insgesamt mehr als 22 000 qm Fläche werden dort von frühmorgens bis spät abends vor allem Frischfisch, Tiefkühlkost, Frischfleisch sowie Obst und Gemüse angeboten – *aus einer Hand und in aller Frische*, so das werbeträchtige Motto des Unternehmens. Natürlich können dort nur die Restaurants im Lande, die Hotels und Gaststätten sowie andere Großverbraucher und Gewerbetreibende einkaufen. Überdies bringt die Firma L. Stroetmann ihre Ware auch über den eigenen Lieferservice ins Haus. Versorgt werden Hotels und Restaurants zwischen Rhein und Weser, zwischen Siegerland und Emsland.
Nur auf den ersten Blick mag es befremdend wirken, dass das mittelständische Familienunternehmen auch mit Saatgut, Getreide und Tierfutter handelt – und das bundesweit:

156

*Bernhardine Mertens (1809–1882) heiratete 1831 Ludwig Stroetmann (1802–1865) aus Vreden. Mit ihm kam der Name Stroetmann in das Unternehmen.*

*Anno 1854 erwarb die Familie Stroetmann das Haus auf der Rothenburg 28/29. In dem noblen klassizistischen Gebäude hatte sich zu Anfang des 19. Jahrhunderts um die Frau des Oberregierungsrates Karl-Friedrich Rüdiger ein literarischer Zirkel gebildet, dem auch Annette von Droste Hülshoff angehörte.*

Landhandel und Genossenschaften sind die Abnehmer von Mais und Getreide, Ölfrüchten und Kleesaaten, Rasen und landwirtschaftlichen Mischungen sowie einem breiten Sortiment in den Artikelgruppen Vogel- und Hundefutter. Das alles wird über sieben Niederlassungen in ganz Deutschland vertrieben und verkauft. Gehandelt wird mit dieser Ware auf allen Börsen und Märkten Europas.
Diese eigenwillig wirkende Verbindung von Saat und Ernte, von Feldbestellung und Verzehr bildet letztlich zwei Seiten einer Medaille, die bei näherem Hinsehen doch untrennbar zusammengehören. Das erklärt sich aus der besonderen Tradition des Handelshauses Stroetmann. Es ist Anno 1791 gegründet worden als Kolonialwarengeschäft. Das Stammhaus stand in Münster an der Aegidiistraße,

Ecke Breite Gasse. Die Bauern des Umlandes kauften dort Saatgut, und sie bezahlten mit Getreide, Fleisch, Obst und anderen landwirtschaftlichen Produkten.

Vor allem zum Frühjahrssend, kurz vor der Frühjahrsbestellung also, ging es im Hause Stroetmann lebhaft zu. 1854 schreibt der damalige Inhaber, der Kaufmann Ludwig Stroetmann, in einem Brief an seinen Sohn Heinrich: »Am ersten Sendtag, Mittwoch, war es so voll, als wenn alle Leute hier gewesen wären. Sie hätten oben zum Dach hinaus müssen. Ich habe mit den Sendkunden oben bis 2 Uhr gesessen und Mutter mit dem übrigen Personal bis 4 Uhr. Nun, ich muss aber auch gestehen, dass es in der Stadt so voll von Menschen war, wie es in langen Jahren auf dem Send nicht gewesen ist. Der Kleesamenhandel ging gut.«

Ludwig Stroetmann, von dem diese Sätze stammen, gab dem heutigen Unternehmen seinen Namen. Doch die Gründung des Stammhauses, des Kolonialwarengeschäftes an der Aegidiistraße, geht nicht auf ihn, sondern auf seinen *Stiefschwiegervater* zurück, wenn man denn solch eine komplexe Verwandschaftsbezeichnung gelten lässt.

Der Gründer hieß Christopher Holtmann. Er stammte aus Nordwalde und hatte in Münster eine vierjährige Lehrzeit zum Kaufmann absolviert. In seinem Lehrbrief bescheinigt ihm sein Lehrherr, Holtmann habe sich »dermaßen getreu, fleißig und gehorsam angeschicket«, dass er »zu fernerer Kaufmanns- und Handelsschaft gebraucht seyn wolle«. Holtmann ließ sich das nicht zweimal sagen. Am 20. Februar 1791 eröffnete er das Kolonialwarengeschäft. »Gott gebe Glück zu diesem Anfang«, trug der fromme Mann oben auf die erste Seite des ersten Geschäftsbuches ein. Fast vierzig Jahre war das Geschäftsbuch des Gründers in Gebrauch. Wer es durchblättert, kann den weit reichenden, schon damals grenzüberschreitenden Geschäftsverbindungen nachspüren. Neben Firmen im Emsland und in Ostfriesland tauchen vor allem die Namen zahlreicher niederländischer Firmen auf. Auch aus Polen wurde Saatgut importiert – anno 1807 erstmals Serradella, so geht aus dem Geschäftsbuch hervor. Die Handelsware lieferte Holtmann vorwiegend an Bürger und Bauern in Münster und im Münsterland bis ins Oldenburgische hinein. Tee, Kaffee, Tabak, Wein, Branntwein, Zucker, Fische aller Art, Seife, Salz, Käse, Rosinen, Orangen und Sämereien – das alles zählte zur Handelsware des jungen Unternehmens.

*Im Jahre 1912 eröffnete das Unternehmen eine Niederlassung in Hamm. Die Zeit der Zugpferde war noch längst nicht zu Ende.*

Knapp zwei Wochen nach Geschäftseröffnung heiratete Christopher Holtmann die Münsteranerin Sophia Niesert. Drei Töchter gingen aus dieser Ehe hervor. Die jüngste Tochter Anna Gertrud war kaum drei Jahre alt geworden, da starb Christopher Holtmann im Alter von 29 Jahren. Fünf Jahre lang brachte die Witwe das Kunststück fertig, die drei Töchter im Kleinkinderalter großzuziehen, gleichzeitig das Geschäft fortzuführen und es auf sichere Beine zu stellen.
Im Mai 1802 heiratete sie den Kaufmann Franz Heinrich Mertens. Eine Tochter ging aus dieser Ehe hervor: Bernhardine Mertens. Sie war zwanzig Jahre alt, als ihre Mutter starb. Bernhardine wurde zur Stütze ihres Vaters, sie half im Geschäft und lernte in dieser Zeit den Kaufmann Ludwig Stroetmann kennen. Er stammte aus Vreden und war für eine Speditions- und Handelsfirma in Münster tätig.
»Habe mich verheirathet mit Ludwig Stroetmann aus Vreden«, heißt es unter dem Datum 5. Juli 1831 im Familienbuch. Damit kam der Name Stroetmann in die Geschichte der Familie und der Firma.
Die Geschäftsaktivitäten des Unternehmens »L. Stroetmann«, wie es nun hieß, zogen immer weitere Kreise. Bald wurde nicht nur der Nordwesten, sondern auch Mitteldeutschland mit Kolonialwaren und landwirtschaftlichem Saatgut versorgt. Für diese Geschäfte wurde das Stammhaus auf der Aegidiistraße allmählich zu klein. Anno 1854 erwarb die Familie die »Besitzung Rothen-

*Der Firmengründer Christopher Holtmann aus Nordwalde erhielt am 29. April 1784 diesen malerischen, sorgsam geschriebenen Lehrbrief mit den besten Noten.*

burg 28/29« – ein Haus mit besonderer Geschichte. Es war im Stil des Klassizismus erbaut vom berühmten Münsteraner Baumeister J. E. Boner. Der Direktor der Fürstbischöflichen Hofkammer hatte hier residiert, später dann der Oberregierungsrat Karl-Friedrich Rüdiger mit seiner Frau Elisabeth von Hohenhausen, einer Dichterin und Freundin Annette von Droste-Hülshofffs. Das Haus war lange Zeit ein literarischer Treffpunkt, und aus den Fenstern dieses Hauses beobachtete Annette von Droste-Hülshoff, wie die Münsteraner gegen die Festnahme des Erzbischofs von Köln, Clemens-August von Droste-Vischering, demonstrierten.

In diesem Haus also spielte sich bis 1899 das Familienleben und der Geschäftsbetrieb der Stroetmanns ab: das Kommen und Gehen der Bauern und der Fuhrleute, der Händler und Kaufleute, der Firmengesandten aus dem In- und Ausland. Als Ludwig Stroetmann 1865 starb, hatten er und seine Frau vorgesorgt. Die beiden Söhne Heinrich und Wilhelm hatten im Ausland, so etwa in Amsterdam, das Kaufmannsgeschäft erlernt. Sie führten nun die Geschäfte weiter.

Eine Generation später kündete sich ein weiterer Umzug an – ein Umzug zumindest des Geschäftsbetriebes. Um 1900 wurde der Dortmund-Ems-Kanal gebaut. Münster erhielt einen eigenen Hafen mit Anschluss an das Eisenbahnnetz. Die Verkehrswege, eine der zentralen Grundlagen jedes Handelsunternehmens, veränderten sich da-

durch grundlegend. Die Firma L. Stroetmann reagierte prompt. Die neuen Inhaber, die Vettern Ludwig und Gregor Stroetmann, errichteten ein dreistöckiges Lagerhaus am Hafen. Auf dem direkten Schifffahrtsweg konnten nun Zucker und Salz und andere Massengüter bezogen werden. 1910 wurde eine eigene Rösterei von Korn- und Malzkaffee eröffnet, zwei Jahre später folgte eine neue Niederlassung inklusive Rösterei in Hamm. Das Unternehmen expandierte wiederum. Weit über Münster hinaus erwarb es sich einen guten Ruf durch die vier »K«:
– Kolonialwaren aller Art,
– Kaffee aus Bohnen, Korn und Malz,
– Kornsaatgut und andere Sämereien vor allem für die Landwirtschaft,
– »Kunstdünger«, wie es damals hieß, und andere Düngemittel.

Anno 1914, kurz vor dem Ersten Weltkrieg, brannte das Lagerhaus am Hafen bis auf die Grundmauern nieder. Statt des alten, dreistöckigen Gebäudes erhielt der Neubau nun fünf Stockwerke. Gegenüber, am Hafenweg, wurde dann gleich noch eine Kaffee-Großrösterei samt Korn- und Malzkaffeewerk errichtet.

Nach den Schwierigkeiten des Ersten Weltkrieges und der Inflationsjahre ging es weiter aufwärts. Die Firma L. Stroetmann eröffnete 1924 im Hamburger Freihafen ein Importgeschäft. Kurz vor dem 150-jährigen Bestehen des Unternehmens wurde der Gründungsort, die Innenstadt

*Als um 1900 der Dortmund-Ems-Kanal gebaut wurde, etablierte sich die Firma Stroetmann im münsterischen Hafen. Im Briefkopf heißt es zutreffend: »Wie die Saat, So die Ernte«.*

Münsters, vollständig aufgegeben. Das Haus an der Rothenburg wurde 1936 verkauft. Es war mit seiner Umgebung längst zu klein und zu eng geworden für die Stroetmann'schen Handelsströme. Alle Geschäfte wurden fortan am Hafen, in einem neu errichteten Bürohaus, abgewickelt.

Im Zweiten Weltkrieg wurde Münsters Hafen mehrfach bombardiert. Auch die Firma wurde getroffen. Ihren Geschäftsbetrieb konnte sie bis zum Ende 1944 aufrechterhalten, wenn auch in stark verkleinertem Umfang. Kurz nach Kriegsende begann man mit dem Wiederaufbau. Anfangs diente lediglich eine Baracke am Hafen als Kontor. Außerdem standen noch Geschäftsräume im Privathaus von Ludwig und Marie-Therese Stroetmann zur Verfügung. Es hatte den Krieg unbeschadet überstanden.

Bis in die 50er Jahre hinein waren die Lagergebäude im Hafen wieder instandgesetzt, teils neu aufgebaut, teils erweitert worden. Ende der 50er Jahre aber zeichnete sich auch ab, dass sich die Handelsgeschäfte veränderten. Der Handel mit Düngemitteln etwa lohnte sich gar nicht mehr und wurde aufgegeben, denn die Hersteller hatten eigene Handelsgesellschaften gegründet, um direkt an den Landhandel zu verkaufen.

Umso stärker stieg die Firma L. Stroetmann in den Lebensmittelgroßhandel ein. »Hätte ich mich dazu nicht entschlossen, ich wäre mit Sicherheit in drei oder vier Jahren vom Markt verschwunden.« Davon war der damalige Firmenchef Hermann Stroetmann überzeugt.

Zwischen 1959 und 1969 wurden drei Münsteraner Lebensmittelgroßhandlungen übernommen, und bereits 1967 hatte die Firma ihren ersten *C+C-Markt* eröffnet. *C+C*, so erklärte eine Lokalzeitung den Münsteranern das neue Konzept, stehe für *Cash and Carry*, und das übersetzte der damalige Redakteur mit *Zahle bar und bedien' Dich selbst*. Hotels, Restaurants und Gaststätten des Umlandes sowie andere Großkunden konnten sich dort Tag für Tag von morgens 6 bis abends um 21.30 Uhr mit frischen Zutaten für Küche und Ausschank versorgen. Und das vollautomatisch: »Elektronische Berechnung an der Kasse ohne Wartezeit« – darüber staunten seinerzeit Journalisten und Kunden gleichermaßen...

Nicht mehr das Schiff, sondern das Auto und der Lastkraftwagen waren die wichtigsten Verkehrsmittel in diesem Handel. Folgerichtig war die Firma in den 60er Jahren noch einmal umgezogen: weg vom Hafen, hin zur da-

mals neuen Autobahn, die Münster mit dem Ruhrgebiet, mit Niedersachsen und den Niederlanden verbindet. Auf einer stattlichen Fläche von 54 000 qm in Mecklenbeck wurde eine zweistöckige moderne Halle mit damals insgesamt 13 500 qm Lagerfläche errichtet. Dort wurden das Großhandelslager und der C+C-Großverbrauchermarkt untergebracht – gewissermaßen die Versorgungsstation für Hotels und Gaststätten und all die anderen Großkunden in Westfalen.

Es war der dritte Umzug des Unternehmens in seiner mittlerweile 175-jährigen Firmengeschichte, und es war fast so etwas wie eine Neugründung. Und als wollte sich die Geschichte wiederholen, so traf in dieser Auf- und Umbauphase ein Schicksalsschlag das Unternehmen. Der Chef des Hauses, Hermann Stroetmann, starb im September 1969. Wieder wurde, wie in den Gründerjahren, eine Frau wichtig für den Fortbestand des Unternehmens. Dorli Stroetmann übernahm die Leitung der traditionsreichen Firma und wurde dabei von engagierten Mitarbeitern und einem Beirat unterstützt, bis im Jahre 1982 ihr Sohn Lutz Stroetmann und im Frühjahr 1983 ihr zweiter Sohn Max Stroetmann mit in die Geschäftsführung eintraten.

*Jetzige geschäftsführende Gesellschafter des Unternehmens sind die Brüder Lutz und Max Stroetmann.*

Vor allem der C+C-Markt erwies sich als zugkräftige Idee. Die Verkaufshalle im Südosten Münsters platzte bald aus allen Nähten. Dieser Aufschwung machte bereits nach vier Jahren einen Neubau nötig, über den schon der verstorbene Firmenchef Hermann Stroetmann nachgedacht hatte. Nach seinen Plänen wurde ein neuer, rund 5 000 qm großer C+C-Markt errichtet und im Oktober 1971 eröffnet. Später wurde die Fläche noch einmal vergrößert und weist heute 12 800 qm auf. 1978 wurde nach diesem Prinzip ein zweiter C+C-Markt in Gronau eröffnet – mit einer Verkaufsfläche von rund 3 000 qm, die ebenfalls nach einigen Jahren verdoppelt wurde. In Wesel schließlich folgte der dritte C+C-Markt mit rund 3 400 qm.

Heute leiten die Brüder Max und Lutz Stroetmann die Unternehmensgruppe L. Stroetmann. Den Saatenhandel führt der 43-jährige Lutz Stroetmann, während sein zwei Jahre jüngerer Bruder Max Stroetmann den Bereich des Lebensmittelhandels steuert. Dieser Bereich wiederum teilt sich in drei rechtlich eigenständige Unternehmen:
– Die Firma *L. Stroetmann Lebensmittel* ist Großhändler der Spar-Kette für Münster und Westfalen und versorgt von ihren Lagern in Münster und Unna mehr als 200 Einzelhandelsunternehmen im Land.

- Die Firma *L. Stroetmann Großverbraucher* beliefert gastronomische Betriebe und Großverbraucher wie etwa Krankenhäuser, Gefängnisse, Anstalten und Heime mit Lebensmitteln.
- Die Firma *L. Stroetmann Großmärkte* betreibt die drei C+C-Märkte in Münster, Gronau und Wesel.

Vieles hat sich geändert im Laufe der mehr als zweihundertjährigen Unternehmensgeschichte. Bis heute allerdings prägen die beiden Seiten einer Medaille die Geschäfte der Firma: der Handel mit Saaten und der Handel mit Lebensmitteln. Bauern aus Münster und dem Umland freilich sind längst nicht mehr die direkten Geschäftspartner wie noch zu Zeiten der Gründerväter Christoph Holtmann und Ludwig Stroetmann. Das Unternehmen wird von schlagkräftigen Großlieferanten versorgt, die wiederum Fleisch, Kartoffeln, Milch, Obst und andere Frischprodukte von Landwirten beziehen. »Den direkten Kontakt gibt es nicht mehr«, sagt Max Stroetmann heute. »Das ist Nostalgie.«

Rainer A. Krewerth
# *Mein Tante-Tresken-Laden*
## Ein Jammer, dass die Tante-Emma-Läden verschwunden sind

Für den Westdeutschen Rundfunk schrieb ich mir anfangs der Achtzigerjahre meine Wehmut über den Untergang der Tante-Emma-Läden vom Herzen. Der Text erschien später in dem Buch »Ehrlich gesagt«, Westfalen Verlag Bielefeld, 1985.
*Ehrlich gesagt*, mir fehlen die Tante-Emma-Läden. Früher, vor gut 40 Jahren, hießen die ja noch chanz anders. Tante Emma hieß bei mir (und heißt bis heute) Tante Tresken. Tante Tresken Disselkamp.
In ihrem kleinen, aber piekfeinen Laden mit dem blitzeblanken Fliesenboden roch es köstlich nach einer unvergleichlichen Mischung aus Kernseife, Plätzchen, Kandiszucker, Sauerkraut und Himbeerbonbons, die – wie alle Bömskes – in Gläsern lockend lagen.
Wenn ich für Omma eben mal über die Straße ging, die Münsterstraße in Warendorf, um ein Pfund Salz zu holen oder ein Kilo Zucker, dann ging ich nie ohne ein Bömsken von Tante Tresken nach Hause, einen Karamelbonbon, so einen richtig leckeren Plombenzieher. Manchmal war's auch ein rosaroter Himbeerbonbon.
Das Salz oder der Zucker waren gefüllt in braune Papiertüten. Diese umweltschädlichen, verdammten Plastiktragetüten von heutzutage, die gab es damals noch nicht. Wenn ich mehr als ein Pfund Mehl einzukaufen hatte, nahm ich eine Einkaufstasche mit, und die machte keine Umweltprobleme, wie diese dusseligen Plastikdinger. Die war aus Leder oder Leinen oder geflochten aus Bindfäden, aus Packsbandzeugs.
Gewogen wurde nicht – wie heute im Supermarkt – mit hektisch piepsenden Computerwaagen. Nee, nee, Tante Tresken hatte eine ordentliche Balkenwaage. Da kam auf eine Metallplatte das Gewicht, aufwärts von fünf Gramm, und in eine blitzblanke Messingschüssel kam die Ware. Jüst dieser Tage hat Tante Tresken mir noch voller Stolz erzählt, dass ihre gute Balkenwaage unsere wirtschaftwunderlichen Zeiten überdauert hat.
Tante Tresken spielte in ihrem Tante-Tresken-Laden auch

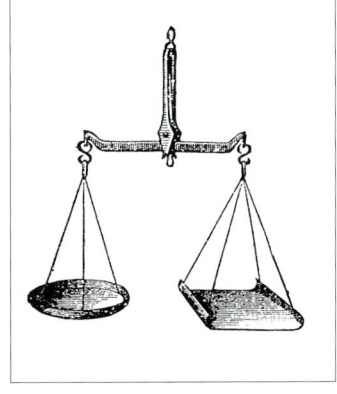

*Nein, Tante Tresken wog nicht mit Computerwaagen, addierte nicht elektronisch. Das bisschen, das ihre Kunden kauften, rechnete sie mit Bleistift auf länglichen Zetteln aus.*

165

*So sah es damals bei Tante Emma aus. Kunden, Käufer also, hatten eine enge Beziehung zur Lebensmittelhändlerin in der Nachbarschaft. Es ging nicht nur um Einkauf und Gewinn, sondern auch um den Austausch neuester Nachrichten.*

*Vor den Tante-Tresken-Tante-Emma-Läden standen Sauerkraut- und Schnippel- bzw. Fitzebohnenfässer. Wer nicht selber vorsorgte, konnte sich hier pfundweise bedienen.*

keine Berieselungsmusik, damit die Leute zum Kaufen, zum Mehrkaufen animiert wurden. Dafür hatte sie immer ein freundliches Wort parat. Aber deshalb kaufte keiner mehr oder weniger. Geld gab's sowieso zu wenig, damals um 1950.

Was mir noch fehlt? Die gemütlich-braunen Holzregale, die selbst gebackenen Spekulatien von Tante Tresken, der nette weibliche Lehrling, den sie hatte, ja, und das selbst gemachte Sauerkraut, zu dessen Herstellung Tante Treskens Eltern jedes Jahr fünf Zentner Kappesköppe kauften. Ehrlich gesagt, sie fehlen mir sehr, die Tante-Emma-, die Tante-Tresken-Läden.

Aber einen Trost habe ich. Tante Tresken hat mir vor Jahr und Tag das Sauerkrautfass geschenkt, das immer vor ihrer Ladentür stand. Und weil sie sehr nett ist, hat sie mir gleich den Zwilling dieses schönen Fasses dazugeschenkt. Aus dem großen, steinernen braunen Behälter wurden – selbstverständlich selbsteingelegte – Fitzebohnen verkauft. Die schmecken so lecker, wie die Erinnerung an den Untergang der alten kleinen Läden gleich um die Ecke bitter schmeckt.

Bei Tante Tresken gab es:

Bonbons aus dem Glas, Schmierseife, Salz und Zucker lose, Rabattmarken, Bienenstich, Mottenkugeln, Erbswurst, Stiefelwichse, Fliegentod, Bückling in Zeitungspapier, Kopfwehpulver, saure Drops, Holzregale, für einen Groschen Brause, 50 Gramm guten Kaffee, Rum-Aroma, Sauerkraut vom Fass, ein Achtel Käse geschnitten, Erbsen, Bohnen, Linsen, Graupen in Papiertüten, Petroleum, Milch in die Emaillekanne, Nussbruch, Backpulver, Wackelpudding, für fünf Pfennig Hefe, Wurst am Stück, ATA und IMI, Hoffmann's Stärke, Kathreiners Malzkaffee, Blockmalz, Krüllschnitt, eine Balkenwaage, ein Anschreibebuch, unnachahmliche Gerüche, ein nettes Lächeln über die Theke, kostenlose Gespräche über Gott, die Welt, die Nachbarn und Opas Leistenbruch sowie *Tante Tresken selber.*

Bei Tante Tresken gab es nicht:

Elektronische Kassen und Waagen, Hausdetektive, Schlagerberieselung, Plastiktüten, Einkaufswagen, wildfremdes Personal, Tiefkühlkost, Meister Propper, Käsetheke, 15 Sorten Bier, Wühltisch, T-Shirts, Werbewochen, Büstenhalter, Slips zum Spartarif, Orchideen in Klarsichtfolie, Alarmanlagen, Grillkohle, Hummer in Dosen, Klopapier zum Familien-Super-Spartarif, automatische Türen, Kaviar im Glas, Fotoservice, Überraschungseier, Partyartikel, Jogginganzüge, Sonnenschirme, Autositze, Motoröl, Gummibäume, Kosmetika, Schafskäse, Olivenöl, Papierwindeln, Kiwis, Auberginen, Bilderrahmen, Postwurfsendungen, Verkaufsstrategie, Deo-Spray, Raumzerstäuber, Hamsterfutter, Kaninchenstreu, Eistorte sowie *einen Supermarktleiter.*

# Münsterländische Köche bitten zu Tisch

Das sollte es sein – ein Potpourri einfacher bis recht schwieriger Gerichte, vom deftigen Eintopf bis zum Festtagsessen. Fünf renommierte Köche setzten sich hin und notierten, was ihnen an Neuem und Bewährtem einfiel. Probieren Sie selbst, ob hier zu viele Köche den Brei verdorben haben. Gesegnete Mahlzeit, aber Achtung: Für einige der Rezepte ist viel Küchenverstand erforderlich!

*Linke Seite:*
*Das »Historische Brauhaus Warintharpa« in Warendorf ist die Wirkungsstätte von Jörg Schulkowski.*

# »Historisches Brauhaus Warintharpa«

*Jörg Schulkowski, Küchenchef und Betriebsleiter im »Historischen Brauhaus Warintharpa« in Warendorf, hat für dieses Buch elf neue Gerichte zusammengestellt und dabei auf Produkte zurückgegriffen, die in Westfalen beliebt und bekannt sind.*

### Kaninchen mit Stielmusschaum und Kartoffelravioli

*1 Kaninchen, 500 g Stielmus, 250 g Sahne, 500 g Kartoffeln, 80 g Schalotten, 250 g Perlzwiebeln, 3 Knoblauchzehen, 1 Bund Kerbel, 1 langer Zweig Thymian, 1/20 cl Noilly Prat (Wermut), 300 g Karotten mit Grün, 250 g Austernpilze, 50 g Olivenöl zum Braten, 50 g geräucherter Bauchspeck*

Das Kaninchen ausbeinen und die einzelnen Fleischteile parieren. Die Knochen klein hacken, mit Röstgemüse (Lauch, Sellerie, Möhren) leicht anschwitzen und mit Wasser bedecken, um einen hellen Kaninchenfond zu ziehen. Die einzelnen Fleischteile in Olivenöl anbraten und zum Ruhen nach 2/3 der Garzeit beiseite stellen.

#### Das Gemüse
Die Kartoffeln schälen und zur Hälfte fein würfeln, Stielmus waschen und blättrig schneiden, blanchieren; Schalotten, Knoblauch und Karotten schälen, Austernpilze vom Strunk befreien und waschen. Die gewürfelten Kartoffeln in Butter anschwärzen, Zwiebelwürfel hinzufügen, glasig machen, mit hellem Kaninchenfond ablöschen, etwas Thymian und fein geschnittenen Knoblauch zugeben. Nach 2/3 der Garzeit etwas Sahne zufügen und ganz zum Schluss das Stielmus mit Salz und Pfeffer abschmecken.

#### Der Stielmusschaum
Die Kartoffelabschnitte in einer Sauteuse anschwitzen, Schalotten, Knoblauch und Thymian hinzufügen; mit Kaninchenfond ablöschen; nach 10 Minuten 1/3 des Stielmus' hinzufügen, einmal aufkochen, mit Rotor pürieren, passieren und mit Sahne, Wermut, Salz und pfeffer abschmecken.

#### Die Kartoffelravioli
Die größten Kartoffeln auf dem Küchenhobel oder an der Aufschnittmaschine in größtmögliche dünne Scheiben schneiden, mit Eigelb bestreichen, gerösteten Speck, Zwiebelwürfel zum Füllen aufsetzen und mit einer weiteren Kartoffelscheibe belegen und ausstechen, anschließend in einer heißen Fritteuse goldgelb backen.

Die Karotten blanchieren und in Butter und Gewürzen glasieren. Das Ganze fertiggaren. Die Austernpilze sautieren, das Gemüse ein letztes Mal probieren.

Die Zubereitung dieses Gerichts ist sehr zeitaufwändig und bedarf gehobener Kochkunst.

*Stielmus gehört im Münsterland zu den beliebtesten Frühjahrsgemüsen.*

## *Grünkohl-Schlemmertopf*

*1 Tiefkühl-Gänsekeule etwa 350 g, 1 Kasseler (ca. 150 g), 4 Teelöffel Gänseschmalz, 60 g durchwachsener Speck, 50 g gewürfelte Zwiebeln, 1 geräuchertes Mettwürstchen, 600 g Tiefkühl-Grünkohl, ¾ l Instant-Fleischbrühe oder Wasser, 750 g Kartoffeln, Salz und Pfeffer, Piment gemahlen*

Die Gänsekeule bei Zimmertemperatur auftauen lassen, abwaschen, abtrocknen und das Fleisch von den Knochen lösen. Das Kasseler ebenfalls von den Knochen lösen und beides in kleine Würfel schneiden.
Das Gänseschmalz erhitzen, die Fleischwürfel darin anbraten. Den durchwachsenen Speck in Streifen schneiden, mit den Zwiebelwürfeln zu dem Fleisch geben und mitbraten lassen. Den TK-Grünkohl unaufgetaut mit der Fleischbrühe oder dem Wasser hinzufügen, schmoren lassen.
Kartoffeln schälen, in Würfel schneiden, nach 30 Minuten Schmorzeit mit dem Würstchen zu dem Grünkohl geben, den Grünkohl-Schlemmertopf mit Salz, Pfeffer und gemahlenem Piment abschmecken. Garzeit: etwa 1½ Stunden.

Beigabe: Bauernbrot

## *Kassler mit Grünen Bohnen und Mettwurst*

*4 Scheiben geräuchertes Kassler, 4 geräucherte Mettwürstchen, 800 g Grüne Bohnen, gesäubert, 2 mittelgroße Kartoffeln, 2 Teelöffel Essig, 1 Teelöffel Salz*

Kartoffeln schälen und in Salzwasser kochen, Mettwürstchen in Scheiben schneiden und hinzufügen. Nach 10 Minuten die Bohnen hinzugeben und garen. Mit Gewürzen abschmecken. Essig hinzufügen und das Kassler in den Topf geben. Weiter 10 Minuten erhitzen, damit das Kassler durchwärmt.

## *Fischlasagne mit Kürbis*

*8 Lasagneblätter, 500 g Dorschfilet, Salz, Pfeffer, Zitrone, 2 Esslöffel Öl*

Lasagneblätter in Salzwasser knapp weich kochen, herausnehmen und abtropfen lassen. Dorschfilet mit Salz, Pfeffer, Zitrone würzen und in heißem Öl beidseitig kurz anbraten.

*Bechamelsauce*
*20 g Butter, 1 Teelöffel Mehl, 150 ml Milch, 1 Teelöffel geriebener Käse, Salz, Pfeffer*
Die Butter schmelzen, das Mehl beifügen, kurz dünsten, mit Milch ablöschen, mit Salz, Pfeffer, Käse abschmecken.

*Kürbissauce*
*400 g Kürbis (gesäubert, gewogen), 1 kleine Zwiebel (fein gehackt), 15 g Butter, 150 ml Wasser, 1 Bouillonwürfel, Cayennepfeffer, Currypulver, Salz, Pfeffer*
Zwiebel in der Butter dünsten, Kürbis hinzufügen, Wasser und Bouillonwürfel

hinzugeben, zugedeckt weichdünsten, mit Kochflüssigkeit pürieren, abschmecken. Gratinform ausbuttern, abwechselnd Lasagneblätter, Kürbis, Fisch und Bechamel schichten. Mit Kürbis und Bechamel schließen.
200 Grad – 20 Minuten.

## Westfälische Schnittlauchsuppe

*800 g Kartoffeln, ¾ l Wasser, Salz, Pfeffer, 50 g durchwachsener Speck, 1 Esslöffel Essig, 150 ml süße Sahne, 2 Bund Schnittlauch*

Geschälte Kartoffeln würfeln und in Salzwasser ca. 25 Minuten garen. Dann durch die Presse drücken oder mit dem Zauberstab pürieren und wieder zum Kochwasser geben, kurz aufkochen.
Fein gewürfelten Speck, Essig und Sahne unter den Kartoffelsud rühren, abschmecken. Schnittlauch in Ringe schneiden und in der Suppe verrühren.
Empfehlung: dazu Paprikasalat.

## Kartoffelmaultaschen mit Rauke-Butter-Sauce

### Für die Füllung (ca. 20 Stück)
*30 g Butter, 200 g Champignons, Salz, frisch gemahlener Pfeffer, 1 Fleischtomate, 50 g Crème double*
Butter zerlassen, Champignons putzen, fein würfeln, in Butter andünsten und mit Salz und Pfeffer würzen.
Fleischtomate kurze Zeit in kochendes Wasser legen (nicht kochen lassen), in kaltem Wasser abschrecken, enthäuten, die Tomate halbieren, die Stengelansätze herausschneiden, das Tomatenfleisch in Würfel schneiden und zu den Champignons geben. Crème double unterrühren, erkalten lassen.

### Für die Maultaschen
*1½ kg mehlig kochende Kartoffeln, 20 g Butter, Salz, gemahlene Muskatnuss, 1 Eigelb, 100 g Weizenmehl*
Kartoffeln waschen, in Wasser zum Kochen bringen, 25 Min. gar kochen lassen, abgießen, abdampfen, pellen, durch die Kartoffelpresse drücken. Butter, Salz, Muskatnuss und Eigelb unterrühren, etwas erkalten lassen. 100 g Weizenmehl unterrühren.
Den Kartoffelteig auf einer bemehlten Arbeitsfläche in kleinen Portionen etwa ½ cm dick ausrollen, mit einem gezackten Ausstecher Kreise (Ø 8 cm) ausstechen, gut 1 Teelöffel der Füllung darauf verteilen, übereinander schlagen, die Ränder andrücken.
1½ l Salzwasser zum Kochen bringen, Kartoffelmaultaschen portionsweise hineingeben, so lange ziehen lassen, bis sie an die Oberfläche steigen. Mit einem Schaumlöffel herausnehmen, warm stellen.

### Für die Rauke-Butter-Sauce
*50 g Rauke (Rucola), 1 Esslöffel Zitronensaft, 100 g weiche Butter, 1 Schalotte, ¼ l trockener Weißwein, 1 Esslöffel Schlagsahne, Salz und Pfeffer*
Die Rauke waschen, die unteren Stielenden entfernen, die Rauke trocken tupfen, fein hacken, mit Zitronensaft und Butter verrühren. Die Schalotte abziehen, fein würfeln, mit dem Weißwein zum Kochen bringen und auf die Hälfte einkochen lassen. Schlagsahne unterziehen, die Kräuterbutter mit dem Passierstab in der Sauce aufschlagen, Rauke hinzugeben (Rauke darf nicht zu stark erhitzt werden, sie wird sonst braun), mit Salz und Pfeffer abschmecken und zu den Maultaschen reichen.

*Eine erfolgreiche Verkaufsidee – »Warendorfer Pferdeäppel« aus einer Konditorei der Reiterstadt. Es handelt sich um Schokoladentrüffel, die stilgerecht in Stroh gepackt und in Gläsern angeboten werden. Rossäpfeln sehen sie zum Verwechseln ähnlich.*

## Zanderfilet auf Bio-Pumpernickelsauce

*480 g Zanderfilet, Zitronensaft, 1 dl Altbier, 3 dl Fischfond, 60 g Pumpernickelkrümel*

Zanderfilet waschen, trockentupfen, jedes Filet in 4 gleich große Stücke schneiden, mit Zitronensaft beträufeln. Altbier zum Sieden bringen, gewürztes Zanderfilet darin garen.
Den Fisch dann herausnehmen und warm stellen. Pumpernickel in die Sauce geben und leicht köcheln lassen, bis sie bindet, abschmecken und zu dem Zander reichen.

## Quarkstipp mit Pellkartoffeln

*250 g Sahnequark, 3 Esslöffel Öl, etwas Salz, 2 klein geschnittene Zwiebeln, 2 Esslöffel Schnittlauchröllchen, 1 kg kleine Kartoffeln, 50 g Speck, 2 kleine Zwiebeln*

Sahnequark mit Öl und etwas Salz verrühren. Klein geschnittene Zwiebeln und Schnittlauchröllchen hinzugeben.
Die Kartoffeln gründlich waschen und in der Schale kochen, heiß abpellen.
Speck würfeln und mit den in Würfel geschnittenen Zwiebeln erhitzen, bis sie hell gelb geworden sind.
Pellkartoffeln mit den Speckzwiebeln servieren und den Quarkstipp dazu reichen.

## Gebackenes von Sauerkraut und Putenbrust

*250 g Mehl, 100 g Butter, 3 Esslöffel Wasser, Salz*

Teig kneten und eine Stunde ruhen lassen.

*Füllung*
*500 g Sauerkraut, 250 g geräucherte Putenbrust, 2 mittelgroße Kartoffeln, 2 mittelgroße Lauchstangen, 4 Eier, 1 Eigelb, ¼ l Sahne, ¼ l Milch, Salz, Pfeffer*

Sauerkraut und Putenbrust aufschneiden. Backform Ø 28 cm mit dem Teig so auslegen, dass der Rand ca. 2 cm hoch ist. Sauerkraut und das Fleisch darauf verteilen, zuletzt die klein gewürfelten Kartoffeln und die hauchdünn geschnittenen Lauchstangen darübergeben.
Eier, Eigelb, Sahne, Milch, Salz und Pfeffer verquirlen und über die Füllung geben. Im vorgeheizten Backofen bei 200 Grad ca. 40 Minuten backen.
Vor dem Servieren mit Kerbel garnieren.

Gute Götter, wie viele Menschen hält ein einziger Bauch auf Trab!
Seneca

### Sauerkraut-Torte

*200 g durchwachsener Speck, 800 g Sauerkraut, 0,25 l Weißwein, 300 g Tiefkühl-Blätterteig, 1 Eigelb*

Speck würfeln und andünsten, Sauerkraut sowie den Weißwein hinzufügen. Alles zusammen etwa 50 Minuten bei geringer Hitze zugedeckt garen. Die Flüssigkeit sollte zum Schluss verdampft sein.
Blätterteig ausrollen und eine feuerfeste Form damit auslegen. Den Boden einstechen. Das abgetropfte Sauerkraut darauf verteilen und mit Pfeffer würzen. Weiteren Blätterteig als Deckel darüber legen und mit der Gabel einstechen. An den Seiten leicht andrücken. Evtl. mit Teigresten verzieren. Eigelb mit etwas Wasser verquirlen und den Deckel damit bestreichen. Im Backofen (vorheizen) bei ca. 220 Grad 30 Minuten backen.
Lecker zu Wild oder als Kleinigkeit.

### Kartoffelsuppe mit Tomaten

*2 Zwiebeln, 1 Bund Suppengrün, 2 Esslöffel Butter, 1 l Fleischbrühe, 600 g mehlig kochende Kartoffeln, 150 g saure Sahne, 1 Esslöffel gehacktes Basilikum, 2 Esslöffel Schnittlauchröllchen, 300 g Tomaten, Salz, frisch gemahlener Pfeffer*

Zwiebeln abziehen und würfeln. Suppengrün putzen, waschen und in Würfel schneiden. Butter zerlassen und beide Zutaten darin andünsten. Fleischbrühe hinzugießen und zum Kochen bringen. Kartoffeln schälen, abspülen, in kleine Würfel schneiden, hinzufügen und zum Kochen bringen. In etwa 15 Minuten gar kochen lassen. Kartoffeln und Gemüse pürieren.
Saure Sahne unter die Suppe rühren.
Basilikum und Schnittlauchröllchen hinzufügen.
Tomaten kurze Zeit in kochendes Wasser (nicht kochen lassen) legen, in kaltem Wasser abschrecken, enthäuten, die Tomaten halbieren, die Stengelansätze herausschneiden, das Tomatenfleisch in Würfel schneiden und in die Suppe geben.
Die Suppe erhitzen und mit Salz und Pfeffer abschmecken.

# Hotelrestaurant »Im Engel«

Das Hotelrestaurant »Im Engel« in Warendorf ist seit 1692 im Besitz der Familie Leve. Küchenchef Jörg Zierkenbach präsentiert ein einfacheres und ein Festtagsgericht.

Besonders stolz ist man »Im Engel« auf den gepflegten Weinkeller mit fast 1000 exquisiten Weinen aus den besten Lagen der Welt. 1999 wurde die Weinkarte vom angesehenen »Gault Millau« als »Karte des Jahres« preisgekrönt. Gerhard und Werner Leve sind glücklich über diese Auszeichnung, die ihnen wieder einmal international Anerkennung brachte.

### Gepökelte Entenkeule

*Zutaten für 4 Personen: 500 g Entenschmalz (Gänseschmalz), ½ l trockener Weißwein, 2 Lorbeerblätter, 10 Pfefferkörner, 2 Nelken, 2 EL Pökelsalz, 2 Äpfel, 2 mittelgroße Zwiebeln, 4 Entenkeulen von männlichen Tieren (ca. 350 g/Stck.)*

Entenschmalz, Weißwein, gewürfelte Äpfel und Zwiebeln sowie Gewürze in einem Topf zum Kochen bringen. Die Entenkeulen hineinlegen und bei mittlerer Hitze ca. 1 bis 1½ Std. köcheln lassen. Nun die Entenkeulen herausnehmen und im Ofen bei Oberhitze 5–10 Minuten weitergaren, so dass sie schön knusprig werden.
Dazu servieren: Kartoffelpüree und Rahmwirsing

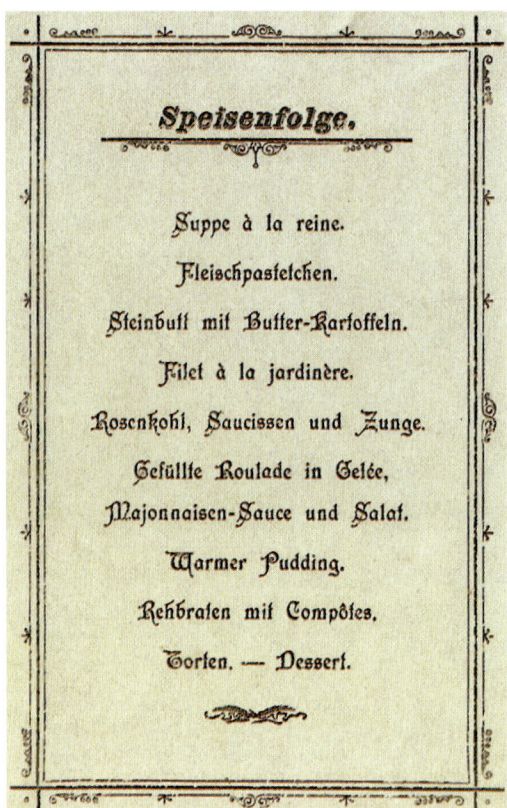

*Zur Feier des 25-jährigen Landratsjubiläums des Geheimen Regierungsrats Freiherrn von Wrede-Melschede gab es 1892 »Im Engel« eine beachtliche Speisenfolge.*

## Gefüllter Lammrücken im Schinkenmatel

*Zutaten für 4 Personen: 1/8 l Rotwein, 2 Stränge Lammroastbeef (ca. 300 g das Stück), 250 g Lammgehacktes (z. B. Schulter), 3 Eiweiß, ¼ l Sahne, 200 g westfälischer Knochenschinken, 1 Knoblauchzehe, Rosmarin, Salz und Pfeffer, 0,5 l braune Grundsauce*

Auf einer Arbeitsplatte lege ich Klarsichtfolie im Format 30 x 40 cm aus. Darauf verteile ich den in dünne Scheiben geschnittenen Schinken, so dass die Folie bedeckt ist.
Aus dem Lammgehackten, der Sahne, dem Eiweiß und den Gewürzen stelle ich in einer Püriermaschine eine feine Lammfarce her. Ein Teil davon wird mit einer Palette dünn auf den Schinken gestrichen.
Dann lege ich das erste Roastbeef in die Mitte der ausgestrichenen Fläche und verteile die restliche Farce darauf. Jetzt das zweite Roastbeef darauf legen und den Schinken samt Folie von beiden Seiten über die Lammrücken klappen, so dass eine kompakte Rolle entsteht, welche ich im Tiefkühlfach ca. 1 Stunde anfriere.
Nun schneide ich gleichmäßige, ca. 4 cm dicke Medaillons aus dieser Rolle, würze diese mit Salz und Pfeffer und brate sie in einer Pfanne mit etwas Olivenöl von beiden Seiten ca. 3 Minuten.
Nun die Medaillons auf einer warmen Platte einige Minuten ruhen lassen. Den Bratensatz lösche ich mit etwas Rotwein und der Grundsauce ab, lasse die Sauce kurz aufkochen und passiere sie durch ein feines Sieb.

Als Beilagen eignen sich geschmorte Paprika und in Rosmarinbutter geschwenkte Kartoffeln.

# Gasthaus »Alte Schenke«

Emil Sickendiek lässt in seinem Gasthaus »Alte Schenke« an der Dorfkirche von Bockhorst bei Versmold die gute alte Küche nicht verkommen. Mit viel Erfolg bemüht er sich, traditionelle Speisen und neue Kreationen auf das schmackhafteste zu kombinieren. Chefkoch Christian Bellin (rechtes Foto rechts) sorgt für den exzellenten Geschmack.

## Mein liebstes Eintopfgericht

### Bunter Kohlrabi-Eintopf

*Rezept für 4 Personen. Zutaten: 750 g Kohlrabi, 250 g Möhren, 500 g Kartoffeln, 500 g Ochsenbrust, 2-3 Esslöffel Öl, 1 Gemüsezwiebel 250 g, 1/8 l Rinderbrühe, 1 Bund Petersilie, 1 Becher saure Sahne 200 g, Salz und Pfeffer aus der Mühle*

Zubereitung: Das Gemüse putzen, Kohlrabi halbieren, in Scheiben schneiden, die Möhren in Stifte und die Kartoffeln würfeln. Die Ochsenbrust in 3 cm große Würfel schneiden und im heißen Öl anbraten. Klein geschnittene Zwiebeln dazugeben und mitbräunen. Das Gemüse und die Kartoffeln zum Fleisch geben. Mit Salz und Pfeffer würzen. Dann mit der Brühe auffüllen und alles 20 Minuten im geschlossenen Topf ohne Umrühren garen. Die Petersilie waschen und fein hacken. Den fertigen Eintopf nachwürzen, mit saurer Sahne abschmecken und mit Petersilie bestreuen.

Mein liebstes Festgericht

## Knusprige Bauernente

*Rezept für vier Personen. Zutaten: 1 küchenfertige Ente ca. 1,8 kg, Salz und Pfeffer aus der Mühle, frischer Majoran gerebelt. Füllung: Entenleber, ½ Esslöffel Butter, 250 g roher Schinken, 1 Zwiebel, 750 g Äpfel, 2–3 Esslöffel Semmelbrösel. Außerdem: ½ l Wasser, 2 kleine Äpfel, 4–5 Esslöffel saure Sahne.*

Zubereitung: Zuerst die Ente waschen, abtrocknen und mit Salz, Pfeffer und Majoran würzen. Die Entenleber in heißem Fett anbraten, danach in kleine Stücke schneiden. Den Schinken würfeln und in heißer Butter bräunen (etwas zum Verzieren überlassen) dann die Zwiebelwürfel hinzugeben und mitbräunen. Die geschälten Äpfel würfeln. Alle Zutaten für die Füllung mit Semmelbröseln mischen. Die Ente nun füllen und zustecken. Außen mit Majoran einreiben, mit der Brustseite nach unten auf den Rost legen und eine Fettfangschale darunter einschieben. Dann die Ente mit ¼ l Wasser übergießen und bei 200–225 Grad ca. 2 Stunden braten. Nach 30 Minuten die Ente umdrehen und das restliche Wasser hinzugeben. Hin und wieder die Ente mit dem Bratensaft übergießen. Die restlichen Äpfel schälen und mit einem Apfelausstecher entkernen, dann in Ringe schneiden und in der Fettfangschale mitbraten. 10 Minuten vor dem Bratende die Ente mit kaltem Salzwasser bestreichen und bei 250 Grad schön knusprig braten. Die Ente dann aus dem Ofen nehmen und auf einer Platte mit den Äpfeln und Schinkenwürfeln anrichten. Den Bratensaft mit Wasser zu ¼ l auffüllen und saure Sahne einrühren und abschmecken.

Als Beilagen reiche ich saisonbedingt Gemüse wie frischen Spitzkohl, Rotkohl und Salzkartoffeln.

*Die »Alte Schenke« in Versmold-Bockhorst ist für Münsterländer, Ostwestfalen und Niedersachsen längst kein Geheimtipp mehr. Hier erwarten den Gast in gediegenem Ambiente lukullische Genüsse.*

# »Altes Gasthaus Borcharding«

*Josef Borcharding führt mit seiner Frau Helga das »Alte Gasthaus Borcharding« in Mesum bei Rheine. Seit 1712 ist es im Besitz der Familie. Der Chef – er ist Küchen- und Konditormeister – kocht persönlich, und das so gut, dass ihm in der kulinarischen Fachpresse und im Fernsehen bescheinigt wird, sein Haus zähle zu den besten Landgasthöfen in Deutschland. Jawohl, da schmeckt es!*

## Münsterländer Bauernsalat

Grüne Blattsalate mit einem Sahnedressing von Sahne, Essig, Salz, Pfeffer und Zucker anrichten, darüber in Würfel von 1 cm x 1 cm geschnittene, geröstete und mit etwas Speck, Salz und Pfeffer abgeschmeckte Kartöffelchen geben.

## Gebratene Lammfilets in Burgunder-Rosmarin-Sauce

Die Lammfilets von Sehnen befreien, mit Salz und Pfeffer würzen, in Mehl wenden und ganz normal kurz anbraten, 5 Minuten ziehen lassen, fertig.

*Die Sauce:* Guten dunklen Rotwein zum Kochen bringen und mit gemahlenem Rosmarin anreichern, Knoblauch hinzugeben und etwas reduzieren lassen. Je nach Geschmack und Bedarf, ob kräftig oder mild, mit Weizenbinder (Mondamin), in Wasser angerührt, binden. Als Beilage zu den Lammfilets eignen sich Kartoffelgratin und Gemüse sehr gut.

# »Gasthaus zur Post«

Unübersehbar liegt das »Gasthaus zur Post« mit seinem heimeligen Fachwerkbau mitten in Ladbergen. Die ausgezeichnete Küche lockt Gäste von weit her ins nördliche Münsterland.

Küchenchef Marcus Heller geht mit großem handwerklichen Können und viel Phantasie ans Werk. Was er auf den Tisch bringt, hat Bestnoten verdient.

## Ladberger Pfanne

*Zutaten für 6 Personen: 6 Tranchen Lachs, 6 Tranchen Zander, 3 Schalotten, Butter, 6 Scheiben Räucherlachs, 500 g frischer Blattspinat, Salz, Muskat, 500 g Kartoffeln, 0,2 l Crème fraîche, 500 g Sauerkraut, 1 Möhre, 1 Stange Sellerie, 1 Stange Lauch*

*Fischveloute: Butter, 2 Schalotten, Weißwein, Fischfond, 0,2 l Sahne, Pfeffer, Salz, Saft einer Zitrone, Noilly Prat (Wermut)*

Lachs und Zander anbraten, Schalotten würfeln und in Butter glasig dünsten, Räucherlachs dazugeben, Spinat in Streifen schneiden, salzen, etwas Muskat hinzugeben. Etwas von der Fischveloute dazugeben. Mischung auf Lachs und Zander verteilen, gratinieren (ca. 3–4 Minuten). In der Zwischenzeit Kartoffeln kochen und mit Olivenöl und Crème fraîche pürieren. Rahmsauerkraut mit Zwiebeln ansetzen, mit Weißwein und Sahne abschmecken.

Püree in vorgewärmte Pfanne geben, Sauerkraut darüber legen und gratinierten Fisch obenauf legen.

Servieren mit frittierten Gemüsestreifen (Möhre, Sellerie, Lauch).

Fischveloute: Butter und Schalotten glasig schwitzen, mit Weißwein und Fischfond abschmecken, kräftig reduzieren, mit Sahne auffüllen, abschmecken mit Pfeffer und Salz und etwas Noilly Prat.

*Reh auf Schwarzwurzeln oder Spargel – wem läuft da nicht das Wasser im Munde zusammen!*

## *Rehrücken mit frischen Kräutern gebraten auf Schwarzwurzelgemüse und Semmelknödel*

Zutaten für sechs Personen: 120 g Rehrücken pro Person, Rosmarin und Thymian, 2 Knoblauchzehen, Estragon, Olivenöl, Salz und Pfeffer
Kräuter und Knoblauch beim Anbraten mit in die Pfanne geben.

### Sauce
Rotwein 0,5 l, Portwein 0,2 l, Wildjus 0,2 l, etwas Madeira, Salz, Zucker und Pfeffer, Rosmarin, Thymian, Nelke und Lorbeerblatt, 2-3 Schalotten in Würfeln mit in die Reduktion geben. Bis auf die Hälfte reduzieren und Konsistenz überprüfen. Nachschmecken, ansonsten weiter reduzieren.

### Gemüse
60 g Schwarzwurzeln pro Person waschen, putzen und schälen, 30 g Butter, 10 g mis de pain, 1 Schalotte, Salz, Zucker, Pfeffer und Tomatenconcassée, gehackte Petersilie.
Schwarzwurzeln schräg in feine Scheiben schneiden. Kurz blanchieren, Butter schmelzen und schäumen lassen, Schwarzwurzeln zugeben und nach und nach Zutaten beigeben, zuletzt die Tomatenconcassée.

### Semmelknödel
Toastbrot, 4 Scheiben pro Person, von der Rinde befreien und in gleichmäßige Würfel schneiden. 0,2 l Milch, 2-3 Eiweiß aufschlagen. Salz, Pfeffer, Muskat, feingehackte Petersilie unter die Masse geben. In Folie einrollen und in Wasserdampf 25 bis 30 Minuten ziehen lassen, je nach Größe. In der Pfanne mit Butter von beiden Seiten goldgelb anbraten.

Hausfrauenküche

# *Westfälisch-schlichte Gerichte der guten alten Art*

Kärl man, dat is lecka. So sagten die Männer, wenn Mutter wieder einmal ihr Lieblingsgericht zubereitet hatte. Heute ist es oft umgekehrt: Hausmann kocht für Hausfrau. Egal – auch Einfaches mundet bestens, wenn es mit Liebe zubereitet wurde. Einige Beispiele, vorgelegt von der Centralen Marketing-Gesellschaft der deutschen Agrarwirtschaft (CMA), sollen traditionelle Rezepte in Erinnerung rufen.

## Reibekuchen mit Speck

Für 4 Personen

*1,5 kg Kartoffeln, 2 Zwiebeln, 200 g Speck, 2 Eier, Salz, Pfeffer, Butterschmalz zum Backen*

Die Kartoffeln schälen, waschen, reiben und auf einem Sieb abtropfen lassen. Die Zwiebeln fein hacken und mit dem klein geschnittenen Speck in den Kartoffelteig geben. Dann die Eier zugeben und mit Salz und Pfeffer würzen. Jeweils eine kleine Kelle Teig in heißem Butterschmalz von beiden Seiten goldbraun backen.

Dazu passt: Apfelkompott

## Westfälischer Schinken in Burgunder

Für 8–10 Personen

*2,5 kg Schinken vom Rind, ¾ l Rotwein (Burgunder), 3 Lorbeerblätter, 6 Pfefferkörner, Speckscheiben zum Umwickeln*

Fleisch 12 Stunden in Rotwein mit Lorbeerblättern und Pfefferkörnern einlegen. Anschließend das Fleisch abtropfen lassen, abtrocknen, mit Speckscheiben umwickeln und ca. 2 Stunden bei 150 Grad im Backofen garen. Währenddessen immer wieder mit Rotwein übergießen. Vor dem Anschneiden etwa 15 Minuten ruhen lassen.

Dazu passt: Senf und Pumpernickel

## Senf-Rippchen

Für 4 Personen

*3 Scheiben Weißbrot, ¼ l Milch, 1 Zwiebel, 400 g Hackfleisch, 2 EL Düsseldorfer Senf, 3 Eier, 2 EL Öl, 200 g Butter, Salz, weißer Pfeffer, 60 g Butter, 4 dünne Schweinekoteletts, 80 g geriebener Käse*

Das Weißbrot zerbrechen und in Milch einweichen. Die Zwiebel fein würfeln. Das Hackfleisch mit dem ausgedrückten Brot, den Zwiebelwürfeln und dem Senf mischen. Die Eier verquirlen und mit Öl, Salz und Pfeffer in die Hackfleischmasse kneten. Butter in einer Pfanne erhitzen und die ungewürzten Koteletts darin von jeder Seite 2 Minuten anbraten. Herausnehmen und auf ein Backblech legen. Die Oberseite der Koteletts mit der Hackfleischmasse bestreichen, bis sie aufgebraucht ist. Mit Käse bestreuen. Die Koteletts im vorgeheizten Backofen bei 200 Grad etwa 5 Minuten überbacken.

Dazu passen: Kartoffelklöße und Erbsen oder Blumenkohl

## Pfefferpotthast

Für 4 Personen

*1 kg Rindfleisch (Bug oder Brust), 40 g Schmalz, 1 kg Zwiebeln, 3 Lorbeerblätter, 2 Nelken, 2 Pimentkörner, 10 schwarze Pfefferkörner, 1 l Brühe, 1 unbehandelte Zitrone, 2 EL Semmelbrösel, Pfeffer*

Fleisch würfeln und in Schmalz von allen Seiten anbraten. Fleisch aus dem Topf nehmen und im verbleibenden Fett die in Ringe geschnittenen Zwiebeln glasig dünsten. Fleisch, Lorbeerblätter, Nelken, Pimentkörner, Pfefferkörner und Brühe zugeben und bei mittlerer Hitze ca. 1 ½ Stunden garen. Anschließend abgeriebene Zitronenschale, Zitronensaft und Semmelbrösel zugeben und nochmals aufkochen lassen. Mit Pfeffer abschmecken.

Dazu passen: Salzkartoffeln und Rote-Bete-Salat

## Himmel und Erde

Für 4 Personen

*300 g Zwiebeln, 600 g Äpfel, 3 EL Butter, 600 g Kartoffeln, Salz, Muskatnuss, Zucker, 750 g Blutwurst, Schmalz zum Braten*

Zwiebeln in Ringe schneiden, Äpfel grob würfeln. Zwiebeln in 1 EL Butter hellgelb anschwitzen, die Äpfel hinzugeben und dünsten. Kartoffeln schälen, kochen und zerstampfen. Restliche Butter zugeben, mit Salz, Muskatnuss und einer Prise Zucker würzen. Mit den Äpfeln vermischen. Blutwurst in Scheiben schneiden und in heißem Schmalz anbraten. Auf die Apfel-Kartoffel-Mischung geben. Hellbraun geröstete Zwiebeln darüberstreuen und servieren.

## Dicke Bohnen mit Speck

Für 4 Personen

*1 Zwiebel, 1 TL Schmalz, 500 g Räucherspeck, 800 g dicke Bohnen (Bohnenkerne), 1 Bund Bohnenkraut, 1 EL Butter, 2 TL Mehl, Petersilie*

Zwiebeln schälen und hacken. Zwiebeln in Schmalz andünsten, mit ¾ l Wasser aufgießen, den Speck zugeben und 45 Minuten garen. Anschließend den Speck herausnehmen und warm halten. Bohnenkerne und Bohnenkraut in den Sud geben und zugedeckt 15 Minuten garen. Butter mit Mehl verkneten und den Sud mit der Mehlbutter binden. Speck in Scheiben schneiden und auf den Bohnen anrichten. Mit Petersilie bestreut servieren.

Dazu passen: Salzkartoffeln

## Westfälisches Blindhuhn

Für 4 Personen

*200 g weiße Bohnen, 500 g durchwachsener Speck, 300 g grüne Bohnen, 300 g Möhren, 300 g Kartoffeln, 200 g saure Äpfel, 200 g Birnen, 2 Zwiebeln, 30 g Butter, Salz und Pfeffer, 1 El gehackte Petersilie*

Weiße Bohnen in 2 Liter Wasser am Vorabend einweichen. Am nächsten Tag im Einweichwasser mit dem Speck etwa 60–70 Minuten kochen lassen. Grüne Bohnen und Möhren putzen, Kartoffeln schälen, Möhren und Kartoffeln in Scheiben schneiden und mit den grünen Bohnen zu dem Eintopf geben. Weiter 30 Minuten garen. Anschließend die geschälten und in Scheiben geschnittenen Äpfel und Birnen mit in den Topf geben. Weitere 30 Minuten garen. Zwiebeln klein schneiden, in der Butter goldgelb dünsten und zum Eintopf geben. Mit Salz und Pfeffer abschmecken und mit Petersilie bestreuen.

## Westfälische Götterspeise

Für 4 Personen

*2 Äpfel, 1 El Butter, ½ l Schlagsahne, 20 g Puderzucker, 100 g Pumpernickel, 100 g gehackte Haselnüsse, 100 g zerbröselte Makronen, 300 g entsteinte Sauerkirschen*

Die Äpfel schälen, vierteln, Kerngehäuse entfernen und in Spalten schneiden. Butter in einer Pfanne zerlassen und die Äpfel bei geringer Hitze kurz dünsten. Sahne mit Puderzucker steifschlagen. Pumpernickel reiben, Haselnüsse und Makronen mischen. Die Hälfte des Pumpernickels und die Haselnuss-Makronen-Mischung unter die Sahne heben. In 4 hohen Gläsern schichtweise Sahne, Pumpernickel, Sahne, Haselnuss-Makronen-Mischung usw. einfüllen, bis alles verbraucht ist. Mit Apfelspalten und Kirschen anrichten. Zugedeckt eine Stunde im Kühlschrank ziehen lassen.

## *Gute Freunde, griechische Bohnen*

Wenigstens ein Rezept aus meiner Hobbyküche möchte ich zu diesem Buch beisteuern. Stets habe ich mit großer Bewunderung zugeschaut, wenn meine Mutter, meine Großmutter oder andere Mütter im Münsterland, in Italien, auf Kreta oder an anderen Traumorten des Mittelmeeres mit einfachsten Mitteln kräftig-schmackhafte Gerichte zubereiteten. Viel aus wenig machen: Das ist die Kunst, die ein Amateur lernen muss. In Heraklion habe ich mir ein Gericht notiert, das ich gern vier bis sechs guten Freunden serviere. Ich nehme: drei Dosen große weiße Bohnen (z. B. Fagioli corona aus Italien) mit 400 Gramm Einfüllgewicht, zwei große Gemüsezwiebeln, die ich in Ringe schneide, fünf bis sechs mittelgroße Tomaten, die ich im heißen Wasserbad häute und dann würfele, eine Stange Lauch, die ich in Ringe schneide, zwei mittelgroße Möhren, die ich in Scheibchen teile, zwei bis drei Zucchini (nicht zu groß!), die ich in halbmondförmige Teile schneide, zwei große grüne Paprikaschoten, die ich ebenfalls aus der halbierten Frucht in Halbmonde schnipple, vier bis fünf Zehen frischen Knoblauch, den ich mit Salz und etwas Olivenöl im Mörser zerkleinere, drei bis vier ½ Zentimeter dicke Scheiben Räucherspeck, die ich gewürfelt habe (Cabanossi oder trockene Mettendchen tun's auch, notfalls sogar so genannte Polnische aus Bayern). Nach und nach dünste ich alles, außer den Bohnen, in gutem Olivenöl, kalt gepresst natürlich, sanft an. Mit dem Saft aus den Bohnendosen lösche ich ab und gebe etwas Instant-Brühe, einen guten Schuss Rotwein, drei Esslöffel Tomatenmark, Salz und Pfeffer aus der Mühle hinzu. Nun lasse ich diese bunte Mischung etwas köcheln, füge recht üppig Blätter bzw. Zweige von Maggikraut (Liebstöckel), Oregano bzw. Majoran, Rosmarin, Salbei und Thymian hinzu und lasse die Köstlichkeiten eine halbe Stunde weiterköcheln. Ab und zu rühre ich um und gebe dann die Bohnen hinzu. Sie müssen nur noch zehn Minuten mitziehen. Das Gericht wird am besten in einer irdenen Schüssel serviert, weil sie die Hitze hält. Es macht sich gut, wenn ich feingehackte Kräuter (Petersilie, Schnittlauch, Basilikum, Schnittsellerie) darüberstreue. Dazu reiche ich gern Naturreis oder Baguette mit Kräuter-Knoblauch-Butter, vielleicht noch einen Blattsalat mit Joghurt-Dill-Sauce oder einen knoblauchüberhauchten Krautsalat. Wenn ich bester Laune bin, gebe ich ganz knapp gebratene Lammfleischwürfel in das Bohnengericht und stoße mit einem roten Landwein an: Auf Euer Wohl, liebe Freunde, wie gut, dass es Euch gibt!

*Rainer A. Krewerth*

Rainer A. Krewerth

# Bier-Nische für den Mittelstand
## Wie Privatbrauereien heute über die Runden kommen

Bis zum Ersten Weltkrieg gab es im Münsterland einige hundert Brauereien. In Beckum sollen es um die 20 gewesen sein, in Warendorf waren es 13, in Münster zwischen 40 und 50. Vorwiegend brauten sie das obergärige Altbier, das als besonders süffig und durstlöschend galt und vielfach als Medizin gegen allerlei Zipperlein – auch seelischer Art – gepriesen wurde. Die Straßensänger Flör und Kösters haben im 19. Jahrhundert das Loblied dieses Getränks gesungen.

Der Untergang vieler kleiner Brauereien, die nur für den Verkauf im eigenen Gasthaus und in der Nachbarschaft produzierten, kam während des Krieges. Edelmetalle mussten her für die Rüstung. Kaiser Wilhelm II. forderte viel von seinen Untertanen. Aus den Brauereien verschwanden die kupfernen Braupfannen (die mal patriotisch gern, meist aber nur mit Murren herausgerückt wurden), und so war der edlen Kunst des Bierbrauens die technische Basis entzogen.

Heute gibt es im Münsterland nur noch vier Brauereien, die – wie man in Bayern sagt – das Grundnahrungsmittel Bier einer dürstenden Kundschaft »außer Haus« verkaufen. Überregional bekannt sind die Privatbrauerei A. Rolinck in Steinfurt, das altbekannte Haus Pinkus Müller in Münster und Pott's Brauerei in Oelde. Jürgens in Beckum, Stiefel-Jürgens genannt, weil die Schuhmacher in diesem Brauergasthaus ihr Stammlokal für ihre mal geschäftlichen, mal festlichen Zusammenkünfte hatten und bis heute haben, braut für die eigene Kneipe und für Kunden, die Halbliterflaschen und Partyfässchen kaufen. Eine schlagkräftige Vertriebsorganisation, eine Marketingabteilung hat er nicht. Der Name macht's – Stiefel-Jürgens, unnachahmlich.

Nicht vergessen sein sollen die reinen Gasthausbrauereien an Orten wie Havixbeck, Coesfeld oder Wettringen. Sie bieten ihren Gästen eigenwillige Gerstensäfte mit unverwechselbar hauseigener Geschmacksnote.

Die Privatbrauerei A. Rolinck hat jedes Jahr einen »Ausstoß«, so nennt man das in Fachkreisen, von 300 000 Hek-

*Die Gasthausbrauerei Stiefel-Jürgens in Beckum nimmt für sich in Anspruch, das älteste Brauhaus Westfalens zu sein. Schon im Jahre 1500 wurde auf dem Anwesen an der Hühlstraße Bier gebraut. Der Dreißigjährige Krieg machte dem kleinen Familienbetrieb den Garaus. Erst 1680 wurde wieder eingebraut. Heinz Jürgens betreibt sein edles Handwerk in der achten Generation. Der Stiefel im Markenzeichen des Hauses weist darauf hin, dass sich im Gasthaus an der Hühlstraße die »ehrbare Zunft der Schomaker« traf, die Mitglieder der Schuhmacherinnung. Bis 1929 war der Brauerei eine Bäckerei angegliedert, denn »man braute das Bier und backte das Brot«. Das strenge deutsche Reinheitsgebot von 1516 wird bei Stiefel-Jürgens – ebenso in den anderen münsterländischen Brauereien – korrekt eingehalten.*

toliter verschiedener Biere, darunter das »Friedensreiter-Bräu«, das 1998 zum Fest des Westfälischen Friedens von 1648 kreiert wurde. 300 000 Hektoliter – guter Gott, wer mag, wer muss das alles trinken?!

Pott's in Oelde bringt Jahr für Jahr gut 90 000 Hektoliter unter das dürstende Volk. Pinkus Müller in Münster kommt mit seinen Köstlichkeiten auf mehr 25 000 Hektoliter, wobei 2 000 in den Export und ebenfalls 2 000 in die eigene Gaststätte und benachbarte Kneipen in der münsterischen Kreuzstraße gehen.

Jürgens in Beckum braut gerade einmal 1 000 Hektoliter, ein Zwerg unter Riesen, die ihrerseits – bundesweit gesehen – auch nur Davids unter den Goliaths aus München, Dortmund, Hamburg, Berlin sind. Bei Stiefel-Jürgens, dem mit der Schusterinnung in Beckum, spielt dies lokale Nischendasein keine Rolle. Man hört, dass Stiefel-Jürgens-Jünger selig seufzen: »Nur diesen Tropfen – und keinen anderen«. Was man hat, das hat man, und Lokalpatriotismus macht vor den Schlünden von Biertrinkern, mögen sie unter- oder obergärig süffeln, mitnichten Halt. Vier Brauereien sind geblieben. Schauen wir uns stellvertretend für alle in Pott's Brauerei zu Oelde um.

Der Braumeister mit der braunen Lederschürze und der grauen Weste geht ganz gemächlich an den blank geputzten kupfernen Sudkessel, öffnet eine kleine Luke und schöpft eine hellblonde Probe. Zufrieden nickt er seinen Brauleuten zu – die Mischung stimmt. Diese romantisch-verklärte Vorstellung vom Bierbrauen gehört längst der Vergangenheit an und hat nur noch musealen Charakter. In Brauhäusern geht es heute bei den unvorstellbar großen Ausstoßmengen ganz anders zu. Moderne, vollautomatische Sudwerke mit meterhohen Kesseln werden von Computern gesteuert, die gleichzeitig auf das stets grammgenaue Mischungsverhältnis der Zutaten achten. Der altehrwürdige Braumeister von Anno dunnemals ähnelt hinter seinem Steuerpult heute eher einem Rauschiffcommander, das Brauhaus gleicht der Brücke der Enterprise.

Und: Von Bier weit und breit keine Spur. Wie in vielen anderen Branchen, so haben auch hier der Konkurrenzdruck, der Pfennig-Blick des Verbrauchers und die notwendige Rationalisierung in den vergangenen Jahren vielen kleinen Brauereien den Hahn zugedreht. Sie wurden von großen Konzernen einfach geschluckt und plattgemacht. Nur wenige konnten rechtzeitig den Kopf einziehen und diese Welle (mehr oder weniger) unbeschadet

*Recht harmlos waren die Werbesprüche auf Bierdeckeln, Heimatdichter mussten ans Werk: »Was bringt der Oelder Wind – hab' acht! Ein feines Bier von Pott-Feldmann g'macht!«*

*Im Jahre 1931 reichten noch Pferdewagen, um das Pott-Feldmann'sche Bier auszufahren.*

*Um 1950 wurde das Bier schon mit Motorkraft – im Bild ein Tempo Matador – zur Kundschaft gefahren.*

über sich hinwegschwappen lassen. Pott's Brauerei im ostmünsterländischen Städtchen Oelde ist so ein Glücksfall.

Munter werden hier in handwerklicher Tradition Bierspezialitäten gebraut, obergärig, untergärig, irisch. Seinen »Mut zur Marktlücke« hat Brauereiinhaber Rainer Pott konsequent genutzt. Seit einigen Jahren beschert ihm das einen Rekordausstoß nach dem anderen. 1994 blickte die 29-köpfige Belegschaft auf eine 225-jährige Brauerei-Vergangenheit zurück. Glasklar, dass dieses seltene Ereignis zünftig gefeiert wurde, zumal man sich zehn Jahre zuvor noch überhaupt nicht sicher war, einmal ein solches Firmenjubiläum feiern zu können.

Nicht immer ging es der kleinen Landbrauerei in Oelde, gut versteckt hinter ein paar Bäumen mitten in der Innenstadt, so prächtig wie heute. Anfang der Siebzigerjahre, als Rainer Pott den elterlichen Betrieb übernahm, war er nicht gerade auf Rosen gebettet. Zwar wurde tapfer gebraut, es fehlte aber am notwendigen Marketingkonzept mit dem Akzent auf Unverwechselbarem – Pott's hieß damals noch Oelder, eine Marke der Masse. Konsequent wurde das Image aufpoliert; Marktlücken wurden gesucht, gefunden und besetzt. »Deutsche Biere sind sich geschmacklich und farblich immer ähnlicher geworden und unterscheiden sich nur noch durch ihren Hopfenanteil«, weiß (nicht nur) Rainer Pott. Wertvolle Stoffe werden herausgefiltert, um die Haltbarkeit ohne chemische Zusätze so lang wie möglich zu strecken. Und das ist auch notwendig, wenn ein Hamburger ein bayerisches Bier trinken möchte.

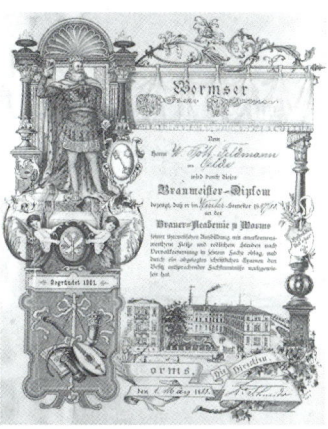

*Wilhelm Pott-Feldmann erwarb 1888 an der Brauerei-Akademie in Worms das Braumeisterdiplom.*

*Bierbrauer sind keine Kinder von Traurigkeit. »So lang uns diese Blume blüht, Soll uns kein Geld verschimmeln« stand auf einem mächtigen Bierlagerfass, mit dem 1931 zwei Mitarbeiter von Pott-Feldmann zu einer »Europa-Kraft-Dauer-Tour« in Oelde aufbrachen. Die Reise endete frühzeitig in Brüssel.*

Darauf wird bei Pott's ganz bewusst verzichtet. Die Oelder konzentrieren sich auf die Region. Fast alle Produkte gehen in einen Umkreis, dessen Radius nicht weiter als 100 Kilometer ist. Das reicht auch. »Denn wir produzieren Biersorten, die es hier sonst nicht gibt«, so der Brauereiinhaber und Vorsitzende des Verbandes mittelständischer Privatbrauereien mit 800 Mitgliedern (davon 600 aus Bayern). Neben dem klassischen Pils, das ein Drittel der Produktion ausmacht, bestimmen vor allem das Landbier (Alt Pott's, untergärig) und ein noch junges Kind, das irische Lagerbier »Paddy«, die Produktion. Wo sich große Konzerne verschmelzen, »»hire and fire« betreiben, sich gegenseitig »besemmeln« und noch auf der Suche nach einem klaren Profil sind, ist Pott's am Ziel. 1994 wurden zum ersten Mal 50 000 Hektoliter ausgestoßen – ein Rekord und trotzdem nicht einmal zwei Prozent der Produktion der größten Brauereien. Den Oeldern ist das gerade recht. Sie haben ihre Fangemeinde, und die lassen sie nicht im Stich. Wenn am heimischen Tisch die Bügelverschlüsse »ploppen«, dann schäumt Frisches und Unverwechselbares aus der Flasche, kein Einheitsbrei und keine leblose Flüssigkeit, die schon Hunderte von Autobahnkilometern hinter sich gelassen hat.

Nichts ist indessen so gut, dass es nicht verbessert werden könnte. Gemäß dieser Binsenweisheit weht immer mehr ökologische und umweltfreundliche Luft durchs kleine Oelder Brauhaus. »Vom Halm zum Glas – dieser Satz muss gelebt werden!« meint Rainer Pott und lässt Gerste aus kontrolliertem Anbau liefern. »Wir alle haben eine Verantwortung gegenüber der Natur«, meint der Braumeister und verhält sich bewusst vorbildlich. Einweg ist völlig tabu. Kronenkorken gibt es nur fürs irische Paddy.

Die Oelder haben das große Brauereisterben überlebt, haben die Konzentrationswelle an sich vorbeischwappen lassen und sind ihrer handwerklichen Tradition in passendem Rahmen treu geblieben. Angst vor der Zukunft hat Rainer Pott nicht. Die drei Bierspezialitäten kommen gut an, hinter dem Firmeninhaber steht eine solide Mannschaft, die zum Teil seit Jahrzehnten im Traum nicht daran denkt, Pott's den Rücken zu kehren.

Nachdem die 50 000-Hektoliter-Grenze deutlich überschritten war, wurde es am traditionellen Standort der Brauerei in der Oelder Altstadt zu eng. Insbesondere der Abholverkehr der Getränkefachgroßhändler mit ihren vielen Fahrzeugen hatte die Geduld der immer gut gesonnenen Nachbarn auf eine harte Probe gestellt. So wurde unter der Überschrift »Vieles neu – aber alles beim Alten« am 20. April 1996 der Grundstein für die Reifung von Pott's feinen Bierspezialitäten, zusammen mit den Abteilungen Filtration, Abfüllung und Versand, auf das schöne Gelände der neuen Pott's Naturparkbrauerei, In der Geist 120, gelegt.

Auch wenn der wesentliche Teil der Bierherstellung noch lange am traditionellen Standort in der Oelder Altstadt verbleibt, ist weit vorausschauend für die gesamte Brauerei geplant worden. Die Suche nach einem neuen Gelände hat man sich nicht leicht gemacht. Oberste Priorität heißt: Potts feine Bierspezialitäten müssen völlig unverändert bleiben! Den damit verbundenen strengen Kriterien ist das neue Gelände in jeder Hinsicht gerecht geworden: Das kostbare Brauwasser steht in gleicher Art und Güte im Boden zur Verfügung. Das neue Gelände ist eingebettet in die münsterländische Parklandschaft. Genau gegenüber wird im Jahr 2001 die Landesgartenschau Oelde eröffnet. Frisches Bier auf kurzen Wegen zum Verbraucher – eine gute Verkehrsanbindung der Brauerei durch die unmittelbare Nähe zur Autobahnauffahrt spart Zeit und schont das Produkt.

Pott's Brauerei hat schon immer Wert auf eine lange, kalte Lagerung gelegt. In der neuen Naturparkbrauerei sind bis heute 12 Reifungstanks à 70 000 l installiert worden. Wie gelangt nun das Jungbier aus der Altstadtbrauerei nach der Hauptgärung schonend zur Reifung in den Lagerkeller am neuen Standort? Ganz einfach: Zwei der vielen Reifungstanks haben Räder bekommen. Das zur Qualitätssicherung ohnehin notwendige Umfüllen geschieht hier mit Hilfe fahrbarer, isolierter Biertanks.

*Man muss sich schon etwas einfallen lassen, wenn man heute im Brauergeschäft bestehen will. Im Sommer 1999 trafen sich bei Pott's die Deutsche Kartoffelkönigin, die Tettnanger Hopfenkönigin, die Füchtorfer Spargelkönigin und Pott's III. Westfälische Bierkönigin. Rainer Pott war auf diese werbeträchtige Idee gekommen.*

*Schier unzählige Biersorten gibt es in Deutschland. Nur einige davon werden heute im Münsterland gebraut.*

Am 16. August 1999 sind die Fundamente für die seinerzeit bereits geplante Gastronomie und Verwaltung als Anbau am neuen Standort gelegt worden. Die Gastronomie »Pott's Braugasthof – Backen & Brauen« stellt wieder die Verbindung zum Ursprung von Pott's Brauerei her. 1769 hat ein Vorfahr des heutigen Besitzers Rainer Pott eine Landwirtschaft mit Brauerei und Bäckerei vom Jesuitenkloster »Haus Geist« erworben. Die wunderschöne Landschaft um die Brauerei und die Verbindung zur Landesgartenschau repräsentieren die ursprüngliche Landwirtschaft. Die Brauerei zeigt sich im neuen Kleid, und durch die Gastronomie wird spätestens bis zur Mitte des Jahres 2000 der Duft frisch gebackenen Brotes wehen.

*Die Augsburger Malerin Annegert Fuchshuber lässt in dem Kinderbuch »Türmer Tons und die Geister von Lamberti« in der Türmerstube der Markt- und Stadtpfarrkirche zu Münster eine illustre Biertrinkerrunde zusammenkommen. Der Kiepenkerl sitzt da, der Tolle Bomberg neben ihm. Selbstverständlich darf der Wiedertäuferkönig mit Begleitung nicht fehlen, und der »unwiese Profässer« Landois muss unbedingt auch her. Die bayerische Kinderbuchillustratorin konnte, als sie in den Siebzigerjahren ihr Münster-Buch schuf, nicht ahnen, dass es die derben Bierkrüge ihrer Heimat in Münster kaum gab. Immerhin hatte sie aber offenbar vom westfälischen Schinken gehört, ihn gesehen und genossen.*

*Zum Stolz renommierter Brauereien gehörte es, ihre Bierfuhrwerke von sauber herausgeputzten Kaltblütern ziehen zu lassen. Hier ein Vierergespann der ehemals münsterischen Germania-Brauerei.*

## Die Bierbrauer

Über die Bierbrauer, von denen im Jahre 1648 berichtet wird, wissen die »Mitteilungen der Handwerkskammer«, die den laufenden Ausführungen fast ganz zu Grunde liegen, kaum mehr zu berichten, als dass es, wie bei der Bäcker-Gilde bereits erwähnt, nach der Gilderolle der Bäcker den Bäckergesellen verboten war, mit den Brauerknechten Umgang zu pflegen oder ihnen bei der Arbeit zu helfen, auch dann, wenn – was in der Regel der Fall war – Bäckerei und Brauerei Eigentum des gleichen Meisters waren. Dass in Münster viel Bier getrunken wurde, dürfte wohl die Tatsache beweisen, dass hier im Jahr 1591 nicht weniger als 56 Brauer gezählt wurden.

Gebraut wurden hier drei Biersorten: das Grussink oder Grutbier, das Gestbier und das Koit. Mit Grut wurde im Mittelalter eine Pflanze bezeichnet, die den lateinischen Namen »rosumarinus sylvestris« trug und heute fälschlich als »Rosmarin« angesprochen wird. Es ist die gleiche Pflanze, die man heute noch in den sumpfigen Heidegegenden antrifft und von der dortigen Bevölkerung Porst oder Porß oder auch Post genannt wird. Ein Surrogat aus dieser immer seltener werdenden Pflanze wurde statt des Hopfens beim Bereiten des Grutbieres verwandt.

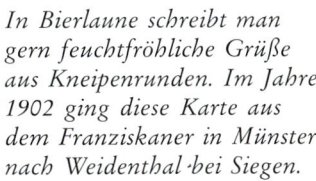

*In Bierlaune schreibt man gern feuchtfröhliche Grüße aus Kneipenrunden. Im Jahre 1902 ging diese Karte aus dem Franziskaner in Münster nach Weidenthal bei Siegen.*

Das Gestbier führt seinen Namen von der Hefe, die hier Gest genannt wird. Es entsprach dem heutigen Frisch- oder Altbier. Von ihm wird auch Fabio Chigi, der spätere Papst Alexander VII., als er als päpstlicher Friedensvermittler in den Jahren 1643–1649 in Münster war, getrunken haben; denn sein Urteil darüber war: »Gib noch ein bisschen Schwefel hinzu, und das Teufelsgetränk ist fertig«.

Das Koit stellte den eigentlichen Haustrunk des Münsteraners dar und war gebraut aus Malz, Weizenmehl und Hopfen. Das beste Grutbier wurde von der Stadt selbst verkauft, das minderwertige durften die Brauer verkaufen. Auch braute die Stadt selbst ihr Grutbier und hielt dafür einen Brauer, der nach seiner Tätigkeit Grüter hieß. Auch die Gruetgasse führt nach diesem Bier ihren Namen.

*Westfälische Nachrichten, 2. Juli 1960*

Karl Stening

# »*Pfleget die Kindlein mit Bier*«
## Der Gerstensaft als altes Heilmittel und Hausgetränk

Bis um die Jahrhundertwende, mancherorts auch noch später, wurde in den meisten Orten Westfalens Bier gebraut. Allein in Warendorf, das damals knapp 7 000 Einwohner hatte, gab es 1903 mehr als zehn Bierbrauereien. Viele große Bauernhöfe besaßen seit alters das Braurecht, und jedes Jahr brauten die Bauern nach überlieferten Rezepten ihr obergäriges Hausbier. Damit konnte der Eigenbedarf in der Regel gedeckt werden. Im Sommer wurde das erfrischende Getränk im *Bullenkopp* aufs Feld gebracht und löschte die durstigen Kehlen während der schweißtreibenden Erntearbeiten.

Bier war allgemein Hausgetränk und zugleich Nahrungsmittel, das im weiteren Sinne für die menschliche Gesundheit von nicht zu unterschätzender Bedeutung war. Bei den früheren unzureichenden hygienischen Verhältnissen galt das Wassertrinken aus den Brunnen, vor allem in dicht besiedelten Orten, als gefährlich. Das drückt sich aus in der plattdeutschen münsterländischen Redensart: »Laot'n Buk ut't Water un't Water ut'n Buk, dann wäs aolt«.

Wie sehr man sich hier zu Lande an dieses ungeschriebene Gesetz hielt, fiel schon dem Nuntius Fabio Chigi auf, der zur Zeit der westfälischen Friedensverhandlungen von 1644 bis 1648 über das Leben der Münsteraner ausführlich berichtet hat. Vom Bier schrieb er: »Den täglichen Haustrunk liefert die Gerste, gebraut auf dem offenen Feuer. / Gemischt mit bitterem Hopfen, wird er zum Nektar. / Erstes wird Keut im Volke geheißen. / Das Zweite nennt Bier man. Keut trinkt nur der Westfale. / Verbreitet bei allen Völkern aber ist weithin das Bier. / ›Cervisia‹ heißt es lateinisch im Norden. / Niemand darf Wasser zum Trinken gebrauchen. Wer kann das glauben? / Ein Verbrechen wär's, den Durst mit Wasser zu löschen.«

Als Ende des vorigen Jahrhunderts in der Stadt Münster die zentrale Wasserversorgung eingerichtet wurde und damit einwandfreies Trinkwasser in die Häuser geleitet werden konnte, ging die Zahl der vielen Altbierbrauereien bezeichnenderweise schlagartig zurück. (Übrig geblieben ist

*Bullenköppe hießen die Tongefäße, in denen Bier aufs Feld gebracht wurde.*

nur die historische Altbierbrauerei Pinkus Müller.) Ähnlich war es in vielen anderen Orten des Münsterlandes. Vor allem das private Brauen auf den Höfen ist zum Erliegen gekommen, zumal heute gutes Bier verschiedener Provenienz allerorten käuflich zu erwerben ist.

Das Bierbrauchtum begleitete unsere Vorfahren praktisch durch das ganze Leben. Von der Wiege bis zur Bahre, bei freudigen und traurigen Anlässen kam dem Gerstensaft zur Zeit unserer Ahnen stets eine besondere Bedeutung zu. Wenn ein Kind geboren war, trank man anlässlich der Taufe, hier zu Lande *Kindkes Hochtiet* genannt, nach alter Tradition das *Kinnerbeer*. Bei den Hochzeiten floss das eigens gebraute *Hochtietsbeer* in Strömen.

Hatte ein Erdenbürger das Zeitliche gesegnet, wurde nach dem Begräbnis das *Liekenbeer* getrunken. Man nennt dies auch heute noch zuweilen *dat Fell versupen*. Dass der Leichenschmaus früher neben der Totenglocke und dem Pferdegespann, das den Leichenwagen zog, zum notwendigen Bestandteil des Begräbnistages gehörte, geht aus dem plattdeutschen Spruch hervor: »Klocken und Piär un'ne Tunn Beer ächterhiär«.

Bei jedem Richtfest gab es für die Zimmerleute und die mithelfenden Nachbarn das *Richtbeer*, und noch heute beinhaltet die alte Bezeichung *Schützenbeer* für das Schützenfest, dass jahrhundertelang aus diesem Anlass dem Bier besonders zugesprochen worden ist.

In dem Vers »Speck in de Pann, Beer in de Kann, Krut in't Fatt, dat is all wat« zeigte der Münsterländer, dass er zufrieden war, wenn er neben Speck und Sauerkraut täglich sein Bier auf dem Tische stehen hatte.

In einem alten Kräuterbuch, das von Dr. Jacob Tabernaemontanum (= Berghaus) im Jahre 1687 herausgegeben wurde und als bibliophiles Schmuckstück die Hausbücherei einer Altenberger Familie ziert, wird im Zusammenhang mit der Gerste über die damals bekanntesten Biere in deutschen Landen berichtet. Es heißt da u.a.: »Das Westphalisch Bier wie auch das Frießländisch sind auch berühmt, und hat aber das Paderborner Bier den Preiß vor andern ...«

Auch ein ausführliches Rezept über die Herstellung des damals üblichen Bieres wird mitgeliefert: »Etliche machen das Bier zu unserer Zeit also, wie folgt. Sie nemmen Weitzen, Gersten, Speltz, Rockenkorn oder Habern, ein jedes in Sonderheit oder deren Früchten zwo oder drey zusammen, weichen die in frischem Brunnen – oder

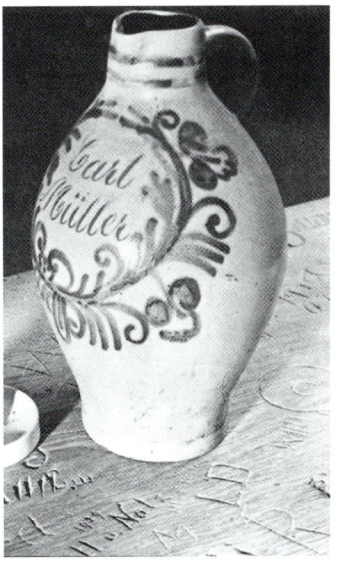

*Der Altbierkrug ist wohl ein halber »Bullenkopp« mit drei Litern Inhalt, auch »Bennätzken« genannt.*

Im »Münsterischen Anzeiger« vom 15. Dezember 1887 wird zur Herstellung einer »vorzüglichen Frostsalbe« empfohlen: »Ungegorenes Bier wird bis zur Syrupdicke eingekocht und das erfrorene Glied damit bestrichen, lockere Baumwolle darüber gelegt, mit Leinen bedeckt, verbunden. Es bleibt sich gleich, ob die Frostbeulen offen sind oder nicht, oder ob sie schon jahrelang wieder aufgebrochen oder neueren Ursprungs sind. Obiges Mittel muss allabendlich frisch aufgelegt werden, und wird die Heilung in längstens acht Tagen erfolgt sein. Auf der Wunde hart gewordene Salbe muss durch warmes Wasser erweicht und abgelöst werden. Je älter die Salbe wird, desto leichter erfolgt die Heilung, weshalb man sie jahrelang aufbewahren kann, und ist ihr nur bei Erhärtung von frischem ungegohrenen Bier etwas zur Verdünnung beizufügen.«

schönem fliessenden Wasser, oder welches noch besser ist, in gesottenem Hopfenwasser, so lang, biss die Frucht aufspringt, darnach lassen sie das Wasser darvon, und dörren die Frucht in der Sonnen, das Wasser aber, darin die Frucht geweichet worden ist, das heben sie auf und verwahrens, und wann die Frucht wol dürr worden ist, lässet man die in der Mühlen mahlen, thuet das Meel in das vorige Wasser, darinn die Frucht geweichet ist, und wirfft im sieden ein gut theil Hopffen darzu, und schäumet das im sieden wol und fleissig ab, wann solches geschehen, lässet man es durchseihen, und in andere Geschirr einfassen. Etliche werffen ein wenig Sauerteig darein, so gewinnet es bald ein zangerenden und bitzlenden Geschmack, und wird lieblich zu trinken.«

Die Bedeutung des so hergestellten Bieres für die Gesundheit ergibt sich aus den Zeilen »...und ist jedes Bier, so es genug gesotten und von guter Maltz gebrauen wird, ein gesunder und nutzlicher Tranck, nehret wol, machet starck und gebieret gut Geblüt, treibet den Harn, löschet den Durst, erkühlet den Leib mässiglich.«

Es werden genaue Angaben darüber gemacht, wie das Bier im täglichen Leben innerlich und äußerlich angewendet werden kann. Da gibt es zunächst das Rezept für eine »gemeine Biersuppe«, das folgendermaßen lautet: »Man nimmt Bier, und lässet es mit ein wenig Butter, so viel man zu einer Suppen bedarff, aussieden, und wann es aufgesotten, saltzet man es ein wenig, richtet an über eingeschnitten Rockenbrot, und ist solches eine gute Biersuppe für das Gesind, die nehret und speiset sehr wol«.

Als Rezept für eine gute Verdauung wird empfohlen: »Bier, das frisch und gut ist, mit einer Baumnuss groß gesaltzenen Butter aufgesotten, und darnach warm getruncken, erweichet den Bauch und macht zu Stuhl gehen«.

Für den »eusserlichen Gebrauch« gibt es folgenden Ratschlag: »Das Bier macht ein schön glatt Angesicht und weiche zarte Haut sich damit gewäschen. Es vertreibt auch also die Schüppen (Schuppen, Runzeln) des Angesichts, das thut auch der Schaum von dem Bier«.

Für die Säuglingspflege galt Bier als das wichtigste Hausmittel. Dazu heißt es: »Man pfleget die neugebornen Kindlein mit Bier, darinn Butter zerlassen ist, warm zu reiben und streichen bey einem Feuer oder warmen Ofen, das stärcket ihnen die Glieder wol, nemmen fein zu, und werden starck darvon. So man auch gestossene Farnwurtzel damit vermischet, und den Kindern den gantzen Rü-

Alte Bauernküche bei Hoffschulte, Angelmodde.

cken und die Lenden wol darmit salbet oder reibet, werden sie bald starck, dass sie allein sitzen können, und gewinnen darvon ein zarte und glatte Haut«.

Das Bier war früher eher ein Getränk des einfachen Volkes. Weintrinken galt bei ihm als Verschwendung und hatte nach seiner Meinung baldige Armut zur Folge. Von einem Kötter, der Wein trinkt sagt das Sprichwort: »Wenn de Küötter Wien drinkt, dann krigg he Löck in de Söck«. Und von einem Bauern hieß es entsprechend: »Wenn de Buer Wien drinkt, dann krigg he Lüse«.

Heute wird das Bier häufig als »flüssiges Brot« bezeichnet entsprechen der Redensart: »Wao'n Giärstenkorn sitt, kann kein Weitkorn sien«. Das heißt, der Biertrinker braucht nicht zu essen.

In »höheren Kreisen« konnte man sich schon eher den teureren Rebensaft leisten. Umso überraschender sind die Ratschläge, die Christoph Ludwig Hofmann, ein bedeutender Mediziner des 18. Jahrhunderts, seinem Herrn gab. Hofmann war von 1756 bis 1765 als Professor an der »Hohen Schule« in Burgsteinfurt tätig gewesen, wurde von Minister Fürstenberg nach Münster berufen und war dort Leibarzt des Kurfürsten von Köln und Fürstbischofs von Münster Maximilian Friedrich Graf von Königsegg-Rothenfels. Vor allem wurde ihm die Leitung des *Collegi-*

*Auf den Bauernhöfen im Münsterland, den größeren zumal, gab es Braurechte. Wie mag – nach getaner Erntearbeit – das Bier gemundet haben! Das Bild zeigt die »Alte Bauernküche bei Hoffschulte, Angelmodde« (um 1910).*

*um medicum* übertragen, der neu geschaffenen obersten Medizinalbehörde im Fürstbistum Münster.

Bei der Übergabe seiner berühmt gewordenen neuen Medizinalordnung aus dem Jahre 1777, die nach dem Urteil des preußischen Gesandten von Dohm »die erste und vorzüglichste ihrer Art in Deutschland« war und darum von vielen anderen Ländern übernommen wurde, bat Hofmann in einem Begleitschreiben seinen hohen Herrn eindringlich, aus Gesundheitsgründen mehr Bier zu trinken. Er schrieb u.a.: »Darf ich noch etwas erinnern? Ich empfehle meinem gnädigsten Herrn das Bier, welches wohl ausgegoren und gekocht ist. Ich wiederhole, was ich Ew. Kuhrfürstl. Gnaden vordem zu erzelen, die gnädigste Erlaubnis hatte. Der Bürgermeister in Wiedenbrügge (Wiedenbrück), Embsmann, war ein Weinwirt. Im 70. Jahre schaffte er den Wein ab, trank gutes Bier und wurde 103 Jahre alt. An Verstand und Sinnen fehlet nichts, und im letzten Jahres ging er noch auf seine Äcker, um sein Korn zu besehen. Ein solches gesegnetes Alter müssen mein gnädigster Her auch erhalten. Sie verdienen es. Alle Untertanen wünschen es; doch keiner so sehnlich, als ich«.

Der Kurfürst nahm Hofmanns Medizinalordnung und den Brief dankend an; unbekannt ist aber, ob der Fürstbischof den Ratschlägen seines Leibarztes Folge geleistet hat. Er starb sieben Jahre später in Bonn, allerdings war er auch schon fast 76 Jahre alt.

Hofmann jedoch, der aus medizinischen Gründen das Bier dem Wein vorzog, ist immerhin 85 Jahre alt geworden. Ausgerechnet im Weinstädtchen Eltville, fern seiner hoch gepriesenen westfälischen Biere, segnete er im Jahre 1806 das Zeitliche. In Eltville liegt er auch begraben.

*Klarer Korn aus »Hüldöppkes«, in Maßen genossen, ist eine wahre (flüssige) Speise Gottes. Nur, mit dem Maß ist das so eine Sache. Nach Feierabend besucht ein münsterländischer Stellmacher seinen bäuerlichen Kunden. Der Mann schwankt, der Wagenbauer fragt: »Hinnerk, du schaukelst?« Darauf der Bauer: »Tönne, jeden Abend ist es dasselbe – es ist, als wenn mich der Düwel am Genick packt und zur Kornflasche schiebt. Aber prost, das Zeug schmeckt so gut!«*

### Dokter Pinn in'n Gatt

De beste Dokter in de Stadt,
De wuehnt in Tenkhoffs Keller,
De hätt en hölten Pinn in't Gatt
Un is kien Pillenteller.

Alls, wat he giff, is klaor'n Drank
Un funkelt in den Bieker,
Hätt nich Apthekers Messgestank
Un hölpt Gesunde sieker.

In Unmoet un in Magenpien,
Un is Ju't Hiärt beklummen,
Haolt Ju an siene Medssin
Un laot de Schietkärls brummen.

Bi Pips, bi Gicht und Podagra,
Un will de Müel nich mahlen,
Is Pinn in't Gatt Essentia,
Met Geld nich to betahlen.

Un treckt't Wief de Snute krumm
Un knüettert äs'n Fiärken,
Brukt Pinn in't Gatt Spezifikum,
Dann söllt Ji't nich äs miärken.

Drüm brengt em auk en Hoch, Vivat,
Recht hell harut gesungen:
Et liäwe Dokter Pinn in't Gatt
För Aolle un för Junge!

*Dieses Loblied auf das Altbier sangen um 1830 die münsterischen Volkssänger und Straßenmusikanten Flör und Kösters. Sie zogen durch die Stadt und über Land und brachten ihre mal platt-, mal hochdeutschen Lieder einem amüsierten Publikum zu Gehör. Flör, der als Bernhard Friedrich Wallbaum 1796 geboren war, hatte durch einen Unfall sein Augenlicht verloren. Er wird auf einem Gemälde von Friedrich Wilhelm Büchtemann (1814–1876) als rundlicher, violinespielender Sänger porträtiert. Ihm zur Seite steht Kösters, der hagere Cellist. Anne Möller-Mußenbrock hat sich für ihr Bild von Flör und Kösters das Büchtemann-Bild zur Vorlage benommen. Der Justizkommissar Franz Theodor Ludorff, 1801 in Münster geboren, hat offenbar als Förderer der zwei musikantischen Käuze deren Liedtexte geschrieben – wenn nicht alle, so doch viele. – Zum Verständnis des plattdeutschen Liedes, das aus dem Nachlass von Walter Werland stammt, einige Hinweise. Der »Pinn in't Gatt« (Gatt = Hinterteil) ist zu verstehen als hölzerner Stopfen im Spundloch eines Altbierfasses. Tenkhoffs Keller war eine Altbierkneipe in Münster.*

Der klare Korn ist ein urdeutsches Produkt. Er gehört zum Bier wie der Apfel zum Pferd. Ende des 15. Jahrhunderts gelang es zum ersten Mal, »aus Korn geprannte Wyn (Wein)« zu erzeugen, Getreide gab es genug. Gut 300 Jahre später, im Jahre 1909, wurde im Deutschen Reich ein Reinheitsgebot festgelegt: »Unter der Bezeichnung Kornbranntwein darf nur ein Branntwein feilgehalten werden, der ausschließlich aus Roggen, Buchweizen, Hafer und Gerste hergestellt ist.« Das Gebot ist inzwischen Norm in der Europäischen Union, Kartoffelschnaps darf's als »Korn« nicht mehr geben, das Branntweinmonopol achtet peinlich genau darauf. Rund 600 Kornbrennereien stellen heute in Deutschland den klaren Klassiker her. 30 Millionen Liter fließen Jahr für Jahr aus ländlichen und industriellen Brennereien ins Land und in alle Welt. Jede vierte Spirituose in Deutschland ist ein Korn – ein Körnchen in Ehren kann niemand verwehren ... Aber wissen Sie, dass ein einfacher Korn 32 Prozent Alkohol, ein Doppel- oder Edelkorn hingegen mindestens 37,5 Prozent hat? Und dass in jeder 0,7-Liter Flasche 13 000 Getreidekörner stecken, gestreckt durch klares Wasser und geschmacklich aufbereitet durch die kleinen Geheimnisse des Brenners und seiner Auswahl der Getreidesorten? Dass schließlich von den 600 deutschen Brennereien stolze 146 in Westfalen ihren Sitz haben? Allein in dem Städtchen Oelde gibt es 22, wie man sagt. Natürlich brennen nicht alle nur für Korntrinker. Viel geht als »Industriesprit« z. B. in die Pharmazie oder die Chemie. Aber dennoch, 130 Millionen Flaschen Korn laufen jährlich vom Band, trinkbarer klarer Landwein. Mit diesen Flaschen könnte man einen Korn-Äquator um den Globus legen, klaren Schnaps an einem Stück. Und jede Menge davon aus Westfalen.

Ottilie Baranowski
# Rillenglaser of Fraulü-Logik

Se steiht an'n Pott un pröwt den Supp. »Jungedi«, sägg se, »dat giff en Süppken! Dao hät Gustav Spaß an, wenn he de achter de Kusen lieppelt. Hmmmm! En Rüek is dat aower auk! Frisk Rindfleesk van de hauge Rippe, giällen Burrei un Petersilgenwuortel – alls ut usen Gaoren. Jaunee, alls wat recht is, den Gaoren hät Gustav up Schick ...«
Se halt 'ne witte Diekk ut't Schapp un leggt se up 'n Disk. »De Rulladen mössen wull gar sien intüsken, düch mi ... Rulladen mag he am leiwsten van alls. Giälle Slaotbaihnkes häört daoto, lecker met'n Siepelken dran un'n lück Piäpper un Solt un Smand. Söten Smand mott dran. So mag Gustav dat. – Jä nu, laot em. He sall weinigstens miärken, dat ick mi freit häw üöwer den blauen Pullover. – Brengt mi eenfack en niien blauen Pullover met. Bloß so för paßlatant, sägg he. Mott em wull guett gefallen häbben, un et is jä auk würklick en schön Pullöverken, daovon af ...«

Upmaol wäd se wehrig un stüört't an dat Fenster, slött de Glaser to, dat et män so rappelt, un schimpt: »Häör sick een Mensk den Krakeil an! Is jä nich to begriepen sowat. Kanns doch nich an de Aohren häbben, de aolle Bliekkerie. Aower nee, Madam mott en Rüen häbben! Wenn't no en richtigen Rüen was; süht ut äs en Mopp met seine fiesen fossen Fransen. Jüst so äs de Aollske auk. – En Wunner is't jä nich – – phhh – Fröndin van Paula. Äs wenn Gustav de wull hieraod här. Gifft't jä gar nich! Jau, naolaupen is se em genog, daovan af. Nee, nee, so'n Slöer van Fraumensk un mienen Gustav! O Här use Hus, wat dat wull giebben här. Un dat bi mienen pingeligen Gustav ...«
Metdewiel hät se den Disk decket, de Äerappel upsett't, en Siepelken schällt, Solt un Piäpper un Smand trechtesett't; dao geiht se in de Vörraotskammer un haalt en blitzblank rund Immaksglass van dat Regal, dreiht et rund in de Hand un kick van alle Sieten, of't auk no guett is. Jau, de Diekel sitt so fast äs Mönster. »En Beld van Schönheit«, sägg se, »so'n Glass met giälle Bauhnen. Sitt't aower auk so propper und frisk rundüm in dat Glass! Kanns richtig Spaß an häbben. Jaaa – Baihnkes –

*Ottilie Baranowski hat sich als niederdeutsche Autorin weit über das Münsterland hinaus einen Namen gemacht. Ihre Arbeiten in Lyrik und Prosa erschienen in eigenen Büchern, aber auch in Anthologien, Zeitschriften und Zeitungen. Der Rundfunk sendete viele ihrer Werke, sie selbst ist eine gefragte Rezitatorin eigener und fremder Texte, z. B. von Augustin Wibbelt. Ottilie Baranowski ist mehrfache Trägerin von Literaturpreisen. Sie lebt in ihrem münsterländischen Heimatort Bevergern.*

ut't Glass, dat kann apatt auk gefäöhrlick sien, wenn man nich vörsichtig uppäß ...« Se hät dat Glass up'n Schaut nuohmen un trcckt sachte an dat Strüppken. »Mott wull en üöwerjäöhrig Glass sien; de Gummiring is jä müör äs derto ... Dä! ... Afrieten!«

Se springt up. »Dat hät mi jüst no feihlt!« Dao krigg se auk all dat Schrappmeßken ut de Trecke un pruokelt met de Spitz van dat Meß tüsken Glass un Diekkel. Een Stücksken nao't annere springt af. Et süht ut, äs wann 'ne smächtigere Mus rundümto dat Rändken van'n Pannkoken affriätten hät. »Verflixt nomaol aower auk!« Zack! De Spitz van dat Schällmeßken flügg düör de Küek. Se versöch et met de Fingerniägel. De Gummiring lött sick nich packen. Mähr äs lüttke Krüemelkes krigg se dr nich van af, un wüterig äs 'n Hiämelken sett't se dat Glass up de Anrichte, wisket sick de Hänne an't Vördook af, strick sick Sweet un en Haorstrang ut't Gesicht un löpp in't Schöttken. Dao ligg dat Wiärktüg up de Hüewelbank. Se kick un kick. In de Wiärktügkiste, in't Niägelkässken – nicks.

»Häste Wäörde? Nicks. – Düt Slöer van Mannsmensk! Söchs un söchs di daut un finns nicks. Nich äs en Schruwentrecker findt man in düt Hus! Sowat aower auk! Nee-neenee, wat ein Klüngelkopp van Kärl, düssen Mann. En richtigen Klüngelkopp. Hät doch nicks in'n Kopp in äs Fissematenten. Vertwiewuln söll man bi so'nen Kärl van Mann! – Wu krieg ick dann nu dat blödsinnige Glass met de verdammten giällen Bauhnen loss? Dat is jä nich to begriepen! Nich äs 'n Schruwentrecker in Huse ...«

Se söch un söch un wöhlt harüm. Van lutter Iwer süht se gar nich, dat de Schruwentrecker vör iähr ligg. »Wenn dr nu weinigstens 'ne Knieptange to finnen was! Nicks äs Klüngelkraom. Meinee, dat ick mi aower auk met so'n Mannsmensk harümslaon mott! De Kärl här doch viel biätter bi dat Slöer van Paula paßt; de beiden sind een Pott Natt, beide egaol slörig un klüngelig ... Kinen Schruwentrecker, kine Knieptange, kinen Beitel, nicks kanns finnen in düssen Bau: Nicks nich! Phh – Pullöverken! Wat sall ich met 'n hellblau Pullöverken, wenn'ck nich äs 'ne Knieptange finnen kann! Laot he sick doch den dämligen Pullover an'n Hot stiäcken – van mi ut ... laot de doch seihn, dat he ferrig wäd, de slörige Kiärl ...!« De Träonen staoht iähr in de Augen van lutter Vernien. Se wöhlt in de Treck van den aolle Kommode darüm, smitt Niägel un Schruwen un Blicklappen üöwerkopps, dat en män so rap-

204

# DIE KÜCHE

In den Kochtöpfen wird neben dem Essen
Mehr Glück und Unglück der Menschheit
mit gargekocht,
Als je ein Weiser könnte ermessen.

pelt, un se schennt in eene Tour wieder: »Kinen Schruwentrecker, kinen Beitel, kine Knieptange – nicks, nicks, nicks! Nicks äs Niägel un Schruwen un Draoht! Man söll em dat Kraom üm den Aohren timmern! Un de giällen Bauhnen daobi. Laot he doch seihn, dat he sienen Bauhnenslaot ferrig krigg! Is mi doch eendoon ... So'n Kärl is't jä gar nich wärt, dat man Bauhnenslaot för em mäck ...«
Se hät de Schöttkesdüör all in de Hand. Dao süht se en Hamer liggen. »Den Hamer! Hierhen dermet! In Grusementen slao ick dat verflökte Bauhnenglass! In Grusementen, sägg ick di!« Un se gripp den Hamer äs en Hawk, de sick up'n Trießhöhnken stüört't. Rumms! De Stiel is look. De Hamer flügg in'n Hook. Se smitt den Stiell drachterhiär. »Fleit't ju doch alle wat ut! Nicks mähr do ick. Gar nicks. Erst recht nich för de Mannslüde. Ick sin doch nich unwies, sin ick nich, dat ick mi för so'n Mannsmensk no en Been utriet. Nee, ick nich. Ick nich!«

Se staffket düör den Gaorenpadt up't Hus an, kick nich ... nich rechts of links un schafuttkert üm sick to: »Mannslü ... Fissematenten maken, dat küennt se, Düsenjägers bauen un Raketen susen laoten, dat küennt se. Smaiken un Beersupen küennt se. Aower en anstännig Immaksglass maken, dat de Diekkel dr auk wier van afgweiht, dat küennt se nich, de Mannslü ...!« Se snüff van Vernien un stüff äs an Unnewiär in de Küekendüör harin. Nicks miärkt se van den leckern Rüek van Supp' un Rulladen. Se pusaunt luthals in iähr Taskendook un hät'n rauden Kopp äs so'n Schruthahn. Man könn an haugen Blotdruck denken, an en Hiärtslagg gar.
»Pfüüüü ...«, sägg et dao sachte. Un harrer geiht et un schrill: »Pfiii ...« Nee, dat döt se nich. Dat döt de Fleitkieddel, de dao guottsjäömerlick quiekt. Se stüört't drup to, ritt em de Fleitpiep van de Snut – un süh! De Druck lött nao. Bi den Kieddel un auk bi iähr. – »Water! Heetkuokend Water!« Se aomt erlöst up, gripp sick en Stiellpott van de Wand, gütt en lück Water drin, sett't dat Rillenglass up'n Kopp drin, un dann nicks äs up't Füer daomet.
Se gnöchelt vör sick hen: »Jaaa, wir werden ihm schon kriegen ... Wochte män, du Aos, ick sall di wull den Diekkel afrieten, dat sägg ick di! Kuok du män erst, dann krieg ick di ... Jauwull, sühste, de Blaiskes stiegt all hauch. Dann kann't nich lange mähr duern. Wäd auk höchste Tiet, annerst hät Gustav glieks dat Iätten nich mündkesmaote up'n Disk staohn. Wat he wull för Augen mäck, wenn he

mi in den niien blauen Pullover süht. Hellblau, päß so guett bi giälle Baihnkes ...«
Dat Water in den Stiellpott wüppket un hüppket äs dull, un in dat Glass met de schönen giällen Baihnkes perlt lütke runne Blaiskes up. Ümmer mähr, ümmer mähr ... Reselveert snappt se dao dat Drügedook van'n Haken, päck dat Glass bi't Achterveedel un sett't up dat natte Schüeddeldook. – »Wenn'ck nu män bloß de Schere finnen könn ... ligg alltiets hier in de Trecke. Häw ick doch jüst no in de Hand hatt' ... Awatt!! Schrappmeßken döt et auk...« Un se päck met dat halwkapotte Schrappmeßken unner'n Diekkel. Ganz vörsichtig, anners breck dat leste End van't Meß auk no af ..., un waaraftig! »Pfff ...« sägg et ganz sachte; eenfack »Pfff ...« Dat Glass is loss.
Se lacht üöwer't ganze Gesicht. »Sühste wull, Gustav! Alls met de Ruhe, sägg ick. Ja Junge, ji Mannslü, ji willt alls met Gewolt maken. Üöwer jeden kleinen Schiett regt ji ju up. Apatt so geiht dat nich. So geiht dat nich, Gustav ... Köppken häört derto, Gustav, Köppken ... Is jä logisk!«

## Bild- und Quellennachweis

Einband Vorder- und Rückseite, zahlreiche farbige Miniaturen, Porträts S. 51, 201 Anne Möller-Mußenbrock; S. 8 Bildarchiv Preußischer Kulturbesitz, Berlin; S. 10, 15 o., 16, 30, 64, 83 o., 85, 99, 165, 167, 194, 205 Sammlung Krewerth; S. 13, 14, 15 (2) Westfälisches Römermuseum, Haltern; S. 22, 24 Stadt Münster; S. 25, 26, 89 Westfälisches Landesmuseum für Kunst und Kulturgeschichte, Münster; S. 29 o. l., 31, 33 Privatbesitz, Münster; S. 36–49 Emslandmuseum Schloß Clemenswerth, Sögel; S. 39, 42 u., 43, 52 Westfälisches Amt für Denkmalpflege, Münster; S. 54, 56, 62 Anton Esseling, Vreden; S. 55, 57, 58, 60, 61 Heimatverein Vreden/Kreis Borken; S. 66/67 o. Stadt Coesfeld; S. 69 Westfälisches Museum für Naturkunde, Münster; S. 70–81, 83 (2), 195 u., 199 Sammlung Bröckerhoff, Warendorf; S. 84 u., 90 Westfälisches Freilichtmuseum, Detmold; S. 91–93, 96 (2) Nachlass Gottlieb und Friedrich Schäffer, Löhne-Mennighüffen; S. 97 o. Stadt Warendorf; S. 104, 175, 176 Familie Leve, »Im Engel«, Warendorf; S. 105, 107–115 Sammlung von Korff, Schloß Harkotten, Sassenberg-Füchtorf; S. 106 (2), 117 u., 118, 119, 120 (2), 170 Pellinghaus; alle übrigen S. 116–131 Archiv Fürst zu Bentheim-Tecklenburg, Schloss Rheda; S. 132/133 Herlinde Held; S. 135 vom Autor; S. 143, 158, 171, 184 (3), 185 (2), 186 (2), 187 Centrale Marketinggesellschaft der deutschen Agrarwirtschaft (CMA), Bonn-Bad Godesberg; S. 144–149 Stadt Versmold; S. 157, 159–163 Fa. L. Stroetmann, Münster; S. 190–193 Pott's Brauerei, Oelde; S. 194 o. Deutscher Brauerbund e.V.; S. 202 Deutsche Kornbranntwein-Vermarktung GmbH; alle übrigen Verlag Aschendorff, Münster. – Herausgeber und Verlag haben sich bemüht, alle Text- und Bildrechte zu klären. Sollte dies im Einzelfall nicht gelungen sein, wird um Nachricht an den Verlag gebeten.

In neuer Rechtschreibung

Buchgestaltung: Winfried Daut

© 2000 Aschendorffsche Verlagsbuchhandlung GmbH & Co., Münster

Das Werk ist urheberrechtlich geschützt. Die dadurch begründeten Rechte, insbesondere die der Übersetzung, des Nachdrucks, der Entnahme von Abbildungen, der Funksendung, der Wiedergabe auf fotomechanischem oder ähnlichem Wege und der Speicherung in Datenverarbeitungsanlagen bleiben, auch bei nur auszugsweiser Verwertung, vorbehalten. Die Vergütungsansprüche des § 54, Abs. 2, UrhG, werden durch die Verwertungsgesellschaft Wort wahrgenommen.

Gesamtherstellung: Druckhaus Aschendorff, Münster

Gedruckt auf säurefreiem, alterungsbeständigem Papier ∞

ISBN 3-402-05359-4